国家出版基金项目
NATIONAL PUBLICATION FOUNDATION

中国古代和亲研究

林恩显　著

黑龙江教育出版社

序　言

边疆既是一个地域概念，也是一个政治概念。就地域层面而言，是指国家毗连边界线、与内地（内陆、内海）相对而言的区域。一般而言，历史上中国的边疆是在秦统一中原、其重心部分形成之后确立的，有着两千多年的历史沿革。相应地，中国的边疆研究也有着悠久的历史和优良的传统，并与国家和边疆的安危息息相关。

从近代到新中国成立，中国边疆研究曾出现过两次研究高潮，第一次研究高潮是19世纪中叶至19世纪末，西北史地学的兴起，国家边界沿革的考订、边疆民族发展的著述等，是这一时期中国边疆研究高潮的标志。在边疆研究的热潮中，一些朝廷的有识之士开始学习近代国际法的领土主权原则，与蚕食我国领土的列强势力相对抗。黄遵宪、曾纪泽等都曾以"万国公法"为武器，在处置国家边界事务中与英、俄列强执理交涉。在边疆研究领域，学者们开始将政治学、法学等与传统的史学、地理学等相互结合，开创了现代意义上的边疆学研究。

第二次研究高潮是20世纪20年代至40年代，是在国家与民族危机激发下出现的又一次中国边疆研究高潮。国际法与政治学方法也被广泛地运用到中国边疆史地的研究之中，边政学的创立与研究、以现代学术新视角和新方法对中国边疆进行的全方位研究，是这次高潮的突出成就；研究内容也从边疆领土主权、历史地理扩展到民族、语言、移民、中外交通等领域。与此同时，边疆考察作为中国边疆史地研究的内容与方法，也愈益受到重视。

两次研究高潮的实践与成果，实现了中国边疆研究从传统中国史学研究向现代多学科综合研究的转变，为中国边疆研究学科领域的进一步拓展与深化奠定了基础。新中国建立后，中国边疆史地研究方兴未艾。继而在改革开放大潮的推动下，带来边疆学研究的三度兴起。此次研究高潮酝酿于20世纪80年代初，兴盛于90年代，至今热度不减。

1983年，中国社会科学院中国边疆史地研究中心（以下简称"边疆中心"）成立，这既是我国边疆史地研究第三度热潮的产物，也进而成为国家边疆研究的前沿引领者。

近30年来，边疆中心在边疆研究领域已取得了丰硕的学术成果，很多研究成果不仅填补了新中国成立以来各自领域的学术研究空白，而且以综合性、系统性、科学性的特点，成为目前国内同类研究中的优秀作品，对学科建设和发展、对推动全国边疆史地研究，均起到了举足轻重的作用。在研究内容方面，已形成了从最初以中国近现代边界研究为主，发展到以古代中国疆域史、中国近代边界沿革史和中国边疆研究史三大系列为重点的研究格局。近年，坚持基础研究与应用研究并重，在继承和弘扬中国边疆史地研究遗产的基础上，已逐步形成了历史研究与现状研究、基础研究与应用研究融而为一的中国边疆学研究模式。

边疆中心所实施的应用研究，是以当代我国边疆的稳定和发展现状为切入点，直面当代中国边疆面临的紧要问题和热点问题，进行跨学科的综合性研究。中国边疆研究不但要追寻边疆历史发展的规律和轨迹，还应探求边疆发展的现实和未来。当代我国边疆现状研究首先是当代中国社会发展的现实需要，也是中国边疆学学科发展的需要。我国边疆区域的发展现实，促使中国边疆现状研究的内涵和外延要有新的学科定位：即将中国边疆作为统一多民族国家的有机组成部分，作为一个完整的研究客体；现状与历史不可分，现状的历史实际上也是历史的现状，所以要进一步加强历史的和现状的综合性一体研究。通过对学科布局的适时调整，中国的边疆研究不断取得学科突破和新的学科增长点，进而尽快实现以基础研究为主的中国边疆史地研究向基础研究与应用研究并重的中国边疆研究的过渡。

短期内，我国在中国边疆疆域理论研究方面必须明确主旨，并应该有大的突破。在深化实证研究的同时，应进一步加大理论研究投入的力度，不断探索中国边疆历史与现状发展的规律。在实证研究的基础上，努力为历史上多元一体的中华民族边疆地区的政治、经济、人文发展和变迁构筑理论体系，是中国边疆史地学研究的根本目标。近30年来，大量高水平的研究成果相继面世，为中国边疆疆域理论体系的构建与未来中国边疆学学科体系的构建奠定了坚实的基础。

一方面，边疆实证研究的不断深化，需要理论层面的支撑。在中国古代历史疆域理论、历代边疆治理理论，古代统一多民族国家边疆地区的发展规律、古代边疆民族在多元一体中华民族中的发展规律等方面，以及在近现代陆疆、海疆与边界的理论问题等方面，通过大量的实证研究探索其中的规律，进一步构建我国边疆历史发展与统一多民族国家发展的理论体系。

另一方面，边疆研究学科的发展需要尽快完成中国边疆学学科的构建，包括边疆学学科的概念、界定与范畴，学科性质和功能，学科体系构建等一系列理论问题，建立以马列主义为指导的、有中国特色的中国边疆学理论体系。近年来，国内数所大学以开设边疆学博士点为契机，也在加紧边疆史地学科的构建；一些高校和地方科研院所，先后以"中国边疆学"或"中国边疆史地学"的学科定位建立了相关的学科专业；围绕边疆研究先后出现的相关学科命名有边疆政治学（边政学）、边疆史地学（边史学）、边防学、边疆安全学（边安学）等。但从学科层面看，在学术界尚未形成统一的认识，缺乏基本学科框架的规范系统论证。在诸如边疆学的内涵与外延及整体构建等方面还需要做更多深入研究；在疆域理论研究方面则需要投入更多的力量，尽快拿出较为成熟的成果。同时，应注重学科理论建设与方法论的进一步开拓，在原有的历史学、民族学、历史地理学等为主的基础上，扩展引入政治学、社会学、法学、国际关系学、地缘政治学等理论与方法，进一步突出边疆研究作为跨学科、边缘学科和新兴学科的特点与优势，不断加快学科建设步伐。

　　学术研究与研究成果的出版是并行的。20 世纪 80 年代末，当组建不久的边疆中心在成果出版方面寻找出路的时候，黑龙江教育出版社以高度的社会责任心与敏锐的学术眼光，伸出了合作之手。一晃至今，双方精诚合作了 20 多年。先是以《边疆史地丛书》的形式，自 1991 年 3 月开始出版，截至 2011 年，先后有70 余种边疆研究著（译）作面世。已出版的学术著作得到了学术界和读者的广泛关注，取得了良好的社会效益，持续有力地推动着中国边疆研究学科的不断发展。如果说边疆中心在边疆研究方面成为了学术前沿的引领者，那么黑龙江教育出版社则以边疆研究成果的出版而成为国内外知名的品牌出版社。

　　在当前我国边疆研究氛围持续高涨的形势下，经边疆中心与黑龙江教育出版社共同努力，将以更为严格的科学态度、更为严谨的学风文风，共同出版水平更高的边疆研究著作。双方遂决定以《中国边疆研究文库》的形式，由边疆中心组稿审定，黑龙江教育出版社编辑出版。

　　《中国边疆研究文库》由《中国边疆研究文库初编——近代稀见边疆名著点校及解题》与《中国边疆研究文库二编——当代学人边疆研究名著》两部分组成。前者共选出近 50 种近代以来面世的我国边疆研究学术著述，在实施点校的基础上，作出导读性与研究性的解题，予以重新出版；后者选择近50种新中国成立60多年来我国（包括台湾、香港、澳门）边疆研究的老一代知名学者、中年有为学者、年轻后起学者的著述，汇集出版。可以说，这些著作基本代表了目前我国边疆学研究的水平。

同时，对1949年后有较大影响的边疆研究著述又进行了修订出版，特别是将新近的研究成果充实其中，使这些有影响的研究成果内容更加翔实、完整，更具学术价值。

今天，中国边疆研究已是一门具有广阔发展空间的显学，呈现在读者面前的《中国边疆研究文库》尚属开创之举，一定有诸多不尽如人意之处，衷心希望得到广大读者的支持帮助、批评指正。同时，我们也有信心，在目前《中国边疆研究文库》初编、二编近100部著作的基础上，继往开来，努力开拓进取，组织更多边疆研究的优秀成果，继续出版三编、四编……为我国边疆研究的持续兴盛，为繁荣边疆的历史文化，为今天我国边疆的社会稳定和经济发展，作出应有的贡献。

需要说明的是，本《文库》系国家出版基金特别资助项目，如果没有国家出版基金办大手笔支持我国的出版事业，本《文库》是无法面世的。在此，请允许我们表示诚挚的感谢。

主编谨识

自　序

　　和亲亦称"和戎""和蕃"（和番）。"和亲"一词，首见于上古《左传·襄公二十三年》条，其意义为"和睦相亲爱"。其后经演变发展，和亲可分为广狭两义：狭义和亲仅指中原王朝（包括汉族及汉化边族）与边疆民族君长的和好同盟关系；而广义则还包括少数民族君长间、政权间的异族政治婚姻关系。前者可称"和亲"，而后者则宜称"联姻"。

　　广义和亲初兴远早于先秦时代，在春秋初期和亲便已渐习成风。至汉初，和亲成为制度化政策，其目的重在缓兵求和，汉代中期旨在结援，元帝末为柔远；至十六国南北朝时，为两相情愿的短功利；至隋唐时代和亲盛行，初中期在柔远，中晚期借外援平内乱；五代后均旨在结援。就边族言，主要以结援提升地位，获取政治经济利益。一般而言，有少数民族血统的中原王朝较热衷于和亲。

　　和亲是中国历史上的重要史实，是中原民族和好优良族群关系的一项重要内容。然综观过去国内外和亲研究，多属史实的描述分析及赋诗、填词、作曲、文艺的对象，而惜未在人文社会科学上深入，寻求其意义和建构理论。在中国历史上，和亲有其共同的原理、原则，但不同时代、民族文化、政治时局等也表现出了差异性，本书拟就和亲的整体史实，尝试建构和亲理论体系。

　　本书统一编辑成册前，各章主要内容在不同时期研究发表于两岸不同学术性刊物。另于和亲研究过程中，曾与烟台大学副校长崔明德教授合作，撰写第三章中国古代和亲的类型、特点及其他，第四章中国古代和亲的功能及影响两章，谨此声明并表示谢意。而本书能够在大陆出版，如能促进两岸学术文化交流，为中华民族团结贡献出微薄之力，则笔者幸甚矣！在本书付梓之际，笔者特别要感谢中国社会科学院中国边疆史地研究中心前主任马大正教授的玉成，并借此敬请两岸学者专家指正。

目　录

第一章 中国历朝与边疆民族的和亲政策

□ 和亲是中国历史上的重大史实，有其共同的原理、原则，但不同时代、民族文化、政治时局等也使和亲产生了差异。总体而言，和亲促进了民族间的融合、文化的交流及经济的繁荣。

西汉初年开始与匈奴和亲

第一章　中国历朝与边疆民族的和亲政策

中国历史上中原农业朝廷，除满族人建立的清朝之外，对于北方游牧民族（或边疆民族）所采取的政策，综合言之，不外乎"和""战"两者，而"和"所表现的方式虽然很多，但都以"和亲"为主。而自汉代以降，由汉族建立而与北方游牧（或边疆）民族接壤的强大朝代之中，未取和亲路线的，仅有宋、明两代。而积极推行此项政策者，则为最强盛的汉与唐两朝，也即和亲政策始于汉代，盛行于唐代。唐代不仅下嫁公主人数多，且下嫁对象范围达于突厥、回纥、吐蕃、吐谷浑、南诏、奚、契丹等部族，可见和亲政策在边政上之重要性。

至于历代评论和亲政策之是非、得失，多见仁见智，没有定论，赞成者认为配合"以夷制夷""分化离间""远交近攻"的和亲政策，借以缓和局势，保持国力，求得最后的胜利。此以汉代的刘（娄）敬、班固，隋代的长孙晟及裴矩，唐代的房玄龄、李绛，宋代的王钦若等人为代表。而反对者认为"夷狄难于德绥"，和亲无以安边，非久安之计，故评为"消极人""苟安"，甚至于"下策""无策"的措施，此论代表人物为唐代的刘贶、卢俌、崔安潜、李山甫及后来的蔡邕等人。而笔者以为就长期眼光而言，和亲政策不仅足以避免中原农业民族与边疆民族的战争残杀，而且可以进一步加强彼此民族间的融合、文化的交流及经济的繁荣，为今日中华民族奠定了基础。

一、和亲之意义及其渊源

（一）和亲之意义

和亲又称"和番"，其意义不完全仅指公主下嫁的婚姻关系，更非仅限于中原公主的远嫁异域。它往往包含着双方的名分、赐予、互市等和好亲善同盟的意义。兹将其思想观念、目的、内容及其权利义务等分述如下。

在中原方面：对和亲的基本思想观念，系源于中原农业社会的家族亲属制度。中原社会以家族为核心，而家族又建筑在"子嗣"观念之上，子嗣则来自婚姻。[①] 且中原社会亲属当中，素有"舅甥""姑侄"的"特权亲属"（joking relationship）习惯及婚礼隆重俗习，可见"婚姻关系"在中原社会至为重要。故有汉代刘（娄）敬献和亲计谓：

> "陛下诚能以适长公主妻单于，厚奉遗之，彼知汉女送厚，蛮夷必慕，以为阏氏，生子必为太子……冒顿在，固为子婿；死，外孙为单于。岂曾闻孙敢与大父亢（抗）礼哉？可毋战以渐臣也。"[②]

这就是中原人对"和亲"观念的具体表现。系希望以公主为桥梁建立姻亲关系，逐渐达到避战求和的境地。另外从其他朝代的和亲综合分析其目的，第一是羁縻——使彼此保持和好关系，进而助我。羁縻对象有强有弱，强者使不为害；弱者使其听我，不附强敌为乱。第二是借师——借其兵力以平中原内乱、抵制外

---

① 柳宗元《与杨京兆凭书》云："孟子称：'不孝有三，无后为大。'"
② 《册府元龟》卷978《外臣部·和亲一》，台北，中华书局，1967（本书所引《册府元龟》均为此版本，下同）。刘敬，原名娄敬，后因汉高祖刘邦赐姓刘而改名。《史记》有《刘敬列传》，《汉书》有《娄敬》，刘敬、娄敬为一人。

患，或夺取天下。因此对中原农业朝廷言，常将和亲作为拉拢、排挤、离间、分化敌国的手段，从而具有政治外交的作用。

在边疆民族方面，一般而言可归纳为两点：第一为"利益"上，也即经济财富上的，北方游牧民族常利用和亲关系，在经济贸易上确保广大中原的优厚市场与丰富的赐予，以补充游牧民族在食粮与衣物日用品上的不足。第二为"名誉"上，也是政治外交策略上，为了借"大国"之"威灵"以统率北方其他游牧诸族。（护雅夫：《隋、唐とチュルク国家》）

至于和亲的内容，归纳史籍的记载，大约包括下列几点：(1) 名分的确定——所谓"名分""正名"为中原人所重视。在历史上中原与边疆民族往来之际，中原往往宁愿取"名"而舍"利"，例如隋、唐与突厥之和亲即如此。(2) 下嫁公主——远自汉与匈奴、乌孙之和亲算起下嫁公主计有：汉公主九名；魏、齐、周与柔然、突厥之和亲下嫁之公主有：北魏公主两名、北齐公主一名、西魏公主两名、北周公主两名；隋与突厥、吐谷浑、高昌和亲：隋公主有八名、突厥公主一名；唐与突厥、吐谷浑、吐蕃、奚、契丹、回纥、南诏和亲之唐公主有二十六名，（王世充郑）郑公主一名、回纥公主一名；西夏、金与蒙古和亲：西夏公主一名、金公主一名。合计五十五名（参阅附表1-1、1-2、1-3、1-4、1-5）。(3) 赐予——如汉高帝嫁家人子给匈奴冒顿，岁奉絮缯、酒米、食物各有数。汉武帝嫁细君给乌孙王昆莫，赐乘舆服、御物甚盛。北周静帝嫁千金公主，岁赐突厥缯絮锦、彩十万段。隋炀帝嫁信义公主赐"锦彩袍千具，彩万匹"。唐武德九年颉利率兵入寇，李世民曾谓："吾与汝可汗面结和亲，赠遗金帛，前后无算。"[1] 这些均为赐予例证。(4) 互市——中原与游牧民族互市，一般以中原丝绢布、金银器饰、农业食粮为

---

[1] "赐予"一项可包括：公主嫁妆及赐可汗、大臣之礼物等。

大宗，与游牧民族的家畜、方物交易为主。①

　　关于中原农业朝廷与边疆民族的和亲，其双方的权利与义务，主要有两项：其一为军事同盟——如突厥沙钵略可汗立，娶先可汗佗钵妻北周千金公主，至隋篡北周统一中原时，公主"自伤宗祀绝灭，每怀复隋之志，日夜言之于沙钵略"（《隋书·突厥》）。沙钵略谓："我周家亲也，今隋公自立而不能制，复何面目见可贺敦（即千金公主）乎？"（《隋书·长孙晟》）于是联结北齐残党，于开皇三年（583年）领大军入侵隋北，为其一例。又突厥启民可汗因尚公主关系，"畏天子之威"与妻家吐谷浑断绝关系（《隋书·突厥》），并随从隋韦云起征讨契丹，"发骑二万，受其处分"（《旧唐书·韦云起》），所谓云起以突厥兵平定契丹。接着突厥又奉诏拟参加隋征讨伊吾之役（《隋书·薛世雄》）等，均系和亲后军事同盟的义务行动。其二为互市——如唐开元九年（721年）二月丙戌，突厥毗伽可汗复使求和，上赐书谓："曩昔国家与突厥和亲，华、夷安逸，甲兵休息；国家买突厥羊马，突厥受国家缯帛，彼此丰给"②，就是一个好例子。

（二）　和亲政策之渊源

　　我国中原农业朝廷对边疆的和亲政策，系渊源于汉初。汉高祖初得天下，国内未定，当时匈奴首领冒顿单于兵强控弦四十万骑，雄霸北方数寇边界，帝患之，问计于奉春君刘（娄）敬，敬奏谓：

　　　　"天下初定，士卒罢于兵革，未可以武服也；冒顿杀父代立，妻群母③，以力为威，未可以仁义说也。独可以计久远子孙为臣耳。然陛下恐不能为。"帝曰："诚可，何为不

---

① 《资治通鉴》卷212《唐纪二十八》，台北，洪氏出版社印行，1974（本书所引《资治通鉴》均为此版本，下同）；《册府元龟》卷999《外臣部·互市》。
② 《资治通鉴》卷212《唐纪二十八》。
③ 又称"烝报婚"，为北方游牧民族之婚俗。民族学上称为"夫兄弟婚"之扩大。

能？顾为奈何？"敬曰："陛下诚能以适长公主妻单于，厚奉
遗之，彼知汉女送厚，蛮夷必慕，以为阏氏，生子必为太子
代单于。何者？贪汉重币。陛下以岁时汉所余彼所鲜数问
遗，使辩士风谕以礼节，冒顿在，固为子婿；死，外孙为单
于。岂曾闻孙敢与大父亢（抗）礼哉？可毋战以渐臣也。若
陛下不能遣长公主，而令宗室及后宫诈称公主，彼亦知，不
肯贵近，无益也。"帝曰："善。"欲遣公主。吕后泣曰："妾
惟以一太子一女，奈何弃之匈奴？"帝竟不能遣长公主，而
取家人子为公主，妻单于。使敬往结和亲约，岁奉匈奴絮
缯、酒、食，物各有数，约为兄弟以和亲，冒顿乃少止。①

以上刘（娄）敬所提和亲理想虽为一厢情愿，纯以中原农业
社会之伦理观念来推论北方游牧民族接受和亲公主的理想。然却
自此以后各帝，甚至各朝代仍间或采取此项政策，成为中原重要
的治边政策。

二、和亲之时代背景

此种和亲的形成，在中国历史上，通常是中原农业朝廷对于
强大的游牧（或边疆）民族君长，以尚公主或降宗女，赐嫁奁的
形式来完成的。此种情形大部分是游牧民族的势力已经强大到足
以威胁到中原农业朝廷，因此用和亲的方法来改变与此马上行国
间的敌对关系，而代之以皇帝与可汗间的婚姻和睦关系，并以赠
送大量嫁奁和不断赏赐的方式，来满足游牧君长们对于农业物资
的需要，以防止掠边或侵寇的发生。由史实分析，和亲大都是由
下列三种环境所产生的：其一中原农业朝廷为了要达到前述的目
的，自愿把公主下嫁给所要拉拢的游牧君长。其二强大的游牧君
长为了要与中原农业朝廷缔结和平关系，以达成经济上或政治上

---

① 《册府元龟》卷978《外臣部·和亲一》。

的目的而提出要求。其三是在强大游牧君长武力威胁下，中原农业朝廷不得已的一种屈辱措施。相反的，也有少数强大的游牧君长自愿要将"游牧公主（蕃女）"嫁给中原农业朝廷的，此亦为和亲的另一种方式。① 如双方相互下嫁公主时，可称之为"相互式"和亲婚姻关系。和亲虽以下嫁公主为主，但其内容归纳起来大约包括：名分关系、下嫁公主、赐予、互市等项目。在此项目中，中原农业朝廷往往重视政治名分关系，而游牧民族则重视经济性的赐予及互市两项。

　　和亲之成立在中原农业朝廷和边疆游牧民族两方面，均具备需要和亲的国内情况或国外情势存在。一般而言，在中原农业朝廷的中央方面，其内在因素多系于王朝初创之际，或内乱发生之时，因"攘外必先安内"的情势，不得不对外采取和缓、妥协、忍耐的政策，以培养国力，期待于将来。其外在因素，即逢强大外敌压境，或为减少战争之牺牲，借"以夷制夷""离间分化""远交近攻"等原则，采取和亲政策，以期"联弱敌强""孤立主敌"，以达"各个击破"的最终目的。至于边疆游牧民族方面，由于自然环境、生产方式等限制，常发生食物不足、必需品缺乏的现象，所以以生活与经济的立场而言，几乎任何时期都欢迎和亲，特别是在"天灾地变""毛羽未丰"之际，或"与敌对立"之时，更希望借和亲机会，一方面获得互市、赠予，以繁荣经济、增加财富、维持生活；另一方面抬高自己的声威，以率北方诸部族。同时亦靠和亲同盟关系，以加强军事力量，并吞或控制邻国，扩大领域。因此和亲的请求常由游牧民族首先提出，而其成立与否则多决定于中原农业朝廷方面的情况和因素。

① 札奇斯钦：《北亚游牧民族与中原农业民族间的和平战争与贸易之关系》，《"国立"政治大学丛书》，183～184 页，台北，正中书局，1972。

（一）汉朝和亲

汉初与匈奴和亲政策的成立，是由于游牧君长的铁骑南袭（平城之难）所造成的。当时长城内外两个世界，在北方游牧民族系统一于匈奴；而中原农业民族则随楚汉之争的结束统一于汉朝。因为这两大帝国的相继成立而日趋对立，初期汉朝因国内战争的破坏，社会秩序须待重建，政治权力尚未完全统一，民生疲敝，亟待息养。而相反的，匈奴势力却已发展到强盛顶点时期。两强国内情势，加上游牧民族南侵故习，对帝国初创的汉高祖而言造成很大的威胁，只好"攘外先安内"，而以公主下嫁，伴随经济上的赠予、通商，以交换政治上的和平保障。在匈奴而言，一个游牧君长得娶汉地天子之女，是一个足以显耀之事。即使已强大之时，也是锦上添花。尤其还可获得"岁奉絮缯、酒米、食物各有数"的农业物资的供应，使匈奴君长能得到经济上某种程度的满足。[①]

至汉武帝为了断匈奴右臂，联络在中亚细亚的乌孙，以下嫁宗女和亲，起到所谓"远交近攻"的政治作用。匈奴为了避免遭受孤立，也西连乌孙下嫁公主，以资拉拢。此时汉朝的国内已告安定强盛，所以武帝改采挞伐政策，同时还想再利用和亲政策，加强对匈奴的牵制。后来匈奴分裂，南匈奴变成汉朝的附庸，北匈奴的实力大减，远徙漠北，此时北匈奴对和亲的期待迫切，而汉朝却因其势力已孤，对其和亲请求表示冷淡。另外对南匈奴，则因南匈奴已成汉朝附庸，故改采赏赐、赠予方式，而不以和亲方式为双方建立和平关系的途径。

---

① 札奇斯钦：《北亚游牧民族与中原农业民族间的和平战争与贸易之关系》，《"国立"政治大学丛书》，185～187 页，台北，正中书局，1972。

（二）魏、齐、周和亲

在中原方面，汉末天下又告分裂，继之于 220 年出现三国、南北朝等小王朝互争局面。而北方游牧民族的代表则为鲜卑族的柔然。在中原的小王朝中与柔然对立的是拓跋人所建立的魏。魏自为汉化建立汉式朝廷，并沿袭汉朝的政策。魏世祖太武帝拓跋焘由于连年征伐，国家财源枯竭，民不聊生，需要与民休息培养国力，所以愿与柔然和亲。至于柔然一如匈奴，和亲不仅获得荣誉，且在经济上有利可图。以后魏分东西两国，日趋衰弱，对于尚在强大的柔然，改采怀柔政策，并彼此积极争取结好和亲于柔然。此时北齐始祖高欢也因"方招四远"而与柔然互为（交换）婚姻和亲。

至 552 年（即北齐天保三年）柔然阿那瓌自杀，柔然败亡，代之以新兴的突厥。当国势日强的突厥出现于北亚时，中原北边两个敌对政权——东、西魏及其后的周、齐，都竞相拉拢。《隋书·突厥》谓："周、齐争结姻好，倾府藏，以事之。"可知当时的中原朝廷是以和亲为手段，争取游牧国的支持。且其婚姻非片面的，是双方的公主下嫁互结姻好。此际可谓"北强南弱""北合南分"，双方均需借"和亲"以达到所指目的。而史家多评北朝对突厥的和亲为"屈辱性"措施，引外力以自重自保。

（三）隋朝和亲

581 年分裂的华北，经隋文帝的经略复告统一；而相反的，强大的突厥却成分裂局面①。这一个情势的转变，在隋、突关系上，使隋站在有利的地位。一般而言，隋朝对边疆民族的和亲政

---

① 当时突厥内部情势，除大可汗沙钵略以外，尚有小可汗达头、阿波、庵罗、贪汗、纥支（？）等及封建诸侯，诸设割据，故谓分裂。《隋书》卷 51《长孙晟》，台北，商务印书馆影印宋嘉祐刊本，1988（本书所引《隋书》均为此版本，下同）。

策均集中于突厥上，此外仅对高昌国王麴伯雅有下嫁华容公主的记录。

例如隋开皇四年（584 年），文帝应已嫁突厥的北周千金公主之请，赐公主隋姓杨氏，并改封为大义公主一事。在中原方面，系因统一王朝初创；在突厥方面则为内部不和。盖突厥至都蓝可汗时代，其内部除大可汗都蓝以外，还有达头、突利两小可汗，可谓三雄鼎立情势。因此长孙晟上奏，终将安义公主下嫁小可汗突利，突利遂遵命南迁。这就是隋宁愿下嫁公主给"兵少力弱"的对立势力，以利抚驯分化突厥，冀能充当边捍。

（四）唐朝和亲

唐初中原大乱初定，北方游牧民族东、西突厥有颉利与统叶护两可汗雄立于漠北。时西突厥统叶护可汗遣使请婚，封德彝奏请"远交而近攻"，许其婚，"以威北狄"（东突厥）。唐帝于是许下嫁公主，唯因"西蕃路梗"未能成婚（《旧唐书·突厥》）。唐此时所以同意下嫁公主和亲西突厥，系因唐朝初得天下，国内需要"息战安民"，故贵在运用政治外交手段，采"远交近攻""以夷制夷"的方法，与西突厥和亲以牵制东突厥。在西突厥方面，则希望在东、西突厥竞争中，联合大唐以孤立东突厥，甚至于可以夹攻东突厥，以统一突厥雄视漠北。

至于唐朝对吐谷浑的和亲，吐谷浑系驻牧于青海地区，介于唐与吐蕃两大国之间。唐与吐谷浑之间的和亲，双方均重在政治性，亦即政治需要而促成，唐志在拉拢吐谷浑以牵制吐蕃。

奚、契丹均为东胡族系，在唐代系处于唐与突厥两大势力之间的小部族。当时每每苦于应付无法自立。因此无论对唐或对突厥都是时降时叛，但其降或叛除了内在的因素外，唐与突厥的压力更是使他们不得不如此的一个主因。唐朝为了制服奚、契丹两部族，采用了讨伐和用于羁縻的下嫁公主和亲的两种办法。另一方面，奚、契丹在突厥帝国的内部结构中，常属于"外围属部"地位。故唐朝拉拢奚、契丹两部族，其目的在于孤立突厥，削弱突厥帝国势力。

吐蕃与唐代前期的突厥和中期的回纥，并称唐重要外患，即中唐外患主要有北方之回纥与西方之吐蕃。唐朝以吐蕃势盛，恐武力难以绥服，不如用和亲政策以羁縻。

唐朝对回纥的和亲乃唐朝对边疆民族和亲政策的重点。初系肃宗向回纥借兵平安史之乱，一为报恩，二为畏回纥之强大而下嫁皇帝亲生公主。至天宝乱后，边戍空虚，吐蕃乘机陷河湟数千里之地，且焚掠长安。贞元三年（787年），宰相李泌提"联回纥抗吐蕃"之策，唐终与回纥保持和亲关系，成为唐朝当时重要的政治外交手段。

（五）西夏、金朝和亲

西夏是唐古特（Tangghud）人所建立，金是女真（Jurched）人所建立，均非农业汉民族王朝，但是西夏、金汉化极深，且都以汉地制度为其朝廷的规范，因此把他们在华北所建立的王朝视为中原农业朝廷加以介绍。

蒙古成吉思汗的兴起，对西夏、金构成极大的威胁。先破西夏，再攻金是当时成吉思汗的战略。从史料记载看，西夏与金对蒙古的和亲是军事威胁下的求和条件。

至于蒙古人所建立的元朝，系游牧与农业二元的制度，也是合边疆与中原为一国的情形，所以其皇室婚姻与本文所论和亲政策有异。再满洲人建立的清朝，虽采最有系统的方式来执行对蒙古民族的联婚政策，但其目的和方法均与前代不同，故均不在此论述。

三、历代和亲次数及其比较

中国历代对边疆民族的和亲就次数而言，汉朝对匈奴和亲六次，其中汉元帝后宫良家女子王昭君一事（前33年）为另一种形式的婚姻关系。汉朝对乌孙和亲两次，对西域鄯善王和亲一次。内容见附表1-1。

汉朝与匈奴的和亲在景帝以前多少含有被迫忍让的性质，以期后时改善力量的对比。而与乌孙的和亲，却偏重政治外交上同盟联合的意义，且颇有收获。

至于北朝之北魏对柔然和亲两次，柔然也于延和三年（434年）以"交换婚"式嫁公主给北魏世祖为"夫人"，后进为"左昭仪"。北齐与柔然和亲一次。柔然阿那瓌也嫁爱女给齐献武王。西魏与柔然和亲一次，西魏文帝乃娶柔然公主。西魏与突厥和亲一次。而北周与突厥也互婚一次，其内容见附表1-2。

北朝诸王朝虽为边疆民族入中原华北建立王朝，但多采汉地制度文化，并逐渐汉化，对北方游牧民族也多采和亲政策。由于其原本系北方边疆民族，故北朝君主民族观念极为薄弱，对汉族固表欢迎，对其他边疆民族也不排斥，通婚情形相当普遍，且与柔然、突厥的和亲多以交换式婚姻为其特色。

隋朝与突厥和亲七次，与吐谷浑和亲一次，与高昌国和亲一次，其内容见附表1-3。

隋朝对边疆的和亲多集中于突厥，且多以分化离间其内部为目的，成效极为显著。

唐朝为中国历朝中推行和亲政策最普遍者，唐与突厥五次、唐与吐谷浑三次、唐与吐蕃两次、唐与奚三次、唐与契丹四次、唐与宁远国一次、唐与回纥八次、唐与南诏一次，其内容见附表1-4。

附表 1—1

汉朝与匈奴、乌孙、鄯善和亲表

顺序	纪年	公主名	公主出身	和亲对象	在蕃地位	参与婚礼人士	聘礼或赏赐	和亲成效	出典
1	汉高帝九年（前198年）	公主	家人子（宗室女）	匈奴冒顿单于	阏氏	刘敬	岁奉絮缯、酒米、食物各有数	约为昆弟，冒顿乃少止	《史记·刘敬列传》《史记·匈奴列传》
2	惠帝三年（前192年）	公主	宗室女	匈奴单于	阏氏				《汉书·惠帝刘盈》《汉书·匈奴》
3	文帝六年（前174年）	翁主	宗室女	匈奴老上稽粥单于	阏氏		金制疏比，金饰腰带，黄金头带		《史记·匈奴列传》
4	景帝年间	翁主		匈奴军臣单于	阏氏		通关市，给遗单于	终景帝之世，时小入盗边，无大寇	《史记·匈奴列传》
5	武帝元封年间	细君	江都王建女	乌孙王昆莫岑陬	王妻（右夫人）	宦官侍御数百人	乌孙以马千匹为聘礼，赐乘舆服、御物，赠送甚盛		《汉书·乌孙》

续附表 1-1(1)

顺序	纪　年	公主名	公主出身	和亲对象	在蕃地位	参与婚礼人士	聘礼或赏赐	和亲成效	出　典
6	武帝元封年间	解忧	楚王戊之孙女	乌孙王岑陬、翁归靡、泥靡	王妻	侍者冯嫽随行		前后下嫁三代君主，操纵政柄数十年，常与汉朝联络打击匈奴	《汉书·乌孙》
7	元帝竟宁元年（前33年）	王昭君（嫱）	元帝后宫良家女子	匈奴呼韩邪单于、复株累若鞮单于	阏氏			北部边疆安宁数十年，盖创汉匈友好关系	《汉书·匈奴》
8	汉代	公主	昭帝后宫女	鄯善王尉屠耆	王妻				《汉书·鄯善国》
9	汉代	蔡琰	蔡邕女	南匈奴左贤王	王妻				《后汉书·列女传》

附表1-2

魏、齐、周与柔然、突厥和亲表

顺序	纪年	公主名	公主出身	和亲对象	在番地位	参与婚礼人士	聘礼或赏赐	和亲年限	和亲成效	出　典
1	北魏太武帝太延和三年(434年)	(北魏)西海公主	北魏太武帝女	柔然敕连可汗	可汗妻		班赐甚厚		一段和平	《魏书·蠕蠕》
2	北齐始祖年间(435年?)	(北齐)兰陵公主	常山王妹安乐公主	柔然阿那瓌可汗	可汗妻	诏宗正元寿送公主	环遣奉马千匹为聘礼		自是朝贡相寻	《魏书·蠕蠕》《北齐书·祖珽》
3	北魏孝武帝年间	化政公主元翌女	孝武帝舍人	柔然郁久闾寒	可汗妻					《北史·蠕蠕》
4	西魏文帝大统元年(535年)	(西魏)乐安公主	常山王骘妹	柔然郁久闾庵罗辰	可汗妻					《北史·蠕蠕》
5	西魏文帝大统十七年(551年)	(西魏)长乐公主	西魏帝女	突厥土门伊利可汗	可汗妻		土门献马二百匹			《册府元龟·外臣部·和亲一》《北史·突厥》

续附表 1－2（1）

顺序	纪年	公主名	公主出身	和亲对象	在蕃地位	参与婚礼人士	聘礼或赏赐	和亲年限	和亲成效	出典
6	北周武帝天和三年（568年）	（突厥）阿史那公主	木杆可汗之女	北周武帝	皇后（大和皇后）	陈公纯大司徒宇文贵、神武公窦毅、南安公杨荐等迎女	北周岁给缯絮锦彩十万段，突厥以兹陪嫁			《周书·武帝宇文邕》《周书·突厥》《册府元龟·外臣部·和亲一》
7	北周静帝大象二年（580年）	（北周）千金公主	北周宗室招王（北周武帝之弟）之女	佗钵可汗（叔）沙钵略可汗（侄）（摄图）	可敦	汝南公宇文庆、司卫上士长孙晟送之	岁赐缯絮、锦彩十万段	约共16年	突厥助北周讨吐谷浑及北齐	《周书·突厥》《周书·长孙晟》《隋书·长孙晟》《册府元龟·外臣部·和亲一》《资治通鉴》

附表1-3

隋与突厥、吐谷浑、高昌和亲表

顺序	纪年	公主名	公主出身	和亲对象	在蕃地位	参与婚礼人士	聘礼或赏赐	和亲年限	和亲成效	出典
1	文帝开皇四年(584年)	大义公主	以千金公主为帝女改封者	突厥沙钵略可汗(父)、莫何可汗(叔)、都蓝可汗(子)	可敦	正使长孙晟、副使虞庆则		开皇十六年(?)被杀	隋、突厥遂成舅婿关系	《隋书·突厥》《隋书·长孙晟》《隋书·裴矩》《册府元龟·外臣部·和亲一》
2	文帝开皇四年(584年)	(突厥)阿史那公主	沙钵略可汗从妹	(隋尚书右仆射)虞庆则			突厥赠虞庆则马千匹			《隋书·突厥》
3	文帝开皇年间(约十五年)(595年?)	向氏	中原人	(西突厥)泥利可汗(兄)、婆实特勤(弟)				开皇末入朝		《隋书·西突厥》
4	文帝开皇十六年(596年)	光化公主	宗室女	吐谷浑可汗世伏、伏允	为可汗天后					《隋书·吐谷浑》

续附表 1-3(1)

顺序	纪 年	公主名	公主出身	和亲对象	在蕃地位	参与婚礼人士	聘礼或赏赐	和亲年限	和亲成效	出 典
5	文帝开皇十七年(597年)	安义公主	宗室女	突厥染干可汗(后改称启民可汗)	可汗妻	太常卿牛弘、纳言苏威、户部尚书斛律孝卿等	礼节馈遗均极丰厚	开皇十九年(?)(599年)止	离间了突厥	《隋书·突厥》《资治通鉴·隋纪二》《册府元龟·外臣部·和亲一》
6	文帝开皇十九年(599年)	义成公主	宗室杨谐之女	突厥启民可汗(父)、始毕可汗(子)、处罗可汗(子)、颉利可汗(子)	可敦	长孙晟持节送之		四代,于贞观四年李靖所杀	解杨帝雁门之围;助平契丹;上表求汉化	《隋书·突厥》《隋书·长孙晟》《旧唐书·突厥》《旧唐书·韦云起》《资治通鉴》《新唐书·突厥》《册府元龟·外臣部·和亲一》

续附表 1－3（2）

顺序	纪年	公主名	公主出身	和亲对象	在蕃地位	参与婚礼人士	聘礼或赏赐	和亲年限	和亲成效	出典
7	文帝开皇末年间（或大业末年）	淮南公主	炀帝杨广女	突厥泥步设（后为突利可汗）什钵苾	可汗妻				劝突厥旧属于唐	《旧唐书·突厥》《新唐书·突厥》《通典·突厥》
8	炀帝大业八年（612年）	华容公主	戚属宇文氏（宗室女）	高昌国王麴伯雅	国王妻				凡诸国施为辄以闻	《隋书·高昌》
9	炀帝大业十年(614年)正月	信义公主	宗室女	突厥葛萨那（娶）可汗（原西突厥处罗可汗）达漫	可汗妻		赐锦彩袍千(十)具,彩万疋		葛萨那遂一心事隋,常从巡	《隋书·西突厥》《新唐书·西突厥》《册府元龟·外臣部·和亲一》

附表 1-4

唐与突厥、吐谷浑、吐蕃、奚、契丹、回纥、南诏和亲表

顺序	纪年	公主名	公主出身	和亲对象	在蕃地位	参与婚礼人士	聘礼或赏赐	和亲年限	和亲成效	出典
1	唐高祖武德三年(620年)	(王世充郑)郑公主	王世充郑朝宗室女			突厥遣阿史那揭多求婚	献马千匹于王世充			《资治通鉴·唐纪四》
2	唐太宗贞观三年或十三年(629年或639年)	定襄县主	宗室女	突厥左贤王阿史那泥孰(一名忠)	王妻				怀禩中国,见中国使者必泣,请人侍,诏许之	《新唐书·突厥》《资治通鉴·唐纪十一》
3	太宗贞观十年(636年)	南阳长公主(衡阳公主)	皇族(唐高祖第14女)	突厥阿史那社尔					社尔娶为唐立战功	《新唐书·突厥》《旧唐书·突厥》《资治通鉴·唐纪》

续附表 1－4(1)

顺序	纪年	公主名	公主出身	和亲对象	在蕃地位	参与婚礼人士	聘礼或赏赐	和亲年限	和亲成效	出典
4	太宗贞观十四年（640年）	弘化公主	宗室女	吐谷浑诺曷钵	可汗妻	左骁卫将军淮阳王道明送公主	资送甚		后公主随诺曷钵投凉州，徒灵州，人居中国边境	《旧唐书·本纪》《册府元龟》《旧唐书·吐谷浑》
5	太宗贞观十五年（641年）	文成公主	宗室女	吐蕃赞普松赞干布主	王妻	命礼部尚书江夏王宗道送公主（吐蕃使者为禄东赞）	吐蕃献金五千两及黄金珠宝许多为聘礼，文成公主带一大批日常生活用品及工匠、医药、菜种、历算等书	永隆元年（680年）去世，东北善近40年	在吐蕃时：①建筑宫室；②婴嫣之俗；③带来佛教典籍；④建立和亲律章典制度等。颇有影响	《旧唐书·吐蕃》《通典》《唐会要》

续附表 1－4（2）

顺序	纪年	公主名	公主出身	和亲对象	在蕃地位	参与婚礼人士	聘礼或赏赐	和亲年限	和亲成效	出典
6	高宗永徽三年（652年）	金城县主	宗室女	吐谷浑苏度摸末	左领军卫大将军妻					《新唐书·吐谷浑》《册府元龟》
7	高宗永徽三或四年（652年或653年）	金明县主	宗室女	吐谷浑达卢摸末	武卫大将军梁汉王妻					《新唐书·吐谷浑》
8	中宗景龙二年（708年）	金城公主	雍王守礼女	吐蕃赞普弃隶蹜赞	赞普妻	骁卫大将军杨矩为主使	赐锦缯数万,杂伎诸工悉从	在蕃30年	吐蕃文化影响甚多,且战争为和平	《旧唐书·吐蕃》《新唐书·吐蕃》
9	玄宗开元元年（713年）	南和县主	宗室蜀王之女	突厥杨我支特勤（默啜子）				714年,杨我支死		《新唐书·突厥》《旧唐书·突厥》《册府元龟·外臣部·和亲》《资治通鉴·唐纪二十六》

续附表 1-4(3)

顺序	纪 年	公主名	公主出身	和亲对象	在蕃地位	参与婚礼人士	聘礼或赏赐	和亲年限	和亲成效	出 典
10	玄宗开元二年(714年)	金山公主	册突厥颉利发拔曳固阿史那妻为唐金山公主	突厥石阿失毕[唐册左武卫大将军燕山(北)郡王]	王妻		赐宅一区、奴婢十人、马十匹、物千段			《旧唐书·突厥》《新唐书·突厥》《资治通鉴·唐纪二十六》
11	玄宗开元三年(715年)	固安公主(辛氏)	宗室女所出(玄宗从外甥女)	奚王都督大酺、鲁苏	王妻					《新唐书·奚》
12	玄宗开元四年(716年)	永乐公主	东平王外孙杨元嗣女	契丹松漠王李失活、娑固	王妻					《旧唐书·契丹》
13	玄宗开元五或十年(717年或722年)	交河公主(金河公主)	在唐十姓可汗阿史那怀道(斛瑟罗之子)女	突厥苏禄(突厥车鼻施可汗,唐册忠顺可汗)	可汗妻			开元二十七年唐收还		《旧唐书·突厥》《新唐书·突厥》《册府元龟·外臣部·和亲二》《资治通鉴·唐纪四》

续附表 1-4(4)

顺序	纪年	公主名	公主出身	和亲对象	在番地位	参与婚礼人士	聘礼或赐赏	和亲年限	和亲成效	出典
14	玄宗开元十年(722年)	燕郡公主(慕容氏)	率更令慕容嘉宾女(玄宗从妹所生)	契丹松漠郡王李郁干、吐干	王妻						《旧唐书·契丹》
15	玄宗开元十年(722年)	东光公主(韦氏)	中宗外孙成安公主女	奚饶乐郡王鲁苏	王妻						《旧唐书·奚》
16	玄宗开元十四年(726年)	东华公主(陈氏)	宗室女所生	契丹松漠郡王李邵固	王妻						《旧唐书·契丹》
17	玄宗天宝三年(744年)	和义公主	玄宗从弟李参女第四女(宗室女)	宁远国王奉化王阿悉烂达干	王妻						《资治通鉴·唐纪三十一》
18	玄宗天宝四年(745年)	宜芳公主(杨氏)	宗室女所出(玄宗外孙女)	奚饶乐都督怀信王李延宠	王妻						《新唐书·奚》,《旧唐书·玄宗李隆基》

续附表 1-4(5)

顺序	纪年	公主名	公主出身	和亲对象	在蕃地位	参与婚礼人士	聘礼或赏赐	和亲年限	和亲成效	出　典
19	玄宗天宝四年(745年)	静乐公主(独孤氏)	宗室女所出(玄宗外孙女)	契丹王李怀秀	王妻					《资治通鉴·唐纪三十一》
20	肃宗至德元年(756年)	毗伽公主	葛勒可汗敦之妹	唐敦煌郡王承寀(婚后宗室方面为正卿。回纥方面则封为叶护)	王妃					《新唐书·回鹘书》《旧唐书·肃宗纪》《资治通鉴·唐纪》《册府元龟·外臣部·和亲二》
21	肃宗乾元元年秋(758年)	宁国公主(萧国公主)	肃宗幼女	回纥磨延啜葛勒可汗(英武威远可汗)	可敦	汉中郡王瑀摄御史大夫为册命使，右司郎中李巽兼御史中丞为礼会使，并以礼部... 为礼副使，尚书右仆射裴冕送诸境	回纥献马五百匹，唐赐国信锦彩、衣服，金银器皿，岁赐绢两万匹	一年。乾元二年(759年)八月归国。系公主第三次再婚		《新唐书·回鹘书》《旧唐书·肃宗纪》《资治通鉴·唐纪》《册府元龟·外臣部·和亲二》

续附表 1-4（6）

顺序	纪年	公主名	公主出身	和亲对象	在番地位	参与婚礼人士	聘礼或赏赐	和亲年限	和亲成效	出典
22	肃宗乾元元年(758年)或二年（759年）	公主后封为婆娑光亲毗丽华伽可敦	仆固怀恩之女	回纥移地健（后继位为牟羽可汗）	初为可汗次子妻,后为可敦			10年。在大历三年(768年)死		《新唐书·回鹘》《旧唐书·回纥》《新唐书·仆固怀恩》
23	肃宗乾元二年(759年)	小宁国公主（宁国公主之媵女,宁国归,因留回纥中为可敦）	荣王之女	回纥磨延啜英武可汗和移地健英义（牟羽）可汗	初为媵女,后为可敦			32年。在贞元七年(791年)五月死		《新唐书·回鹘》《旧唐书·回纥》《册府元龟·外臣部·和亲二》
24	代宗大历四年(769年)	崇徽公主	仆固怀恩幼女	回纥移地健牟羽可汗（继室）	可敦	兵部侍郎李涵持节册拜。祠部郎中虔卿董晋为判	赐缯彩两万疋	11年(?)。约在建中元年(780年)死		《新唐书·回鹘》《旧唐书·仆固怀恩纪》《资治通鉴·唐纪》《册府元龟·外臣部·和亲二》

续附表 1-4(7)

顺序	纪年	公主名	公主出身	和亲对象	在蕃地位	参与婚礼人士	聘礼或赏赐	和亲年限	和亲成效	出典
25	德宗贞元四年(788年)	咸安公主	德宗之八女	回纥顿莫贺天亲可汗、多逻斯忠贞可汗、阿啜奉诚可汗、骨咄禄汗信四人	可敦	殿中监王嗣膝然为婚礼使,右关射护送且册拜可汗,可敦使	回纥聘纳马两千	21年。在元和三年(808年)死		《新唐书·回鹘》《旧唐书·回纥》《资治通鉴·唐纪》《册府元龟·外臣部·和亲二》
26	德宗贞元五年(789年)(?)	叶公主(怀恩子为叶护,故其女为叶公主云)	仆固怀恩之孙女	回纥顿莫贺天亲可汗	少可敦					《新唐书·回鹘》

续附表 1-4(8)

顺序	纪年	公主名	公主出身	和亲对象	在番地位	参与婚礼人士	聘礼或赏赐	和亲年限	和亲成效	出典
27	穆宗长庆元年(821年)	太和公主	宪宗之女,穆宗之第十妹	回纥崇德可汗	可敦	左金吾卫大将军胡证光禄卿李宪卿护送,太府卿兼持节册送婚礼使宗正少卿宁王子鸿,兼御史中丞充副使,虞部员外郎陈鸿为判官	回纥聘马两万,橐驼千匹	20年。在会昌元年离开回纥,二年二月回朝		《新唐书·回鹘》《旧唐书·回纥》《资治通鉴·唐纪》《册府元龟·外臣部·和亲二》
28	懿宗咸通十五年(874年)	安化长公主	宗室女	南诏王蒙法	王妻	曹王龟年宗正少卿为婚,木理司直徐云虔副之			诚款	《新唐书·南诏》

以上唐与（东）突厥的和亲系三次正式公主下嫁和亲。另有以来附外族公主下嫁突厥别种车鼻施可汗及以名义上加封了一位来降的突厥高官之妻为唐公主。时间上都在中唐以前。而唐对奚、契丹的和亲，则大致在玄宗开元至天宝年间。唐与吐蕃的和亲虽遭受威胁，然唐朝必在战胜之后方允和亲，且公主赴蕃均能发挥文化交流的作用。唐与吐谷浑的和亲在时间上集中于 640 至 653 年间。唐与回纥的和亲多为唐朝报答回纥军事支援的成分，且多于中唐以后，其次数亦最多。因唐室非纯汉族，有北方游牧民族的血统，所以民族观念较为淡薄，能容纳各民族于大唐帝国之中，因此表现在和亲上也较普遍而广大。

至于中原王朝历代所下嫁的公主，一般而言，对于强大国家而有特别关系者，如：回纥，多以皇女或皇妹下嫁；对于大国而无特殊关系者，如：匈奴、乌孙、突厥、吐蕃等，多以亲王女或宗室女下嫁；对于小国，如：奚、契丹等，则以宗室甥女下嫁；功臣女、家人子皆代"皇女"者，表面上应作为"皇女"视之，亦下嫁大国。

西夏、金两王朝与蒙古的和亲因系被蒙古大军所迫而成立，因此西夏、金公主的地位当然远不如前代。和亲双方也无任何名分关系，仅系战胜者与战败者的关系而已。[1] 所以此仍一种屈辱行为。其和亲内容见附表 1－5。

由此可了解西夏、金王朝与蒙古的屈辱和亲各一次，除下嫁公主之外，还陪送了许多人口与财物。

---

[1] 札奇斯钦：《北亚游牧民族与中原农业民族间的和平战争与贸易之关系》，《"国立"政治大学丛书》，247～251 页，台北，正中书局，1972。

附表 1－5

西夏、金与蒙古和亲表

顺序	纪 年	公主名	公主出身	和亲对象	在藩地位	参与婚礼人士	聘礼或赏赐	和亲年限	和亲成效	出 典
1	元太祖四年（1209年）	（西夏）察合	夏主李安全女儿	成吉思汗			骆驼、缎匹、鹰鹘献蒙古		夏降于蒙古,蒙古允和	《元史·太祖铁木真》《蒙古秘史》
2	元太祖九年（1214年）	（金）岐国公主	卫绍王女（完颜永济女）	成吉思汗			金帛、童男女五百,马三千献蒙古		蒙古允和议	《金史·宣宗完颜珣》《元史·太祖铁木真》《蒙古秘史》

附表 1 - 6   中国汉至唐诸朝和亲下嫁公主身份表

等级	身份	公主名称	对象
一	皇女	唐肃宗宁国公主、唐德宗咸安公主	唐对回纥
一	皇妹	唐穆宗太和公主	唐对回纥
		唐南（衡）阳长公主	唐对突厥
二	亲王女	汉江都王建女细君公主	汉对乌孙
		北周赵王招女千金公主	北周对突厥
		唐南和县主	唐对突厥
		唐雍王守礼女金城公主	唐对吐蕃
		唐荣王琬女少宁国公主	唐对回纥
三	宗室女	汉翁主	汉对匈奴
		汉楚王戊孙女解忧	汉对乌孙
		东魏兰陵公主	东魏对柔然
		隋安义公主、义成公主、信义公主	隋对突厥
		唐文成公主	唐对吐蕃
		唐弘化公主、金城县主、金明县主	唐对吐谷浑
		唐安化长公主	唐对南诏
四	宗室甥女	唐永乐公主杨氏、燕郡公主慕容氏、东华公主陈氏、静乐公主独孤氏	唐对契丹
		唐固安公主辛氏、东光公主韦氏、宜芳公主杨氏	唐对奚
等外甲	功臣女（包括汉蕃）	唐崇徽公主仆固氏、交河公主阿史那氏	唐对回纥
等外乙	家人子	名为长公主	汉对匈奴
不列等	媵女宫女	汉王昭君（后宫良家女子）	汉对匈奴

注：身份不明之公主未列入本表。

由附表 1 - 6 可以显示下列数点：第一等是唐对突厥、回纥；第二等是汉对乌孙，北周、唐对突厥，唐对回纥、吐蕃；第三等是汉对匈奴、乌孙，东魏对柔然，隋对突厥，唐对吐蕃、吐谷浑及南诏；第四等是唐对契丹、奚。以上充分证明，中原朝廷系依边疆民族之强弱与关系而以不同身份之公主下嫁和亲。

四、和亲之礼仪及其习俗

（一）和亲之礼仪

中国自上古时代已具有嫁娶事实，只是形式粗具，未形成定制。至西周始制定周礼，并列婚礼为专章，明定：纳采、问名、纳吉、纳征、请期、亲迎等为六礼，对仪式尤其注重，以表示对男女结合的重视。《礼记·昏义》上谓：

> 昏礼者，将合二姓之好，上以事宗庙，而下以继后世也，故君子重之。是以昏礼纳采、问名、纳吉、纳征、请期，皆主人筵几于庙，而拜迎于门外。入，揖让而升，听命于庙，所以敬慎重正昏礼也。……敬慎重正，而后亲之，礼之大体，而所以成男女之别，而立夫妇之义也。男女有别，而后夫妇有义；夫妇有义，而后父子有亲；父子有亲，而后君臣有正。故曰："昏礼者，礼之本也。"①

从这段记载可以知道中国人对婚姻的重视。而所谓"六礼"，就是婚姻所必须遵行的六种仪节，也是婚礼进行应有的程序，将这些仪节，一一完成，婚礼才算严肃、正式、合法。六礼为周人所制。但自上古以至清末，部分的或存或废，历代都有些变易，可是对婚姻的重视却一直保持。

代表婚礼的"六礼"，最先的"纳采"，是发动婚议，即男家请媒妁"赘雁"至女家为拜见礼，表明来意，征求女方家长的意向。如女方认为"门当户对"时，就开送女子的年庚八字，交媒

---

① 《礼记·昏义》，台北，开明书局，1955（本书所引《礼记》均为此版本，下同）。

人带回男家合算。其次"问名",系详叙三代名讳、籍、里居及曾任职务,使知门第,或所处社会地位。再次为"纳吉",就是年庚八字合算结果,双方无相剋之处,男家则再请媒人至女家报可,并商洽订婚条件。接着为"纳征",则订婚商议成功,男家必须准备簪环之类的饰物,送到女家,双方交换订婚喜帖,成立婚约。然后为"请期",就是迎娶日期,男家决定日期,将吉日预告女家。最后为"亲迎",就是新郎躬率鼓乐、仪仗、彩舆,迎娶新娘以归。

中原不仅在本朝讲究"六礼",对边疆民族的婚姻——"和亲",也行以"六礼"。《资治通鉴·隋纪二》载:开皇十七年(597年)突厥突利可汗染干,遣使来迎公主,文帝令舍于太常,教习婚姻六礼后,妻以宗女安义公主。可见,和亲的礼仪相当隆重。若礼仪不完备,则婚礼不行。例如后汉和帝永元十六年(104年)"(匈奴)北单于遣使诣阙贡献,顺和亲,修呼韩邪故约。和帝以其旧礼不备,未许之"。唐太宗许婚薛延陀夷男时,据《旧唐书》载:

> 太宗乃发使受其羊马,然夷男先无府藏,调敛其国,往返且万里,既涉沙碛,无水草,羊马多死,遂后期。太宗于是停幸灵州。既而其聘羊马来至,所耗将半。议者以为夷狄不可礼义畜,若聘财未备而与之婚,或轻中原,当须要其备礼,于是下诏绝其婚。[①]

又唐玄宗开元十二年(724年)七月,突厥默啜可汗遣使哥解颉利发(Iltabar 或 Eltabar)来献方物,求婚。然帝以"婚姻将传永久,契约须重,礼数宜周,今来人既轻,礼亦未足"[②],所以未许婚姻。开元二十二年(734年)四月,突厥遣使来朝谢婚,

---

① 前匈奴请和亲事,见《后汉书》卷119《南匈奴》。后薛延陀请和亲事见《旧唐书》卷199《铁勒》。
② 《资治通鉴》卷210《唐纪二十六》,《册府元龟》卷979《外臣部·和亲二》。

表曰："……谨使可解粟必谢婚，他满达干请期，献马四十疋，充押疋。"①唐武德初年西突厥统叶护可汗（Jabgou‐Khaghan）来朝请婚，上许之，并遣高平王道立至其国。统叶护可汗遣真珠统俟斤（Irkin）（护雅夫：《东突厥官称号考——铁勒诸部俟利发俟斤》）来"献万钉宝钿金带，马五千匹，以藉约"②。中原朝廷不仅要求边疆民族礼仪隆重，其本身也极重视和亲婚礼，尤其是唐朝对回纥更是如此，包括：请婚、纳采、迎亲、指名、使节加官、受命、出嫁、可汗受册、可敦受册、赐唐使归、谢婚等项目。

至于边疆民族对与中原朝廷和亲则更为重视。《通典》载：

> 贞观十五年正月，以宗室女封文成公主，降于吐蕃赞普，命礼部尚书江夏王道宗送之。赞普亲迎于河源，见王人执子婿礼甚谨，睹大国服饰礼仪之美，俯仰有愧沮之色，谓所亲曰："我祖父未有通婚大国者，今我得尚大唐公主，当筑一城，以夸后代。"③

清褚人获《坚瓠集》谓：

> 唐突厥默啜请尚公主，诏送金缨马鞍，默啜以鞍乃涂金，非天子意，请罢和亲。鸿胪卿知逢尧曰："汉法重女婿而送鞍，欲安且久，不以金为贵。"默啜从之。

由上两段记载可知，边疆民族对和亲礼仪之重视。下面以唐朝对回纥的和亲为例，列表说明其婚礼情形（见附表 1－7）。

---

① 《册府元龟》卷979《外臣部·和亲二》。
② 《玉海》卷6《朝贡》，台北，华文书局，1964（本书所引《玉海》均为此版本，下同）。
③ 《通典》，190页，北京，中华书局，1988（本书所引《通典》均为此版本，下同）。

附表1-7

唐、回和亲礼仪内容一览

礼别 ＼ 公主	宁　国	崇　徽	咸　安	大　和
1. 请婚	乾元元年,回纥使者多彦阿波与黑衣大食酋阁之等俱朝,争长,又有司使异门并进。又使请婚,许之	大历三年,光亲(怀恩女)卒,回纥请以怀恩幼女为可敦(继室)。许之	德宗贞元三年八月丁酉,回纥可汗遣首领墨啜达干等览将军,合阙达干等来贡方物,且请和亲。许之	穆宗立,回纥使合达干等来求婚。许之
2. 纳采、迎亲	乾元元年六月,回纥使达奚阿波刺史人朝迎公主,诏授开府府仪同三司		四年十月,回纥至蕃,德宗御延喜门见之,时回纥可汗喜于和亲,其礼甚恭,上言:"昔为兄弟,今为子婿,半子也。"又骂辱吐蕃使者,及派大首领等妻妾凡五十六妇人来迎。凡遣马两千条,纳聘马两千匹	长庆元年五月,遣伊难珠句录都督思结等,以叶护公主来迎公主,部渠两千人。诏许都督、宰相、公主、摩尼等七十三人朝迎公主,宿于鸿胪寺。亲留太原。纳马两万,路驼千匹。原,赐装、鹊头子、玉带,马千匹、驼五十头为聘礼)

续附表 1－7(1)

礼别 \ 公主	宁国	崇徽	咸安	大和
3. 指名	乾元元年七月丁亥，诏以幼女封为宁国公主以妻回纥。并令堂弟汉中郡王瑀殿中监摄中弟银静光禄大夫册命英武威远毗伽可汗。使，以堂弟正位大夫行右司郎中上柱国上邽县公赐紫金鱼袋瑀为副特差，重臣开府仪同三司，尚书左仆射翼国公裴冕送至界首	大历四年五月辛卯，册仆固怀恩幼女为崇徽公主，视同第十女下嫁回纥可汗为可敦。遣兵部侍郎李涵兼御史大夫持节回纥	庚子，诏以帝八女咸安公主出降，仍置府官属视亲王例。壬寅，以殿中监滕王湛然为咸安公主婚礼使	癸亥，敕太和公主出降，回纥为可敦。宜令中书舍人王起赴鸿胪寺宣示之。丙戌，太和长公主出降回纥，宜特置其府属准亲王府例

续附表 1-7(2)

公主 礼别	宁 国	崇 徽	咸 安	太 和
4. 使节加官	戊子,汉中郡王瑀,加特进太常卿摄御史大夫,右司郎中巽改尚书兵部郎中兼御史中丞鸿胪少卿兼充宁国公主礼会使		十一月乙巳,加嗣滕王湛然检校礼部尚书兼御史大夫。丁未,加送咸安公主及册回纥可汗使关播检校右仆射	甲子,以左金吾卫大将军胡证检校户部尚书持节充送公主入回纥,及加册回纥可汗李如卿光禄寺卿李宪加兼御史中丞,大常博士殷侑检校殿中侍御史大夫充判官,以前曹州刺史李锐为太府卿兼御史大夫持节赴回纥充婚礼使,宗正少卿崔元略兼御史中丞充副使,以虞部员外部陈鸿泓为判官,六月乙亥,加李宪御史大夫
5. 受命	癸巳,以册立回纥英武威远毗伽可汗,帝御宣政殿,汉中郡王瑀受命	壬辰,遣兵部侍郎李涵送之。涵奏祠部郎中虞卿董晋为判官		

续附表 1-7(3)

礼别＼公主	宁　国	崇　徽	咸　安	太　和
6. 出嫁	甲子(午),帝送公主至咸阳磁门驿。公主泣而言曰:"国家事重,死且无恨。"上流涕而还。唐送国信、缯彩、衣服、金银器皿等,岁赐绢两万匹	六月丁酉,公主辞行赴回纥,宰相以下百僚送至中渭桥。唐送缯两万匹		辛酉,长公主发赴回纥,帝以凌晨御通化门临送,百僚章敬寺前立卫班仪等前盛,士女倾城观焉
7. 可汗受册	瑀至虏牙帐,昵伽可汗衣赭黄袍胡帽坐于帐中榻上,仪卫甚盛,引瑀立于帐外,谓瑀曰:"王是天子何亲?"瑀曰:"是唐天子堂弟。"……于是引瑀入,瑀不拜,可汗曰:"两国主见,君臣有礼,何得不拜?"瑀曰:"唐天子以可汗有功,以爱女结好,比中国与夷狄婚姻,今宁国乃帝玉女,有德容,万里来降可汗,可汗是唐天子女婿,当以礼见,安踞受诏邪?"可汗惭,乃起奉诏,拜受册命,拜起奉册为英武威远毗伽可汗		册拜可汗为汩咄禄长寿天亲毗伽可汗	

续附表 1-7(4)

公主 / 礼别	宁 国	崇 徽	咸 安	大 和
8. 可敦受册	可汗翌日册公主为可敦		唐册公主为智惠端正长寿孝顺可敦	可汗择吉日册公主为可敦。可汗先升楼东向坐,设毡幄于楼下以居,使群胡教公主胡法。公主始解唐服,而衣胡衣,以一姬侍出楼前拜,可汗升楼前视,公主再拜讫,复入毡幄中解前所服,而被可敦服,通裙大襦,皆茜色金饰。乃升楼,回纥被前俯拜可汗如初礼。乃升曲角前隅,回纥九相分负其舆,随日右转于庭者九,公主随舆升楼,与可汗俱东向坐,以两相分负出入中。唐册公主为仁孝端丽明智上寿可敦
9. 赐唐使归	及瑀归,可汗献马五百匹,貂裘、白毡等			胡证等将归国,可敦宴安之帐中,留连号嘁者竟日。可汗因赠双使以厚贶。长庆二年正月癸卯,附马都尉郑何送太和公主至回纥还。十月胡证等亦返朝
10. 谢婚	十一月甲子,回纥使三妇人谢宁国公主之聘			

（二）边疆民族有关习俗

中原王朝与边疆民族和亲，其主要对象为北方游牧民族，其次为东北、西北诸族。这些民族多数为游牧或半游牧的生活方式。因此其思想观念、社会结构、生产方式、宗教信仰等都有异于农业社会的中原。所以研究中原历朝与边疆民族的和亲问题，必须先了解边疆民族有关的习俗，才不至于以中原的观念习俗，去解释或判断边疆之事物，以求较为正确的答案。

边疆游牧民族系以氏族为中心的社会组织，例如匈奴的挛鞮（虚连题）氏、突厥的阿史那（Asina）氏、回纥的药罗葛（Yaghla-kha）氏、蒙古的黄金氏族（Altun Urukh）等，都是该游牧帝国的统治氏族。而每一统治氏族往往均有其固定的姻亲氏族，如匈奴的呼衍、须卜、兰三氏，突厥的阿史德氏，蒙古的弘吉剌（Qonggirat）氏族，由此两种氏族则构成了"贵族氏族群"。再逐渐联合吞并其他氏族，而形成"部族国"。再发展成为"游牧帝国人"。

至于生产方式，因受北方自然环境所限，边疆民族多为游牧或半游牧民族，富机动性，以家畜为财产，且均为动产。由于自东北至西北一带为一大草原地区，民族流动性大，所以各族习俗文化大致类似。《隋书·突厥》载：

> 其俗畜牧为事，随逐水草，不恒厥处。……斗伤人目者偿之以女，无女则输妇财，折支体者输马，盗者则偿赃十倍。……父兄死，子弟妻其群母及嫂。……大抵与匈奴同俗。[①]

以上这一段记载，前段说明其生活方式。中段表示北方游牧民族视女如财产之观念。后段表明其婚俗——"父兄死，子弟妻其群母及嫂"，并称"大抵与匈奴同俗"。

一般而言，自东北至西部之边疆民族，如匈奴、柔然、契

---

① 《隋书》卷84《突厥》。

丹、吐谷浑、乌桓、西羌等族，均有"妻后母，纳寡嫂""烝母报嫂"的风俗。从民族学的立场而言，上述北方边疆民族是盛行"夫兄弟婚（levirate）"与"妻姊妹婚（sororate）"制①。按"夫兄弟婚"与"妻姊妹婚"均为"优先婚配"（preferential mating）习俗。前者为兄死弟娶寡嫂，或弟亡兄收弟妇，甚至于扩大到叔死娶叔母，父亡收庶母（或后母）；后者是妻死继娶大姨或小姨，甚至于扩大到继娶其侄女。此种"逆缘婚"被优先采用的理由，是该社会在观念上以为"婚姻"在意义上，不仅是男女青年个人间的结合，而更重要的是氏族（clan）间或所属集团间的社会性结合（亦即不仅是个人行为，更是社会行为）。因此当配偶的任何一方死亡时，很自然的由死者家族提供其代替人，这一方面是尽义务，另一方面亦是享受权利，以维持民族间或集团间的既存婚姻关系。

北方边疆民族不仅在其族内盛行上述逆缘婚俗，就是与中原朝廷和亲的实例中亦可发现它的例子。如汉文帝时以"翁主"下嫁匈奴老上、稽粥两单于。汉武帝时下嫁解忧公主至乌孙岑陬军须靡、肥王翁归靡、狂王泥靡三代君主。北周、隋千金（大义）公主相继下嫁突厥佗钵、沙钵略、莫何、都蓝叔祖、父、叔、子四代可汗。隋义成公主先后下嫁突厥启民、始毕、处罗、颉利四代可汗。隋光化公主下嫁吐谷浑可汗世伏、伏允两人为天后。唐小宁国公主相继嫁给回纥葛勒、牟羽两父子可汗。唐咸安公主更相次下嫁给回纥天亲、忠贞、奉诚祖孙三代可汗，再续嫁怀信可汗为四代可敦。唐固安公主相继下嫁奚王李大酺、鲁苏两人。唐永乐公主相次下嫁契丹王李失活、李娑固两人。以上均为"夫兄弟婚"。中原朝廷对于边疆民族此种习俗，均能"入境随俗"，尊重夫家习惯。《汉书·乌孙》载：

> 汉元封中，遣江都王建女细君为公主，以妻（乌孙王）

---

① 《册府元龟》卷961《外臣部·土风三》。

焉。……昆莫以为右夫人。……昆莫年老，欲使其孙岑陬尚公主，公主不听，上书言状，天子报曰："从其国俗，欲与乌孙共灭胡。"岑陬遂妻公主。[1]

至于"妻姊妹婚"，则如突厥突利可汗染干，先后娶安义、义成两隋公主。唐光亲、崇徽两公主（均为仆固怀恩之女）先后下嫁回纥牟羽可汗，均为显例。此外北方边疆民族为父系社会（Patrilineal family），其婚姻制度以"嫁娶制"（patrilocal）为主，但也有"交换婚"（marriage by exchange）的例子。就婚姻人数言，似盛行"一夫多妻制"（polygyny）（《周书》卷50《突厥》）。

至于婚域方面，以"氏族外婚制"（clan exogamy）为原则，且不仅外氏族，甚至于与外族通婚。突厥文毗伽可汗(Bilga - Khaghan) 碑载：

> 于突骑施可汗（苏禄），朕（默棘连）已用极隆重之典礼，遣亲女嫁之。突（骑施可汗）之女，朕以极隆重之典礼，为吾子娶之。朕之幼妹，朕（以极）隆重之典礼使适（于黠戛斯可汗）。（民众在世界）四（方者，朕已使之共保和平），垂（首）屈膝。[2] 本拔塞匐，吾人于此给之以可汗封号，且以余女弟公主妻之。[3]

以上可知突骑施、黠戛斯、本拔塞匐诸族，均为外族人，而突厥可汗与其通婚。又据《新唐书·西突厥》《旧唐书·西突厥》，知道突骑施可汗苏禄于开元十年娶交河公主，又娶吐蕃王女。《资治通鉴·唐纪十三》亦载：

> （贞观十八年九月）焉者贰于西突厥，西突厥大臣屈利啜为其弟娶焉者王女。由是朝贡多阙。

---

[1] 《汉书》卷96《乌孙》，台北，商务印书馆，影印宋景祐刊本，1988（本书所引《汉书》均为此版本，下同）。
[2] 突厥文毗伽可汗碑北面第九、十行。
[3] 突厥文毗伽可汗碑东面第十七行。

焉耆本非突厥人，突厥为政治关系通婚姻之好。《元朝秘史》载：

> 太祖命忽必来征合儿鲁兀惕种，其主阿儿思兰即投降了。来拜见太祖，太祖以女子赐他。[①]

又畏兀儿的国主自巴而术·阿而忒的斤尚成吉思汗公主阿勒·阿勒屯（Al‑Altun，元史作也立·安敦）之后，世祖忽必烈以定宗（贵由汗）之女巴巴哈儿妻其曾孙火赤哈儿的斤。在他死后忽必烈汗又把太宗的孙女不鲁罕公主嫁给他的儿子纽林的斤。在公主死后又把她的妹妹八卜叉公主下嫁给他。仁宗普颜笃汗（爱育黎·拔力八达）封他作高昌王，颁赐金印。在八卜叉公主死后，可汗又把世祖之孙安西王阿难答的女儿兀剌真公主嫁给他。以前他的儿子帖木儿·补化在成宗铁木耳汗大德年间，曾尚太宗之子阔端太子孙女朵儿只思蛮。根据西方的史册说太宗斡阔台可汗，因太祖崩御及巴而求·阿而忒的斤之死，公主阿勒·阿勒屯并未能下嫁，所以把一个名叫阿拉只·别乞（Alaji Beki）的公主嫁给了巴而求·阿而忒的斤的儿子乞失马因（Kishmain）。火赤哈儿也曾在察哈台汗国的国主笃哇的强求之下，把他的女儿嫁给他。如此看来西域畏兀儿（Uigur）族与蒙古汗室结亲的程度差不多可以和翁吉剌惕与王古惕两个氏族相比。蒙古汗室把女儿嫁给畏兀儿、合儿鲁、斡亦剌惕三个主要民族领袖，结成姻娅关系，使他们的利害与蒙古汗室的利害合而为一，来把他们当成帝国不可分的一部分，和对内对外人力财源供应的基地（札奇斯钦：《元代的西域》）。

至于"聘礼（聘财 bride‑price）"，因边疆民族多为游牧或半游牧民族，所以以家畜（如马、羊等）为主，以方物为副。如《玉海》卷6《朝贡》载：

[①] 《元朝秘史》，235 页，台北，广文书局，1957（本书所引《元朝秘史》均为此版本，下同）。

> ……统叶护可汗来朝请昏，许之。诏高平王道立至其
> 国，统叶护可汗遣真珠统俟斤献万钉宝钿金带，马五千匹，
> 以藉约。

聘礼在北方游牧民族里所包含的意义，可以解释为"支付从对（女）方氏族，或所属集团里，夺走了一份劳动力的补偿"①，也是对于婚姻永久性的保证。因此一如上述情形，当配偶的任何一方死亡时，就采用逆缘婚方式以为补充。而不能以中原农业社会的观念擅加物议。

五、和亲政策之得失及其影响

中国古代的和亲政策之是非得失如何？其影响后代又如何？值得我们注意，兹分述如下。

（一）和亲政策之得失

和亲政策始自汉代，盛行于隋、唐两代，为当时重要的绥靖边疆之政策。其是非、得失，一般归纳起来，当时赞成者多，认为可"以夷制夷""分化离间""远交近攻"，以缓和局势，保持国力，求得最后的胜利。和亲政策历代都有积极的倡议者，如汉代的刘（娄）敬、班固，隋代的长孙晟、裴矩，唐代的房玄龄、李绛，宋代王钦若等，可为其代表。《汉书·匈奴》，班固赞曰：

> 《书》戒"蛮夷猾夏"，《诗》称"戎狄是膺"，《春秋》"有道守在四夷"，久矣夷狄之为患也。故自汉兴，忠言嘉谋之臣曷尝不运筹策相与争于庙堂之上乎？高祖时则刘敬，吕后时樊哙、季布，孝文时贾谊、朝错，孝武时王恢、韩安国、朱买臣、公孙弘、董仲舒，人持所见，各有同异，然总其要，归两科而已。缙绅之儒则守和亲，介胄之士则言征

---

① 石田英一郎：《人类学概说》，208 页，东京，日本评论新社，1958。

伐，皆偏见一时之利害，而未究匈奴之终始也。自汉兴以至于今，旷世历年，多于春秋，其与匈奴，有脩文而和亲之矣，有用武而克伐之矣，有卑下而承事之矣，有威服而臣畜之矣，诎伸异变，强弱相反，是故其详可得而言也。

昔和亲之论，发于刘敬。是时天下初定，新遭平城之难，故从其言，约结和亲，赂遗单于，冀以救安边境。孝惠、高后时遵而不违，匈奴寇盗不为衰止，而单于反以加骄倨。逮至孝文，与通关市，妻以汉女，增厚其赂，岁以千金，而匈奴数背约束，边境屡被其害。是以文帝中年，赫然发愤，逐躬戎服，亲御鞌马，从六郡良家材力之士，驰射上林，讲习战陈，聚天下精兵，军于广武，顾问冯唐，与论将帅，喟然叹息，思古名臣，此则和亲无益，已然之明效也。

仲舒亲见四世之事，犹复欲守旧文，颇增其约。以为"义动君子，利动贪人，如匈奴者，非可以仁义说也，独可说以厚利，结之于天耳。故与之厚利以没其意，与盟于天以坚其约，质其爱子以累其心，匈奴虽欲展转，奈失重利何，奈欺上天何，奈杀爱子何。夫赋敛行赂不足以当三军之费，城郭之固无以异于贞士之约，而使边城守境之民父兄缓带，稚子咽哺，胡马不窥于长城，而羽檄不行于中国，不亦便于天下乎！"察仲舒之论，考诸行事，乃知其未合于当时，而有阙于后世也。当孝武时，虽征伐克获，而士马物故亦略相当；虽开河南之野，建朔方之郡，亦弃造阳之北九百余里。匈奴人民每来降汉，单于亦辄拘留汉使以相报复，其桀骜尚如斯，安肯以爱子而为质乎？此不合当时之言也。若不置质，空约和亲，是袭孝文既往之悔，而长匈奴无已之诈也。夫边城不选守境武略之臣，脩障隧备塞之具，厉长戟劲弩之械，恃吾所以待边寇。而务赋敛于民，远行货赂，割剥百姓，以奉寇雠。信甘言，守空约，而几胡马之不窥，不已过乎!

　　至孝宣之世，承武帝奋击之威，直匈奴百年之运，因其坏乱几亡之阨，权时施宜，覆以威德，然后单于稽首臣服，遣子入侍，三世称藩，宾于汉庭。是时边城晏闭，牛马布野，三世无犬吠之警，黎庶亡干戈之役。

　　后六十余载之间，遭王莽篡位，始开边隙，单于由是归怨自绝，莽遂斩其侍子，边境之祸构矣。故呼韩邪始朝于汉，汉议其仪，而萧望之曰："戎狄荒服，言其来服荒忽无常，时至时去，宜待以客礼，让而不臣。如其后遁逃窜伏，使于中国不为叛臣。"及孝元时，议罢守塞之备，侯应以为不可，可谓盛不忘衰，安必思危，远见识微之明矣。至单于咸弃其爱子，昧利不顾，侵掠所获，岁钜万计，而和亲赂遗，不过千金，安在其不弃质而失重利也？仲舒之言，漏于是矣。

　　夫规事建议，不图万世之固，而喻恃一时之事者，未可以经远也。若乃征伐之功，秦汉行事，严尤论之当矣。故先王度土，中立封畿，分九州，列五服，物土贡，制外内，或修刑政，或昭文德，远近之势异也。是以《春秋》内诸夏而外夷狄。夷狄之人，贪而好利，被发左衽，人面兽心，其与中国殊章服，异习俗，饮食不同，言语不通，辟居北垂寒露之野，逐草随畜，射猎为生，隔以山谷，雍以沙幕，天地所以绝外内也，是故圣王禽兽畜之，不与约誓，不就攻伐；约之则费赂而见欺，攻之则劳师而招寇。其地不可耕而食也，其民不可臣而畜也，是以外而不内，疏而不戚，政教不及其人，正朔不加其国；来则惩而御之，去则备而守之，其慕义而贡献，则接之以礼让，羁縻不绝，使曲在彼，盖圣王制御蛮夷之常道也。①

---

① 《汉书》卷94《匈奴》。

　　以上班固之分析，其长处在依代评述治边政策，尤其是和亲政策之得失，颇为深入，且包含了重要人士的意见。唯班固之见失之对边疆民族之基本观念，未以人的待遇视之，尤未了解北方游牧民族之文化（包括思想观念、生活方式、经济结构等）所致。

　　又《旧唐书·铁勒》载：

　　（唐）太宗谓侍臣曰："北狄世为寇乱，今延陀崛强，须早为之所。朕熟思之，唯有二策：选徒十万，击而虏之，灭除凶丑，百年无事，此一策也；若遂其来请，结以婚姻，缓辔羁縻，亦足三十年安静，此亦一策也。未知何者为先？"司空房玄龄对曰："今大乱之后，疮痍未复，且兵凶战危，圣人所慎。和亲之策，实天下幸甚。"太宗曰："朕为苍生父母，苟可以利之，岂惜一女？"遂许以新兴公主妻之。[①]

　　以上房玄龄主张战后宜休养生息，为避免战祸应采和亲之策。礼部尚书李绛也曾奏言：

　　臣谓宜听其婚，使守蕃礼，所谓三利也。和亲则烽燧不惊，城堞可治，盛兵以畜力，积粟以固军，一也。既无北顾忧，可南事淮右，申令于垂尽之寇，二也。北虏恃我戚，则西戎怨愈深，内不得宁，国家坐受其安，寇掠长息，三也。今舍三利取五忧，甚非计。

　　或曰降主费多，臣谓不然。我三分天下赋，以一事边。今东南大县赋岁二十万缗，以一县赋为婚赀，非损寡得大乎？今惜婚费不与，假如王师北征，兵非三万、骑五千不能捍且驰也。又如保十全之胜，一岁辄罢，其馈饷供亿，岂止一县赋哉？[②]

---

① 《旧唐书》卷199《铁勒》，台北，商务印书馆，影印宋嘉祐刊本，1988（本书所引《旧唐书》均为此版本，下同）。

② 《新唐书》卷217《回鹘》，台北，商务印书馆，影印宋嘉祐刊本，1988（本书所引《新唐书》均为此版本，下同）。

李绛强调和亲维持和平，有利培养国力，发展国势，同时又可达到分化离间，衰弱敌人的目的，并力陈婚费较征伐为省。宋代王钦若则表示：

> 汉高始纳奉春之计，建和亲之议，岁用絮缯酒食奉之，非惟解兵息民，亦欲渐而臣之，为羁縻长久之策耳。高后文帝，至于宣元，皆用是道，故得呼韩朝于北阙之下。及魏道武读汉史，至欲以鲁元妻匈奴，为之掩卷太息。于是，以诸女皆厘降于宾附之国，此乃深识从权济时之略焉。《易》曰：惟几也。故能成天下之务，其是之谓乎！①

可见李绛所以主张和亲政策，其重点在利用此羁縻政策，以分化、同化，甚至于使边疆民族能逐渐臣属中原朝廷，加强和亲政策非消极而富有积极性。

可是后人及一些军人反对者也众，咸认为："夷狄难于德绥"、和亲无以安边、非久安计，降主费多，故讥为"消极""苟安""不能遏戎虏入寇之谋""皇室淑女，嫔于穹庐，掖庭良人，降于沙漠"，甚至于评为"下策""无策"的措施。其代表性人物为唐代的刘贶、卢俌、崔安潜、李山甫及后来的蔡邕等人。刘贶以为：

> 严尤辩而未详，班固详而未尽，摧其至当，周得上策，秦得其中，汉无策。何以言之？荒服之外，声教所不逮，其叛不为之劳师，其降不为之释备，严守御，险走集，使其为寇不能也，为臣不得也。"惠此中夏，以绥四方"，周之道也，故曰周得上策。
>
> 《易》称："王侯设险以固其国。"筑长城，修障塞，所以设险也。赵简子起长城备胡，燕、秦亦筑长城限中外，益理城堑，城全国灭，人归咎焉。后魏筑长城，议者以为人治一步，方千里，役三十万人，不旬朔而获久逸，故曰秦得

---

① 《册府元龟》卷978《外臣部·和亲一》。

中策。

汉以宗女嫁匈奴，而高祖亦审鲁元不能止赵王之逆谋，谓能息匈奴之叛，非也。且冒顿手弑其亲，而冀其不与外祖争强，岂不惑哉？然则知和亲非久安计而为之者，以天下初定，纾岁月之祸耳。武帝时，中国艾安，胡寇益希，疏而绝之，此其时也。方更糜耗华夏，连兵积年，故严尤以为下策。然而汉至昭、宣，武士练习，斥候精明，匈奴收迹远徙，犹袭奉春之过举，倾府藏给西北，岁二亿七十万。皇室淑女，嫔于穹庐；掖庭良人，降于沙漠。夫贡子女方物，臣仆之职也。《诗》曰："莫敢不来享，莫敢不来王。"荒服称其来，不言往也。公及吴盟，讳而不书。奈何以天子之尊，与匈奴约为兄弟？帝女之号，与胡媪并御；蒸母报子，从其污俗？中国异于蛮夷者，有父子男女之别也。婉冶之姿，毁节异类，垢辱甚矣。汉之君臣，莫之耻也。①

唐右补阙卢俌上疏唐中宗称：

臣闻有虞咸熙，苗人逆命，殷宗大化，鬼方不宾，则戎狄交侵，其来远矣。汉高帝纳娄敬之议，与匈奴和亲，妻其宗女，赂以巨万，冒顿益骄，边寇不止。则远荒之地，凶悍之俗，难以德绥，可以威制，而降自三代，无闻上策。②

又唐西川节度使崔安潜为南诏请婚上言，蛮蓄鸟兽心，不识礼义，安可以贱隶尚贵主？失国家大体。

晚唐李山甫《代崇徽公主意》诗云：

金钗坠地鬓堆云，自别朝阳帝岂闻；

遣妾一身安社稷，不知何处用将军？③

李山甫又撰《阴地关崇徽公主手迹》谓：

---

① 《新唐书》卷215《突厥》。

② 《旧唐书》卷194《突厥》。

③ 《全唐诗》卷643《代崇徽公主意》，台北，文史哲出版社，1985（本书所引《全唐诗》均为此版本，下同）。

一拓纤痕更不收，翠微苍藓几经秋。谁陈帝子和番策，我是男儿为国羞。寒雨洗来香已尽，澹烟笼著恨长留。可怜汾水知人意，旁与吞声未忍休。①

蔡邕云：

> 边陲之患，为手足之疥；中国之困，为胸背之疽。突厥为炀帝之患深矣，隋竟灭，中国之困，其理昭然。自（唐）太宗平突厥，破延陀，而回纥兴焉。太宗幸灵武以降之，置州府以安之，以名爵玉帛以恩之。其义何哉？盖以狄不可尽，而以威惠羁縻之。开元中，三纲正，百姓足，四夷八蛮，翕然向化，要荒之外，畏威怀惠，不其盛矣。天宝末，奸臣弄权于内，逆臣跋扈于外，内外结衅而车驾遽迁，华夷生心而神器将坠。肃宗诱回纥以复京畿，代宗诱回纥以平河朔，戡难中兴之功，大即大矣！然生灵之膏血已干，不能供其求取；朝廷之法令并弛，无以抑其凭陵。忍耻和亲，姑息不暇。仆固怀恩为叛，尤甚阽危；郭子仪之能军，终免侵轶。比昔诸戎，于国之功最大，为民之害亦深。及势利日隆，盛衰时变，冰消瓦解，如存若亡，竟为手足之疥焉。僖、昭之世，黄、朱迭兴，竟为胸背之疽焉。手疥背疽，诚为确论。②

以上诸言，多数批评和亲政策有失大国体面，且无法达到边疆民族不入侵中原的效果。

近人王桐龄则认为：汉高祖以后，惠帝、文帝、景帝踵行此策，每代遣公主嫁匈奴单于。每年派使臣带着各种衣料食物往匈奴送礼，表面上装扮着为闺女置嫁妆，事实上则等于纳贡。匈奴单于一方面装姑爷，受赠品；一方面派兵来抢掠，却是名利兼收；汉皇帝一方面装老丈人去撒冤，一方面又要受女婿的气，可

---

① 《全唐诗》卷643《阴地关崇徽公主手迹》。
② 《旧唐书》卷195《回纥》。

真算惭愧无地矣。……西魏、北周、隋、唐均踵行此策。唐更推行此策及于薛延陀、回纥、吐谷浑、吐蕃、奚、契丹、南诏等。其施行有效者，只有隋文帝，以宗女妻突厥启民可汗一次，其动机则羁縻之使我为用。……其余各次和亲大都无效果，而从侧面所得之效果，则同化异族之力颇昂进。……故诸国衰亡，其遗民多被汉化；为东亚永久和平计，亦未为失策，为各国保存国粹计，亦未敢遽谓为得策。……凡实行结婚政策之国家，多富于大国民气魄。元对于高丽、畏吾儿、吐蕃，清对于内外蒙古诸部落，常遣公主下嫁，实行结婚政策。西汉及唐皆大国家，汉高帝、武帝，唐太宗、玄宗，皆一代英主，故能彻底实行。宋、明皆小国家，其君主又多为狭义儒教之训诂学、道学所束缚，故无此魄力。和亲政策与汉族道德伦理微看抵触，故儒学最发达之东汉与宋、明二代不行此政策。宋、西夏构兵之际，辽兴宗对宋提出和亲、增币二议以替代割地。宋人允许增币，拒绝和亲；可以纳贡，不愿纳女；可以对外国称臣、称侄、称孙，而绝不肯自居老岳父；则狭义儒教之尊攘主义有以范围拘束之故。（王桐龄：《汉唐之和亲政策》）以上王氏对和亲的评论大致中肯，唯其对和亲政策的作用评价过低，对其效果评估也低，为其缺憾。

　　邝平樟其《唐代公主和亲考》一文中，对唐代和亲之研究相当深入，其见解也正确，对和亲之评价也适当。邝氏表示，汉蕃既各以利相当而和亲，然其得失，则有不同。唐太宗时与吐蕃和亲，羁縻之效数年而已。金城降后，九曲地失，从此两边多事，寇乱益剧。玄宗数以女羁縻奚、契丹，然不能制安禄山之诡谲。二蕃竟叛。回纥有戡乱之功，岁得马价绢以万计，而汉民苦赋敛，膏血为之吸竭矣。所谓功之大者，其为害亦深，岂虚语哉！然则和亲之效，盖可睹矣。至以伦理道德观之，皇室淑女，嫔于穹庐，从其烝母报子之俗，蓬垢流离于塞外，非但蔑视女子之人格，且失天朝之尊严。但吐蕃荒野之区，因尚唐公主而倾慕汉化，蔚然殷立西藏文化之基础。回纥以和亲之故，得贸易于京师，衣服饮食，仿效华人，此皆唐廷一时权便之策，而遂以夏变夷。今之倡言边疆文化者，不可忽视。唯其称"以唐初政局观之，外蕃唯突厥最盛，高祖既每遣使说以和亲，突厥必已娶唐女。其出降者，或为宗亲之女，或为将吏之女，是以其名不传耳，即其赂可汗以妓女，亦和亲政策之变相也"一节，系邝平樟对"和亲"的含义有所误解，盖和亲包含双方名分、赐予、互市等和好亲善同盟的意义，不限于公主下嫁的婚姻关系，即不一定要下嫁公主，也可以成立和亲关系。

札奇斯钦于《北亚游牧民族与中原农业民族间的和平战争与贸易之关系》一书中，指出"和亲在经济意义，或贸易的意义上，有极重大的作用"，且影响北亚游牧民族与中原农业民族间的和战关系。[①] 此项见解至为明智，实掌握了北亚游牧民族和亲的目的。

傅乐成教授在其《突厥的文化和它对邻国的关系》一文中表示，隋唐对突厥的和亲政策常为后人所非笑，但在当时，也确有它的用处。其一为以来自中原的可敦左右可汗，使之勿侵扰中原，其二是以中原可敦监视可汗，且可为中原内应，甚至于先期告变，使中原可得情报。由此可见，和亲政策并非全为敦睦邦交，而是具有极大的政治作用的。另外和亲又可以作为拉拢另一突厥首领的手段，而达到分化对方的目的，所以隋朝的和亲政策，也可以说是离间政策的一种。

王寿南教授于《唐代的和亲政策》一文中，认为汉代的和亲乃是汉对匈奴屈膝，唐代的和亲则是外蕃对唐屈膝，外蕃娶得唐之公主，可以傲视诸蕃。故唐代的对外和亲乃是对外蕃的施恩，以此种施恩发挥羁縻之作用。此项分析确实把握了汉唐和亲的不

---

① 札奇斯钦：《北亚游牧民族与中原农业民族间的和平战争与贸易之关系》，《"国立"政治大学丛书》，183 页，台北，正中书局，1972。

同背景。不过仍未能从大中华民族与长期影响两项着眼。

以上近代研究和亲政策之五位学者,一般而言对和亲政策都有相当程度的评价,也即认为和亲有其功用焉。

(二)和亲政策之影响

和亲政策之影响,可说是多方面的,就短程来说其缺憾,将养成屈辱、苟安的心理。其优点,使中原朝廷得以减少灾祸而延长年代。就长程来说,足以增进民族之融合、文化之交流及经济之繁荣等,兹分析如下:

(1)民族之融合——包括血统的混合与感情之交流两方面。按汉人与边疆民族在血统上之混合,为时甚早,尤其于魏晋南北朝时在华北更为普遍。至汉代采用和亲政策,增进了官方正式的通过下嫁公主及民间所受影响而通婚,致使双方血统交流。而双方为和亲所带来的使节、商贾、军官的频繁来往,有意无意中促进了两民族间的认识、了解,进而和好,故从长期性而言,对两民族的融合颇有贡献。《隋书·突厥》载:"(开皇)十七年(597年)突利遣使来逆女,上舍之太常,教习六礼,妻以宗女安义公主。……突厥前后遣使入朝三百七十辈"就是一个例子。

(2)文化之交流——"文化"系包括多方面的,一般而言可分为:物质文化与精神文化两部分。诸如:食、衣、住、行、育、乐、语言、宗教、文物、制度及思想习俗等均是。例如《周书·突厥》所载,北周与突厥和亲后,"岁给缯絮锦彩十万段"。及《隋书·突厥》云:

> 大业三年(607年)四月,炀帝幸榆林,启民及义成公主来朝行宫,前后献马三千匹。帝大悦,赐物万二千段。启民上表曰:"……臣今非是旧日边地突厥可汗,臣即是至尊臣民,至尊怜臣时,乞依大国服饰法用,一同华夏。臣今率

部落，敢以上闻伏愿天慈不违所请。"①

以上两段记载表明了中原国家赐给突厥的物品甚多，对突厥文化之影响当不在小。且由突厥启民可汗"乞依大国服饰法用，一同华夏"一语，可以知道启民对中原文化的向往与倾慕之深。

《通典》卷146载：

> 周武帝聘突厥女为后，西域诸国来媵，于是龟兹、疏勒、安国、康国之乐大聚长安……

说明了由西域女的陪嫁，将西域诸国的音乐、乐器传入了中原，且大盛于隋、唐两代。

《新唐书·吐蕃》云：

> （太宗贞观）十五年，妻以宗女文成公主，诏江夏王道宗持节护送，筑馆河源王之国。弄赞率兵次柏海亲迎，见道宗，执婿礼恭甚。见中国服饰之美，缩缩愧沮。归国，自以其先未有昏帝女者，乃为公主筑一城以夸后世，遂立宫室以居。公主恶国人赭面，弄赞下令国中禁之。自褫毡罽，袭纨绮，为华风。遣诸豪子弟入国学，习《诗》《书》，又请儒者典书疏。

> 帝伐辽还，使禄东赞上书曰："陛下平定四方，日月所照，并臣治之……"

> 高宗即位，擢驸马都尉、西海郡王。弄赞以书诒长孙无忌曰："天子初即位，下有不忠者，愿勒兵赴国共讨之。"并献金琲十五种以荐昭陵。进封宾王，赐饷蕃渥。又请蚕种、酒人与碾硙等诸工，诏许。②

以上可见由于文成公主的下嫁吐蕃，对吐蕃的宗教、服饰、筑城、建宫室、改陋习、教育、生产工艺等，都有极大的影响。

（3）经济之繁荣——和亲的目的在边疆游牧民族而言，以经

---

① 《隋书》卷84《突厥》。
② 《新唐书》卷216《吐蕃》。

济上的需要为主。因此和亲下嫁公主时之互市、赐予（包括嫁奁）及于此项和好关系基础上所进行的许多交通往来，对于双方经济交流，特别是在边疆民族而言，实有利于生活必需品之补充与经济的繁荣。例如《隋书·突厥》载：

> （开皇四年）九月十日沙钵略遣使致书曰："……皇帝是妇父，即是翁，此是女夫，即是儿例。……此国所有羊马，都是皇帝畜生，彼有缯彩，都是此物，彼此有何异也！……"（开皇八年）突厥部落大人相率遣使贡马万匹，羊二万口，驼、牛各五百头。寻遣使请缘边置市，与中国贸易，诏许之。①

《册府元龟·外臣部·和亲一》载：

> 炀帝大业三年（607年）幸榆林，启民及义成公主来朝行宫，前后献马三千匹。帝大悦，赐物万三千段。启民上表曰："……赐臣安义公主种种无少短……还养活臣及突厥百姓，实无少短。"……帝赐启民及公主金瓮各一，及衣服被褥锦彩，特勒以下各有差。
>
> （大业）十年（614年）正月，以宗女为信仪（义）公主嫁于突厥高昌（曷）娑那可汗，赐锦彩袍千（十）其（具），彩万匹。②

此两段记载告诉我们，隋朝与突厥双方的贡、赐数目之大，及启民可汗感激隋养活可汗夫妇、百姓"无少短"之恩。

至于唐朝，《资治通鉴》载：

> （开元九年，二月）丙戌，突厥毗伽复使来求和。上赐书，谕以"曩昔国家与突厥和亲，华、夷安逸，甲兵休息；国家买突厥羊马，突厥受国家缯帛，彼此丰给……"③

---

① 《隋书》卷84《突厥》。
② 《册府元龟》卷978《外臣部·和亲一》。
③ 《资治通鉴》卷212《唐纪二十八》。

此乃唐玄宗对于双方和亲后，彼此贸易丰给的说明。

《旧唐书·回纥》载：

> （长庆）二年（822 年）二月，赐回纥马价绢五万匹。三月，又赐马价绢七万匹。……诏发缯帛七万匹赐之，方还。五月，命使册立登啰骨没密施合毗伽昭礼可汗，遣品官田务丰领国信（赐币）十二车使回纥，赐可汗及太和公主。[1]

以上为唐朝与回纥和亲从事的马绢互市，其数目极大，为回纥主要贸易。

六、结　语

中原朝廷绥靖边疆之政策，虽有城（防）御、怀柔、隔离、牵制、兵威、离间、利诱、羁縻等方法，然以长期性眼光加以评论的话，当推和亲政策较富意义。

中原农业朝廷采用和亲政策的作用，大致有三：第一是发挥拉拢、排挤，进而离间、分化敌国的一种手段；第二是借公主成为"可敦"的地位，以影响、监视可汗，为母国内应之政治作用；第三是远交近攻，缓和战争准备防御的手段，属政治外交上的运用。可见在中原农业朝廷方面和亲作用上首重于政治性。

和亲所下嫁的公主，汉制帝女谓"公主"，帝姊妹谓"长公主"，帝姑谓"大大长公主"（邝平樟：《唐代公主和亲考》）。唐代仿汉制。除了上述"公主"之外，另有"县（郡）主"，地位较"公主"为低，多下嫁给小部族君长，或内属部族君长、游牧国家可汗之子等。此外尚有"媵女"及"蕃女"亦被封为"公主"者。所谓"媵女"，系以同姓侄娣从天子女下嫁，[2] 随公主下嫁

---

① 《旧唐书》卷 195《回纥》。
② 《春秋·公羊传·庄公十九年》载："天子嫁女于诸侯，必使同姓者主之。""媵者何？诸侯娶一国，则二国往媵之，以侄娣从。侄者何？兄之子也。娣者何？弟也。诸侯壹聘九女。"

后，有因公主故殁由媵女续嫁而称公主者。至于"蕃女"，则唐代封"蕃女"为公主之例甚多，包括：边疆民族嫁来之公主，内属外蕃部族君长或在朝廷外族功臣之女充公主代唐廷下嫁边疆部族者。而充分表现唐朝并非一狭隘汉民族主义之农业王朝，而已有了东亚帝国之性格。

和亲不完全仅指公主下嫁的婚姻关系，它包括双方的名分、赐予、互市等和好亲善同盟的意义。和亲政策也非完善的绥靖边疆政策。史家对其评价不一，往往当时赞成者多，而事后批评者也不少。遭受攻击的理由多谓此策系一屈辱表现，靠一"弱女"以求国家苟安，且在效果上未必能完全达到阻止敌人入侵的目的。前者评论主要是对边疆民族的"认同感"上的问题，如将这些民族视为大中华民族之构成分子，则"屈辱感"当可减轻。至于后者问题，确非完全有效，当视和亲对象、当时局势而定。然其长远的影响不仅足以增进民族之融合、文化之交流及经济之繁荣，且有益于我中华民族的成长与团结焉。

第二章 中国古代和亲理论初探

□ 在中国历史上，"和亲"名称出现甚早，记载和亲的史料不少，当今文艺作品也颇多，但学术研究较少。应从历史学、民族学、社会学及政治学等理论与角度，综合归纳中国历史上主要的和亲现象，为和亲构建初步的理论概念体系，进行学科整合性的理论建构和解析。

新疆西汉公主细君雕塑

第二章　中国古代和亲理论初探

一、绪　　论

（一）研究目的、方法与范围

中国历史上的"和亲"名称出现甚早，异族间政治联姻更早，唯两者合一表现异族间的政治联姻，尤其以中原朝廷与边疆民族君长间的"和好同盟"来调整中华民族关系，而成为和亲政策者，一般认为始自汉高祖采刘敬的建议。其后历代经常采行，而盛于隋唐，迄至类似的清朝之满蒙联姻等，是历史上极为普通和广泛的事实，它纵贯上下数千年，横联中华诸民族，形成重要的民族关系与政策。论其功能与影响，不仅涉及政治、军事，也对民族间通婚融合的提倡、物品经济的交换、文化的交流，乃至于大中国的向心认同、汉族的扩展等均产生了很大的作用，值得分析研讨。

中国和亲记载史料不少，民间有关和亲公主的艺文描述也多，然学术性研究甚少，迄至20世纪30年代开始才有人注意和亲的研究，唯仍偏重于史实的分析与描述，或和亲公主的考述评价，也即多属史学与文学的角度与范畴，而缺少科际整合性的理论建构和解析，使和亲研究难有突破，并呈现其应有的功能而迈向社会科学化。因此本文拟探用历史学、民族学、社会学及政治学等理论，综合归纳中国历史上主要的和亲现象，成为初步理论概念体系。

（二）和亲史料与研究概述

和亲亦称"和戎""和蕃"（和番）。自司马迁在其《史记》中撰写"和亲"政策之后，中原历代王朝正史多留下珍贵的和亲史料。此外宋以后，有些"会要"或"类书"为和亲列了专条，如王溥编撰《唐会要》有"和蕃公主"条。王钦若编撰《册府元龟》卷978《外臣部》，有"和亲"条。宋敏求撰《唐大诏令集》有"和蕃"卷。另至迟在东汉时期，和亲公主成了文人创作的素材，汉魏以后她们更成为文人赋诗、填词和作曲的对象，甚至于被搬上戏剧舞台。到唐代已有后人为和亲公主所作的画像，如《新唐书·车服志》中就有"画昭君入匈奴"的记载，阎立本曾画过昭君入匈奴图。

自20世纪二三十年代王桐龄、邝平樟、黄棨诱、张弓、刘万章、魏应麒等学者开始，至20世纪40年代又有任乃强、吴其昌、梁若容、黄次书、冯雪仙、杨无恙、罗郁等学者对和亲进行研究探讨。其后学者翦伯赞、范文澜、郭沫若、牙含章等带头提出研究见解，并于20世纪60年代和20世纪80年代两次掀起研究高潮，获得许多成果，其中以崔明德、刘先照、林干、张正明、韦世明、任崇岳等人发表论著为多。一般而言，学者研究重点有四：一是和亲的宏观考察；二是对汉唐和亲的研究；三是对清代联姻的探讨；四是对王昭君、文成公主文艺的考述。[①] 关于和亲公主的研究，是从公主的评价发端的，自1960年初翦伯赞谈文成公主开始，内蒙古史学界、文学界在《内蒙古日报》上开展对王昭君的讨论。其中集中在汉代的王昭君、细君公主、解忧公主和

[①] 崔明德：《隋唐民族关系探索》，51页，青岛，青岛海洋大学出版社，1994；崔明德：《近四十余年来海岸两岸和亲研究述评》，《中国史研究动态》，1995（3）张正明：《和亲论》，《中国古代边疆政策研究》，北京，中国社会科学出版社，1990；马大正：《边疆与民族——历史断面研考》，363页，哈尔滨，黑龙江教育出版社，1993。

解忧公主的侍女冯嫽，唐代文成公主、金城公主等少数公主的研究上，但以王昭君为最多。

至于台湾地区学者的研究以笔者着墨最多，其他学者如冯艺超、王寿南、任育才、刘义棠、萧金松、吴庆显、耿振华、李则芬、孙治安等均有论著发表。日本的白鸟库吉、日野开三郎、布目潮沨、山口瑞凤等，旅美学者札奇斯钦、陶晋生等也都有深入的论述。

总之，过去国内外对中国和亲研究，多属史实的描述与分析，最多就是对和亲性质、功能与影响作些叙述，未结合有关人文社会科学理论寻求其意义和理论建构。

（三）中国古代族群观念

上古夏末春秋初期，中原主流族群以"冕服采章曰华，大国曰夏"[①] 而自称：夏、华、中夏、诸夏、华夏，而称周边族群非夷即狄。殷周称四方为：东土、西土、南土、北土，或称四方，中原也是一方，即中土或中原，并称当时华夏、狄、夷、戎、蛮族群为"五方之民"。同时认为"中国戎夷，五方之民，皆有性也，不可推移"[②]；"五方之民，言语不通，嗜欲不同"[③]；"非我族类，其心必异"[④]；"九州之外，谓之蕃国"（《周礼·秋官·大行人》）；"内其国而外诸夏，内诸夏而外夷狄"[⑤] 的内外关系。至春秋时代形成东夷、西戎、南蛮、北狄的方位概念。其后并有夷夏之防，但含有融合与排斥两种思想，有四夷禽兽观，管仲等

---

① 《尚书·正义》卷12，台北，艺文印书馆，1970（本书所引《尚书》均为此版本，下同）。
② 《礼记·王制》。
③ 《礼记·正义》卷12。
④ 《左传·僖公十五年》，《断句十三经》，台北，开明书局，1955（本书所引《左传》均为此版本，下同）。
⑤ 《春秋·公羊传》，《断句十三经》，台北，开明书局，1955（本书所引《春秋》均为此版本，下同）。

谓："戎狄豺狼，不可厌也，诸夏亲昵，不可弃也。"① 孔子等人提出"裔不谋夏，夷不乱华"②，"四海之内，皆兄弟也"③。孟子等人则提出舜帝是"东夷之人也"，周文王为"西夷之人也"，"得志行乎中国，若合符节。先圣后圣，其揆一也"④。另有族群不重血缘而重文化，唐代韩愈《原道》说《春秋》云："孔子之作春秋也，诸侯用夷礼，则夷之；进于中国，则中国之。"春秋战国时代提出消除对夷狄的鄙视，强调德化，以夏变夷思想，如孔子语《季氏篇》云："远人不服，则修文德以来之。"叔向说："诸侯亲之，戎狄怀之（怀柔）。"⑤ "善为君者，蛮夷反舌，殊俗异习皆服之，德厚也。"⑥ 孟子云："吾闻用夏变夷者，未闻变于夷者也。"⑦ 何休释"春秋"之意，将春秋之世分为三：（1）所传闻之世：内其国而外诸夏。（2）所闻之世：见治升平，内诸夏而外夷狄。（3）所见之世：若治太平，夷狄进至于爵，天下远近小大若一。⑧ 这时另一族群关系思想为魏绛的和戎论，谓其利有五："戎狄荐居，贵货易土，土可贾焉，一也；边鄙不耸，民狎其野，穑人成功，二也；戎狄事晋，四邻振动，诸侯威怀，三也；以德绥戎，师徒不勤，甲兵不顿，四也；鉴于后羿，而用德度，远至迩安，五也。"⑨ 战国以后称四方边族为"四裔"，又指北方塞外民族为"胡"，南方民族为"蛮"，后又称南方民族为

① 《左传·闵公元年》。

② 《左传·定公十四年》。

③ 《论语·颜渊子夏语》，《断句十三经》，台北，开明书局，1955（本书所引《论语》均为此版本，下同）。

④ 《孟子·离娄下》，《断句十三经》，台北，开明书局，1955（本书所引《孟子》均为此版本，下同）。

⑤ 《国语·晋语》，台北，河洛图书出版社，1980（本书所引《国语》均为此版本，下同）。

⑥ 《吕氏春秋》，台北，华正书局，1985（本书所引《吕氏春秋》均为此版本，下同）。

⑦ 《孟子·滕文公上》。

⑧ 《春秋·公羊传·隐公一年》。

⑨ 《左传·襄公四年》。

"蕃"，甚至于扩大它的范围。

两汉时代，在《淮南子》一书中出现了"夷夏一圈"的思想，与此同时，班固等史学家的族群关系思想日臻完善，匈奴等少数民族的政治家也对族群关系反思，提出"今事汉则安存，不事则危亡"① 的观念。

魏晋南北朝时期，出身少数民族的苻坚所提出的"黎元应抚，夷狄应和，方将混六合以一家，同有形于赤子"，以及对夷狄应以"羁縻之道，服而赦之，示以中国之威，导以王化之法"② 的观点，同时也出现了如姚苌所阐述的诚信理论。另有江统为代表的"徙戎论"云："非我族类，其心必异，戎狄志态，不与华同""其性气贪婪，凶悍不仁，四夷之中，戎狄为甚"③ 的看法。

以上汉晋时期，主张兵威攻服者多认为：（1）直接以夷狄为禽兽论。（2）以夷狄为困卑疆逆，以及畏服强权者。主张修文戢戈以招降者多采取：（1）以夷狄有贪图财利无礼义之天性者。（2）其他有以夷制夷、分别论等主张。

隋唐时代以隋文帝为代表的君臣一体、威服德怀理论，所谓"朕受命于天，抚育四海，望使一切生人皆以仁义相向"，"溥天之下，皆曰朕臣，虽复荒遐，未识风教，朕之抚育，俱以仁孝为本"④。隋炀帝谓："今四海既清，与一家无异，朕皆欲存养，使遂性灵。"⑤ 唐太宗谓："自古皆贵中华，贱夷、狄，朕独爱之如一。"⑥ "中国百姓，天下根本，四夷之人，犹于枝叶，扰其根本以厚枝叶，而求久安，未之有也。"⑦ 另有唐玄宗为代表的多事四

---

① 《汉书》卷94《匈奴》。
② 《晋书》卷114《苻坚》，台北，鼎文书局，1980（本书所引《晋书》均为此版本，下同）。
③ 《晋书》卷56《江统》。
④ 《隋书》卷83《吐谷浑》。
⑤ 《隋书》卷84《突厥》。
⑥ 《资治通鉴》卷198《唐纪十四》。
⑦ 《贞观政要》卷9，台北，黎明文化公司，1990。

夷，褚遂良的先华夏而后夷狄，刘祎之的皆患夷狄，张柬之的蔑视夷狄，长孙晟的离强合弱离间分化，陈子昂的以夷制夷，魏元忠的损彼之强为中原之利，郭元振的顺其情分其势、不妄受夷狄之惠以及兼顾各方情绪，狄仁杰的不事四夷、适度而治及推亡固存，苏颋的灵活羁縻及无为无事，王晙的安置降户，韩愈的礼仪和陈黯的华心论，唐德宗的威信并立，陆贽的均齐，李绛的和亲理论，等等，均为此时期民族关系的思想。

宋代司马光对夷夏之别，就诚信、正统与非正统、民族战争、互市、和亲等问题均有过探讨。明太祖称："天下守土之臣，皆朝廷命吏，人民皆朝廷赤子"（《明史·贵州土司》），"朕既为天下主，华夷无间，姓氏虽异，抚字如一"（《明太祖实录》卷53）。明成祖称："华夷本一家"（《明太宗实录》卷264），"人性之兽，蛮夷与中国无异"（《明太宗实录》卷126）。清朝提出"满汉一家"口号，雍正帝谓："且自古中国一统之世，幅员不能广远，其中有不向化者，则斥之为夷狄。……在今日而目为夷狄可乎？……自我朝入主中土，君临天下，并蒙古极边诸部落俱归版图，是中国之疆土开拓广远，乃中国臣民之大幸，何得尚有华夷中外之分论哉？"（《大义觉迷录》）以上系中国历代族群关系思想演变之情形，而形成今日之民族关系。

二、和亲意义

（一）通婚意义

社会学家认为，从婚姻进化史看，初民社会婚姻的动机，最初以经济居先，生殖次之，恋爱又次之。其次以生殖居先，经济次之，恋爱又次之。最后始以恋爱居先，生殖次之，经济再次之（穆拉来尔：《婚姻进化史》）。婚姻也是与外联结的重要工具，但亦有其限制，首先须只限于与自己"友好"的群体通婚，与"仇敌竞争者"的通婚往往不被允许，或者被当做一种政治工具来运用。从社会阶层来看，占有较大利益的一方，往往讲究"门当户对"，形成"阶级内婚"。从族群关系看两个族群间的通婚，是族群同化或融合的一个重要的方面，是对对方族群最大程度的社会接受，及最小的社会距离。（王甫昌：《光复后台湾汉人族群通婚的原因与形式初探》）族群通婚的结果将影响到通婚的个人、其子女、通婚双方所属的族群团体及整个社会。[1] 有些人将通婚等同于同化（同化论），有些人认为通婚只代表对于族群多元主义及异质性的容忍（多元论），并不必然造成族群同化或族群的消失。[2] 陶希圣认为婚姻目的是收夺女子的劳动力、生子、防制男女的交接。[3]

人类学家认为，古代中原人视边疆四裔为东夷、北狄、西戎、南蛮，均含有"非人类"性质意义。后能以"和亲通婚"建立彼此关系，显示视对方族群为"对等"团体，相等地位的"人"之待遇。基辛（R. Keesing）认为婚姻有六项特色，其中第五项：婚姻可以经济关系或政治联盟为主要考虑，而以性关系为副。[4] 李维·史陀（Levi. Strauss）利用牟斯（M. Mauss）的"全面性报称体系"理论概念，将交换原则应用于女人之交换的婚姻现象上，强调交换是取代战争之一种有效的维持和平的方式。它可以使猜忌的两个团体之间的紧张化为合作式的互动，化彼此的恐惧为友谊。而群体间交换中最贵重，又最能使关系持久的交换就是女人的交换。此可使敌对团体，

---

[1] 王甫昌：《族群通婚的后果：省籍通婚对于族群同化的影响》，《人文及社会科学集刊》卷6，1993。
[2] 王甫昌：《族群通婚的后果：省籍通婚对于族群同化的影响》，《人文及社会科学集刊》卷6，1993。
[3] 陶希圣：《婚姻与家庭》，36~37页，台北，商务印书馆，1980年。
[4] 基辛（R. Keesing）：《当代文化人类学》（下），415页，台北，巨流出版社，1981。

成为彼此均有人质在对方的亲家。何翠萍、汪珍宜两位又依上述礼物交换角度研究，认为台湾传统社会理想的联姻关系视女人为宝物，为交换所形成的。男方是为了纵面的再生产目的（生殖性的），而希望达到嗣系的绵延不绝；女方是为了横面的再生产目的（生计性的），而希望达到关系的扩展，势力的扩充。①

政治学家恩格斯认为，对于剥削阶级的诸侯、王公来说，"结婚是一种政治的行为，是一种借新的联姻来扩大自己势力的机会"（恩格斯：《家庭、私有制和国家的起源》）。英国丘吉尔（W. Churchill）曾说："国王的婚姻可以是邻国之间的和平纽带，也可以是赢得战争的保证。"② 萨林（Marshall D. Sahlins）认为"以婚姻关系为主要媒介的政治关系是一种部落联盟式的结合"③。严家其在其《首脑论》中指出政治婚姻的政治目的为"扩大王朝版图，外交谈判顺利完成的外部表现，王位继承（生殖、传宗接代）"，并进一步分析：（1）血统上的传宗接代，同时也有政治结盟的意义，但效果不彰。（2）结盟、贿赂、赏赐……成为和平或为战争。此关系除了双方名分的确立，及周边的政治、经济来往外，出嫁的一方又兼有"人质、监视"的作用。（3）对继承权之干预，甚至可透过婚姻使国家合并。（4）扰乱朝政使对方沉迷女色，或制造内部不和，这也就是一般俗称的"美人计"。（5）文化上欲求同化对方。④

今将上述通婚意义整合成下表，以作为和亲观念的基础。

---

① Marce Mauss 著，Ian Cunnison 英译：The Gift—Forms and Functions of Exchange in Archaic Societies，何翠萍，汪珍宜中译：《礼物——旧社会中交换的形式与功能》台北，允晨文化公司，1984。Levi. Strauss, Claude：The Elementary Structures of Kinship. 67～68，Boston，Beacon Press. 1969。

② 严家其：《首脑论》，225 页，香港，中华书局香港分局，1988。

③ Marshall D. Sahlins, Tribesmen—Englewoon Cliffs. New Jersey，Prentice Hall，1968，56。

④ 孙治安：《中原朝廷对北亚游牧民族和亲公主的政治角色研究》，政治大学民族所硕士论文，14～15 页，台北，1995。

附表 2－1　　　　　　　　　通婚意义简示

项目 意义	经济	情感、生物	社会、文化	外交、军事、政治
	1. 劳动力、生产力（即求内助） 2. 女人为财物 3. 兼具贿赂、赏赐 4. 经济关系的建立	1. 彼此尊重、接受、对等，最小距离关系 2. 抚慰、传宗接代 3. 男方纵面生殖性发展，以使生命绵延不绝	1. 维持友好，确保利益 2. 女方为横面生计性发展，以扩展势力	1. 扩大势力的机会，为政治结盟 2. 通过女人交换、持人质、监视，增进友谊、互助，维持和平 3. 扩大王朝版图，外交谈判顺利完成的外部表现，王位继承 4. 邻国之间的和平纽带，赢得战争的保证

　　就北亚游牧民族言，氏部族与氏部族间嫁女或娶妻，全附有政治上协力作用，至少代表了相互信任。建立婚姻关系等于表示敌对时代的过去，携手言和的阶段已经来临。[①] 故言以婚姻关系为主要媒介的政治关系，是一种部落联盟式的结合。就中原民族而言，《礼记·昏义》云：“昏礼者，将合二姓之好”，加强“与异姓合好”是基于对外联盟和好，扩充势力的需求。而“昏礼者，将合二姓之好。上以事宗庙，而下以继后世也。故君子重之”。可见和亲具有巨大的社会意义，对社会整合有着不可磨灭的贡献。

　　总之，政治婚姻便是一种很明显的对外扩充的婚姻形式，其目的大抵是包含经济资源、社会地位、政治利益的交换与生殖的目的。婚姻之所以能成为一种重要的政治工具，主要是由于婚姻通常具有“柔性、示好、和睦”等社会特质，较之“武力、强迫”等方式，易为人所接受，也易达到其政治目的。[②]

（二）和亲观念与对象

　　“和亲”一词最早出现于《左传》。《左传·襄公二十三年》载：“中行氏以伐秦之役怨栾氏……而固与范氏和亲。”此时所指

① 姚大中：《古代北西中国》，109～110 页，台北，志成出版社，1971 年。
② 孙治安：《中原朝廷对北亚游牧民族和亲公主的政治角色研究》，政治大学民族所硕士论文，13 页，台北，1995。

"和亲"系晋国的中行氏与范氏两个贵族家族联合对付栾氏所进行的修好行为，并无姻亲关系。《周礼·秋官·象胥》载："掌蛮、夷、闽、貉、戎、狄之国使，掌传王之言而谕说焉，以和亲之。"[①] 此"和亲"是指华夏与蛮夷戎狄之间的修好行为，也无姻亲关系。然此时期贵族或外族间也有联姻情形，唯未用"和亲"名词，可能迄至汉初刘敬建议和亲政策后，"和亲"才结合上述上古"修好"与"联姻"两者的意义。唯其后"和亲"仍不一定以婚姻下嫁公主为必备条件。和亲又称"和戎""和蕃（和番）"。称"和戎"是因为周朝和晋国均曾与戎人和亲；称"和蕃"是由于古代以中原九州之外为蕃国（《周礼·秋官·大行人》）。"蕃"即"藩"也，借喻边地、边部、边廷。"和戎"一词比"和亲"早出，初见于《左传·襄公四年》及《襄公十一年》，说的是山戎无终子嘉父派孟乐到晋国去"请和诸戎"。"和蕃"比"和亲"晚出。"和亲"之义较广，且表现对等地位，"和戎"能显示华夏与少数民族之关系，"和蕃"能显示中原与边疆的关系（张正明：《和亲论》）。各能分别表现其意义。

（三）和亲与和亲政策释义

1. 和亲意义

"和亲"一词，首见于上古《左传·襄公二十三年》，其意义为"和睦相亲爱"。然其义随时代而有所变化，1979 年版《辞源》"和亲"条谓："和亲，一和睦相亲。……二与敌议和，结为姻亲。"同年版《辞海》"和亲"条称："和亲，一指和睦亲爱。……二指两个封建政权之间的和好亲善。……三指汉族封建王朝与少数民族首领，以及少数民族首领之间具有一定政治目的的联姻。"台湾地区 1958 年版《辞库》"和亲"条谓："媾和结

[①] 《周礼·正义》卷 73，《十三经注疏》，北京，中华书局，1980（本书所引《周礼》均为此版本，下同）。

亲。"臧文仲曾对鲁庄公说:"夫为四邻之援,结诸侯之信,重之
以婚姻,申之以盟誓,固国之艰急是为。"(《国语·鲁语上》)
这对和亲的意义,分析得最为清楚。现代学者张正明认为:和亲
前后常经历战争与和平的交替,权谋与友谊的糅合,政治与爱情
的冲突,汉风与蕃俗的差异(张正明:《和亲论》)混合而成为不
同民族间的和好同盟的关系。

从前述和亲观念与对象,和戎、和亲、和蕃的含义与对象来
看,一般所谓和亲仍可分为广、狭两义:狭义和亲仅指中原王朝
(包括汉族及汉化边族)与边疆民族君长的和好同盟关系;而广
义则还包括少数民族君长间,政权间的异族政治婚姻关系。而狭
义者可称"和亲",少数民族间者则宜别称为"联姻"。盖前者较
有中原的意义、制度、礼仪、规范等;而后者随不同民族、政权
而有不同的含义与方式。

至于和亲的主要内容,史料记载并不详细,似非完全一致,
尤其狭义和亲应较严谨,而联姻则较松散,唯整合史料比较完整
的和亲内容系包括:(1)和好并确立名分:双方愿意和好,并确
立名分(正名)以定彼此关系。即于婚前分封公主、驸马双方官
号,婚后确定双方名分关系,如兄弟(昆弟)、翁婿、甥舅、父
子、君臣、宗藩等。(2)军事同盟:双方军事盟誓,彼此派兵支
援,此为和亲最重要、不可缺的义务。(3)出嫁公主:有双向、
单向出嫁公主;有个案偶婚、累世婚性质。(4)互赠礼物:男方
送聘礼,如边族多以家畜、方物为主;女方陪以嫁妆。并有赐
予,中原多以锦彩袍、彩金帛、舆服、御物、金银器饰等。
(5)岁给与互市:中原王朝与絮缯锦彩、金银器饰、谷物、酒食
等为岁给。以金、缯绢、絮、粮食、茶叶、器物等,交换边族的
马、驼、羊等家畜互市。(6)遣质子:尤以边族遣质子来中原王
朝,或弱方派至强方,常名为"入侍",实为人质性质。但双方
交换联姻时则可免矣。

2. 和亲政策

和亲如同上述，在性质上系指"和好同盟"之意，且有广、狭两义，所指对象有所差异，其目的与方式常有不同，因此严格说来可以细分为和亲与联姻两种。而和亲在我国起源于上古先秦时代，多是个案、随意性的。唯将此政治性联姻制度化，而成为一种政策、战略，一般以汉高祖采刘敬建议开始，因此严谨说来在此之前的政治联姻，以及非中原皇朝与少数民族君长间的政治联姻，均未列入所谓"和亲政策"的范围，而以广义的"和亲"或"联姻"视之。

三、和亲背景

和亲背景涉及通婚背景与意义，和亲要以双方均能尊重对方为对等团体的"人"来对待为基础，且两者间要有最小的社会距离，最大程度的社会接受才能成立，并系双方同化或融合的一个表现。尤其女人的交换是群体间交换中最贵重，又最能使彼此关系持久的方式。

中原王朝在古代位居亚洲中原内地，地大物博，文明昌盛，为亚洲文化大国，向为周围诸民族国家所仰赖，而边疆少数民族相对的地处边荒，受限于自然环境，经济物产单调需依赖中原，且两者间由于文化的隔阂常有冲突，对中原造成威胁。故历代和亲多由边疆少数民族所要求，以结援中原，提升其政治地位，并获经济利益。中原王朝为缓兵求和，减低入寇威胁，也有改善彼此关系的必要，与边疆民族间有其互补、互助、互利的需求。古代和亲虽有双向或类似交换婚的情形，但狭义的中原皇朝与边疆民族君长间的和亲，多为中原皇朝下嫁公主给边疆民族君长，中原皇朝为女方，而边族君长为男方，依《礼记》载：婚姻系加强"与异姓合好"，是基于对外联盟和好，扩充势力的需求。又依台湾汉人传统联姻关系研究显示，婚姻男方是为了纵面的再生产目的（生殖性的），而希望达到嗣系的绵延不绝；而女方是为了横面的再生产目的（生计性的），希望构成关系的扩展，势力的扩充。

对北亚游牧民族而言，氏部族联姻有政治上的协力作用，代表相互信任，并表示敌对时代的过去，携手言和的来临，也是一种部落联盟式的结合。

萧金松教授分析和亲的背景时指出，包括自然、文化及历史背景，颇有见地。唯每项背景说明未臻明确，如进一步提出在自然背景上以长城南北自然环境的不同需互赖（依），在文化背景上以北方游牧与中原农业文化需互补（助），在历史背景上以华夷通婚需互融（续），则更为深入。

学者张正明论及和亲的历史条件提出：（1）以经济的分散和民族的分隔为基础，不同民族之间的政治分裂状态；（2）此贵彼贱的民族偏见较为淡薄，并分析和亲实例的因果为：（1）和亲是两次战争之间的过渡；（2）和亲是战略部署的一环；（3）和亲往往与战争迅速交替；（4）和亲是战争结局的记录；（5）和亲能否实现往往取决于军事形势。[①]

旅美著名学者札奇斯钦认为，和亲大半在下列的三种环境之下产生：（1）农业朝廷的皇帝为了要防止强大北方游牧民族入侵，自动把他的女儿或亲族的女儿，嫁给他所要笼络的游牧君长。（2）一个强大的游牧君长，为了要和农业朝廷缔结和平关系，以达到他对经济上或某种政治上的目的而提出要求。（3）在强大游牧君长武力威胁之下，农业朝廷迫不得已地采取的一种屈辱措施。[②]

张春树归纳汉朝局部和亲背景时称：（1）在军事上匈奴因其特

---

① 张正明：《和亲通论》，《民族史论丛》第一辑，北京，中华书局，1987。

② 札奇斯钦：《北亚游牧民族与中原农业民族间的和平战争与贸易之关系》，183页，台北，正中书局，1972。

殊之地理位置与生活习惯而举国皆骑兵，不定居，故汉不能以军力胜之。（2）在文化上，中原王朝当以教化怀服远人，不应以武力征服之。（3）在政治经济上，匈奴亦不可击，如强击之，必至动员并耗尽全国人力物力，最后亦必引起内部骚动与叛乱，使汉廷自身不保而蹈"亡秦"之覆辙。（4）和亲为高祖所立之传统，后人不可轻易更改。①

就北亚游牧民族与中原农业民族间历史互动关系因素分析：（1）北亚游牧民族由于自然环境关系，经济上难于自给自足，需要与邻近的中原农业民族互市，以获得各种物品维生。（2）由于中原农业民族物产文明丰富具吸引性，且在文化上双方各擅农、牧，不同体系有互补性，农业民族在军事上居弱势，在政治上常居优势，由此造成北亚游牧民族重经济利益，而中原农业民族重政治名分，双方各取所需的模式。（3）中原华夏民族（汉族）与边疆少数民族长期接触通婚融合，已成不可断的历史事实需要。

和亲背景因素多元，但最根本的是中原农业民族与北亚游牧民族之间的互动关系。由于自然环境、社会文化等因素的影响，中原与北亚草原这两个区域是无法隔绝开的，自古以来这两个区域的人群就有着密切的互动关系，而其关系本质在于"经济性"，北亚游牧民族常配合其军事优势形成北亚游牧民族通过和亲方式来达到经济利益的要求。至于中原农业朝廷则常处于北亚游牧民族"牧马南下（南侵）"的武力威胁下，和亲就成为其政治外交的必要措施以发挥"合纵连横"的作用。因此，和亲就为游牧民族希求，而中原朝廷应对的长期性政策，历史上主要就是借这种和亲联姻来调节民族关系，尤其是中原与边疆民族的关系。

---

① 张春树：《汉代边疆史论集》导言，2页，台北，食货出版社，1977。

四、和亲渊源与发展

"和亲"一词早见于上古襄公二十三年，其性质为"修好同盟"之意，其时并不含姻亲关系。然具有联姻关系的活动却也早于"和亲"之名前出现。从传说时代的帝喾、夏、商朝就屡有政治性联姻活动（段连勤：《夏商周的边疆问题与民族关系》），唯未用"和亲"一词。

西周幽王之申后为申戎之女，申后子宜臼被立为太子。后幽王宠幸褒姒欲废申后及太子，结果引发诸戎之乱。此事载于《史记·周本记》：

> 幽王……又废申后，去太子也。申侯怒，与缯、西夷犬戎攻幽王。幽王举燧火征兵，兵莫至。遂杀幽王骊山下……①

周襄王（姬郑）为了征伐郑国，特意纳娶狄女隗氏为后。《史记》载：

> 初，周襄王欲伐郑，故（欲）娶戎狄女为后，与戎狄兵（共）伐郑。已而废（黜）狄后，狄后怒（怨），而襄王后母曰惠后，有子子带，欲立之，于是惠后与狄后、子带为内应，开戎狄。戎狄以故得入，破逐周襄王，而立子带为天子。②

春秋战国时期，晋国尤为华夏族与夷狄联姻的先驱之一，晋献公曾一连娶了四个戎女。重耳（晋文公）、夷吾（晋惠公）、奚齐、卓子四个公子，均为戎女所生。《左传·庄公二十八年》载：

> 晋献公……又娶二女于戎，大戎狐姬生重耳，小戎子生

---

① 《史记》卷4《周本记》，北京，中华书局，1959（本书所引《史记》均为此版本，下同）。
② 《史记》卷110《匈奴列传》。

夷吾。晋伐骊戎，骊戎男女以骊姬。归，生奚齐。其娣生卓子。骊姬嬖，欲立其子……①

晋国内乱，公子重耳逃至狄国，娶狄女为妻。②赤狄潞子婴儿之夫人系晋献公之姊，晋和狄是姻亲关系。此事《左传·宣公十五年》载：

> 晋师灭赤狄潞氏，以潞子婴儿归。……潞子婴儿之夫人，晋景公之姊也。③

齐灵公也娶戎姬④，《史记》载：

> （灵公）二十八年，初，灵公取鲁女，生子光，以为太子。仲姬、戎姬。戎姬嬖，仲姬生子牙，属之戎姬。戎姬请以为太子，公许之。⑤

秦惠王时"及秦惠王并巴中，以巴氏为蛮夷君长，世尚秦女"（《后汉书·南蛮西南夷》）。春秋战国时期，大国争霸称雄，婚姻外交愈受重视，其性质包括以取人之国，小国借大国图存，以结交军事同盟，结束对立状态等目的联姻，不但联姻于中原诸侯，也包括异族。总之，在先秦时期就已有"和亲"之名，以及许多政治联姻活动，至于两者合一并制度化成为政策，则一般言始于汉高祖矣。

广义和亲初兴于先秦时代，至春秋初期和亲理论形成，所谓："夫为四邻之援，结诸侯之信，重之以婚姻，申之以盟誓，固国之艰急是为。"⑥ 就中原王朝言，至汉初和亲成为制度化的政策，其目的重在缓兵求和，汉代中期旨在结援，元帝末为柔远。至十六国南北朝时系两相情愿的短功利。至隋唐代，和亲政策盛

---

① 《左传·庄公二十八年》。
② 《左传·僖公二十三年》。
③ 《左传·宣公十五年》。
④ 《史记》卷32《齐太公世家》。
⑤ 《史记》卷32《齐太公世家》。
⑥ 《国语·鲁语上》，臧文仲对鲁庄公云。

行，初中期目的在柔远，晚期借外援平内乱。五代后均旨在结援。就边疆或少数民族君长言，主要一为结援提升地位；二为获取经济利益。其目的较少变化。因此综观历史，有少数民族血统的中原王朝较热衷和亲政策，诸如隋、唐、元、清等，而宋、明则否矣。

五、和亲公主的身份角色与评价

和亲公主在广义的和亲中占极为重要的角色，是关键人物，缺少她们和亲难于发挥功能。公主主要在于其环境下的地位角色和个人智慧能力，而非靠貌美和感情。所谓"和亲公主"主要系指以中原公主身份下嫁边族的公主，而边族公主入塞者则常被忽略。

（一）公主名分与出身

中原汉朝制帝（皇）女谓"公主"，帝（皇）姊妹谓"长公主"，帝（皇）姑谓"大长公主"。（邝平樟：《唐代公主和亲考》）。唐代仿汉制，除了上述"公主"之外，另有"县（郡）主"，地位较"公主"为低，多下嫁给小部族君长，或内属部族君长，游牧汗国可汗之子等。此外尚有"媵女"及"蕃女"亦被封为"公主"者。所谓"媵女"系以同姓侄娣从天子女下嫁[①]，随公主下嫁后，有因公主故殁由媵女续嫁而称公主者。至于"蕃女"，则唐代封"蕃女"为公主之例甚多，包括：边疆民族嫁来中原之公主，内属外蕃部族君长或在朝廷外族功臣之女充任公主代唐朝嫁边疆部族者。

---

① 《春秋·公羊传·庄公十九年》载："天子嫁女于诸侯，必使同姓者主之。""媵者何？诸侯娶一国，则二国往媵之，以侄娣从。侄者何？兄之子也。娣者何？弟也。诸侯壹聘九女。"

　　至于和亲公主的出身，在中原有七类：（1）帝（皇）女、帝（皇）姊妹；（2）亲王女、亲王妹、亲王孙女；（3）宗室女；（4）宗室外甥（外戚）女；（5）功臣女（包括汉、蕃）；（6）家人子（出身不明）；（7）媵女（或侍女）、宫女、女妓。唯于出嫁前不论出身均以帝（皇）女名义封为"公主"或"县主"下嫁。边族入主中原所建王朝的和亲也常仿汉唐制，多由帝（王）女、帝（王）孙女、亲王女等出嫁。边族的和亲公主约有三类：（1）可汗女，如突厥木杆可汗女。（2）可汗从妹，如突厥沙钵略可汗从妹。（3）可敦妹，如回纥葛勒可汗可敦妹等。至于出嫁时边族公主无记载显示其封号。以时期言，汉代和亲公主的身份是亲王女、宗室女、家人子及宫女；魏晋南北朝时期是皇（王）女、皇（王）妹及宗室女；隋唐时期是上述中原七类公主全有；宋、辽、西夏、金时期是皇（王）女；元、明、清时期是帝（皇）女、帝（皇）孙女、亲王女。

　　历代中原朝廷和亲公主出嫁，一般而言均有其原则，其规格是由双方的力量对比决定的，而且是否和亲也决定于双方的力量对比。对于强大国家民族而有特别关系者，如回纥，多以帝（皇）女或帝（皇）妹下嫁；对于大国而无特别关系者，如匈奴、乌孙、突厥、吐蕃等多以亲王女或宗室女下嫁；对于小国，如奚、契丹等则以宗室甥女下嫁。功臣女、家人子皆代"皇女"也下嫁大国。此外公主地位常配合国势有所变动，汉朝就依国势由弱而强，其下嫁公主规格由高的宗女逐渐降低到宫女。唐朝也依其国势由强而弱，其公主由低的宗女逐渐升高为帝（皇）女。在出嫁用词上亦与国力有关，汉高祖对匈奴系"降（奉）公主"。至汉元帝对匈奴则"赐公主"。金宣宗对蒙古成吉思汗则"献公主"矣。

　　和亲公主在和亲双方都可能出现。西汉时期，全是汉族公主出塞，且多单向婚。魏晋南北朝时期，汉族与边族均有公主出入塞。隋唐时期，汉族公主多出塞，边族公主少入塞，且多单向婚。宋、辽、西夏、金时期，全是边族公主互婚。元、明、清时期，也全是边族公主互婚，且以蒙元与高昌、清朝为多。可见统一中原汉族皇朝，如汉、隋、唐、宋、明诸朝极少娶边族和亲公主，概与汉族皇室仍不愿在血缘上混入边族血统有关。

（二）和亲后公主身份地位

中原汉族王朝与边族君长和亲的主要目的不同，前者重在缓兵、结援、分化等政治羁縻，所以以出嫁公主来发挥其横向生计性功能；后者重在财物、地位的提升，所以以娶入公主来发挥其纵向生殖性功能。因此相对产生的汉族和亲公主多于边族和亲公主。然边族王朝、君长间的联姻甚多，所以边族和亲公主人数也显得不少。

中原王朝出塞和亲公主多出嫁给边族君长，其在"蕃"地位均为边族君长妻，在匈奴称为"阏氏"，在乌孙称为"夫人"，在柔然、突厥、回纥称为"可（贺）敦"。在北亚游牧民族，君王或君长多推行多妻制，其诸妻权责有高低，但称呼相同，不若中原朝廷有后妃、贵人之分。至于边族和亲公主入塞婚姻对象大体有两类：其一，中原汉族王朝为其亲王娶妃，如唐敦煌郡王承寀娶回纥葛勒可汗可敦妹为王妃。其二，中原边族王朝帝王，如北周武帝娶突厥木杆可汗女为皇后。可见边族和亲公主入塞和亲后的地位相对较低，唯魏晋南北朝，宋、辽、西夏、金时期入塞和亲中原边族王朝者，其地位较高（皇后、嫔妃），且较获尊重。

（三）和亲公主的角色作用

中原和亲公主在"蕃"政治地位如何？系决定于下列因素：（1）公主能否亲近君王而获其信任——魅力、祖（母）国势力等。（2）延长在"蕃"政治生命。（3）公主祖（母）国势力。

（4）公主是否有外戚可以援引。至于公主的政治影响主要有：
（1）日常政治事务；（2）择立继承人；（3）对君王的好恶、品
行施加影响（发挥所谓"美人计"）等。（孙治安：《中原朝廷对
北亚游牧民族和亲公主的政治角色研究——以汉朝到唐初为中
心》）

　　和亲既然是两个族群间的政治性婚姻，因此公主"娘家"的
强弱直接影响其在夫家的地位与势力。中原朝廷受本身传统社会
伦理文化"嫁出去的女儿，如同泼出去的水"的态度影响，一般
对和亲公主在"蕃"并不重视与关心，仅着重和亲后对方的政治
反应。中原公主在"蕃"因受其中原"娘家"的政治指挥，且颇
能尊重边族的文化伦理，如"烝报婚（即夫兄弟婚）"，而受对方
边族所接受并认同。唯中原公主在"蕃"的政治地位之最大影响
因素，乃在于双方政治势力的强弱对比，强者公主就有较多政治
影响力，当然与和亲公主个人的政治企图、才能也有关系。至于
边族下嫁中原朝廷公主因案例较少，记载不多，其中柔然的蠕蠕
公主、突厥的阿史那皇后，回纥的毗伽公主等对中原王朝也都产
生了很大作用，尤其是毗伽公主对唐向回纥借兵平定安史之乱起
了不少作用。

（四）对和亲公主的评价

　　历史上通过文艺对和亲公主——王昭君的描述、评述颇多。
现代则于 20 世纪 60 年代初学者翦伯赞发表《文成公主说了话》
和《给文成公主应有的历史地位》等文章，以及内蒙古史学界、
文学界在《内蒙古日报》上开展对王昭君的讨论，掀起了对和亲
公主评价的高潮。

　　对中原和亲公主的评价，于汉代以王昭君最引人注目，多数
对她都持肯定态度，认为她为汉匈两族的友好作出了卓越的贡
献，维持了五六十年的和平。其次细君公主、解忧公主及其侍女

冯嫽等，解忧公主完成了乌孙与汉朝的联盟任务，并实现了"断匈奴右臂"的战略计划。细君公主则没有达到，其成就较差。在魏晋南北朝方面的研究论著不多，主要是对千金公主的评价。在隋唐代方面，以隋义成公主自身政治企图及政治能力出众而在政治舞台上大放异彩。接着以唐文成公主、金城公主对吐蕃文明及汉藏关系和贡献为主，也给予很高的评价。

孙治安分析在北亚游牧民族的中原和亲公主，因未受到中原朝廷的重视，相当多的公主都是默默无闻，但仍有一些诸如上述解忧公主、冯嫽、千金公主、义成公主等人享有重要的政治地位，产生了积极的政治影响。其原因在于其个人政治能力、当时中原朝廷势力较强、中原政权变动等因素。（孙治安：《中原朝廷对北亚游牧民族和亲公主的政治角色研究——以汉朝到唐初为中心》）

六、和亲性质与功能

和亲的意义为"和好同盟"的意思，史上对和亲较有理论者有：先秦的臧文仲、魏绛，汉代的刘（娄）敬、张骞、班固，魏晋时的姚成都，隋代的长孙晟，唐代的裴矩、李绛、李德裕等人。兹考察其观点如下：

臧文仲谓："夫为四邻之援，结诸侯之信，重之以婚姻，申之以盟誓，固国之艰急是为"，系指以联姻和立誓为方法，达到结援的目的。

魏绛谓和戎其利有五："戎狄荐居，贵货易土，土可贾焉，一也；边鄙不耸，民狎其野，稼人成功，二也；戎狄事晋，四邻振动，诸侯威怀，三也；以德绥戎，师徒不勤，甲兵不顿，四也；鉴于后羿，而用德度，远至迩安，五也。"[1] 指陈和亲有利经

---

[1] 《左传》卷12《襄公四年》。

济、政治、军事及文化沟通交流。

刘敬建议："陛下诚能以适长公主妻之，厚奉遗之，彼知汉适女送厚，蛮夷必慕以为阏氏，生子必为太子，代单于。何者？贪汉重币。陛下以岁时汉所余彼所鲜数问遗，因使辩士风谕以礼节。冒顿在，固为子婿；死，则外孙为单于。岂尝闻外孙敢与大父抗礼者哉？兵可无战以渐臣也。若陛下不能遣长公主，而令宗室及后宫诈称公主，彼亦知，不肯贵近，无益也。"① 重以皇女、财物结为亲盟关系。

张骞建议汉武帝称："诚以此时厚赂乌孙，招以东居故地，汉遣公主为夫人，结昆弟，其势宜听，则是断匈奴右臂也。既连乌孙，自其西大夏之属皆可招来而为外臣。"② 显示此和亲重在以财物、经济扩大政治军事关系来断主敌匈奴右臂。

班固认为：如果没有人质，空谈和亲，也毫无用处。而且匈奴对汉掠夺所获每年数以万计，而和亲所赠财不过千金，因此匈奴是不肯轻易和亲的。对付匈奴的最好办法是，来攻则反击，逃离则防守，匈奴对汉贡献则积极笼络，以礼相待，实行和亲。可见班固指出：绝之未知其利，通之不闻其害。对行和亲强调要有人质，赠财较其掠夺少，并可创造沟通管道。

姚成都答复后秦王姚兴表示："魏自柴壁克捷已来，戎甲未曾损失，士马桓桓，师旅充盈，今修和亲，兼婚姻之好，岂但分灾共患而已，实亦永安之福也。"③

姚成都认为和亲除建立婚姻关系外，可以成为军事同盟维持和平。

长孙晟上奏隋文帝云："臣观雍闾，反覆无信，特共玷厥有隙，所以依倚国家。纵与为婚，终当必叛。今若得尚公主，承藉

---

① 《史记》卷 99《刘敬列传》。
② 《汉书》卷 61《张骞》。
③ 《晋书》卷 118《姚兴》。

威灵，玷厥、染干必又受其征发。强而更反，后恐难图。且染干者，处罗侯之子也，素有诚款，于今两代。臣前与相见，亦乞通婚，不如许之，招令南徙，兵少力弱，易可抚驯，使敌雍间，以为边捍。"① 长孙晟表示，和亲在突厥可承藉威灵统治周围诸族，在隋朝可以分化离间对方。

裴矩针对唐高祖所询："西突厥道远，缓急不能相助，今求婚，如何？"对曰："今北狄方强，为国家今日计，且当远交而近攻，臣谓宜许其婚以威颉利；俟数年之后，中国完实，足抗北夷，然后徐思其宜。"② 裴矩对和亲重在政治外交结援以对付主敌。

李绛上奏唐宪宗陈和亲三利谓："和亲则烽燧不惊，城堞可治，盛兵以畜力，积粟以固军，一也。既无北顾忧，可南事淮右，申令于垂尽之寇，二也。北虏恃我戚，则西戎怨愈深，内不得宁，国家坐受其安，寇掠长息，三也。"如果不与回纥和亲，则会存在五种忧虑：第一，回纥等到"风高马肥，而肆侵轶"，第二，现在唐朝"戈甲未备，城池未固，饰天德则虏必疑，虚西城则碛道无依"。第三，边将现在已与朝廷离心离德，若虏猝犯塞，应接失便。第四，回纥自修好以来已掌握了唐朝的"山川形胜，兵戍满虚"，战争一旦打响，回纥会避实击虚，得心应手。第五，回纥可能会与吐蕃结约解仇。③ 如果舍三利而取五忧，后果将不堪设想。李绛又对筹集出嫁公主的费用提出了解决办法："我三分天下赋，以一事边。今东南大县赋岁二十万缗，以一县赋为婚赍，非损寡得大乎？今惜婚费不与，假如王师北征，兵非三万、骑五千不能捍且驰也。又如保十全之胜，一岁辄罢，其馈饷供儌，岂止一县赋哉？"④

① 《隋书》卷51《长孙晟》。
② 《资治通鉴》卷191《唐纪七》。
③ 《新唐书》卷217《回鹘》。
④ 《新唐书》卷217《回鹘》。

　　李绛的和亲以避战安内，婚费可付且合算为理由。

　　李德裕所草拟的责备太和公主诏书中称："先朝割爱降婚，义宁家国，谓回鹘必能御侮，安静塞垣。今回鹘所为，甚不循理，每马首南向，姑得不畏高祖、太宗之威灵！欲侵扰边疆，岂不思太皇太后之慈爱！为其国母，足得指挥；若回鹘不能禀命，则是弃绝姻好，今日已后，不得以姑为词！"① 李德裕的和亲强调姻情与避战求和观念。

　　以上十人的和亲理念各有其时代性和所处环境的空间性，至其目的需求重点也有所差异。下面我们来归纳分析其性质和功能。

（一）和亲性质

1. 肯定——积极性

　　（1）政治和好：古代赞成和亲儒者认为和亲可以"安夷俗""抚戎臣"，为示皇恩浩荡，便有不舍，也只好忍受割慈，借以怀柔。寄望婚媾之后，戎王能僵息兵革，作汉家亲。也即通过民族间的妥协、了解、友好、交换、舅甥、羁縻等建立良好的政治关系。

　　据《册府元龟》载：

　　　　和亲之义，斯盖御宇长策，经邦茂范。……志恤黎元……敦和好，则边上宁晏，兵役休息。

　　　　汉高始纳奉春之计，建和亲之议，岁用絮缯酒食奉之，非惟解兵息民，亦欲渐而臣之，为羁縻长久之策耳。②

　　《唐大诏令集》称："（公主和亲）实资辅佐之功，广我怀柔

---

① 《资治通鉴》卷246《唐纪六十二》。
② 《册府元龟》卷979《外臣部·和亲二》。

之道。"① 唐杜甫在《近闻》一诗中云："似闻（吐蕃）赞普更求亲，舅甥和好应难弃。"②

（2）军事同盟：上古诸侯、华夷间通婚，以联姻和立誓为方法，以达结援目的，故前述臧文仲对鲁庄公曾谓和亲系："夫为四邻之援，结诸侯之信，重之以婚姻，申之以盟誓，固国之艰急是为。"（《国语·鲁语上》）

在西魏、北周和隋唐时期，中原王朝争相以和亲方式来争取突厥，结交同盟。《资治通鉴》载：

> 初，周人欲与突厥木杆可汗连兵伐齐，许纳其女为后，遣御伯大夫杨荐及左武伯太原王庆往结之。齐人闻之惧，亦遣使求婚于突厥，赂遗甚厚。木杆贪齐币重，欲执荐等送齐。荐知之，责木杆……木杆惨然良久曰："君言是也。吾意决矣，当相与共平东贼（北齐），然后遣女。"荐等复命。……戊子，遣忠将步骑一万，与突厥自北道伐齐，又遣大将军达奚武帅步骑三万，自南道出平阳，期会于晋阳。③

在边族方面也有与中原结援情形。隋大业六年（610年）裴矩分析了西突厥酋长射匮向隋求婚时的动机，据《隋书·突厥》载：

> 射匮者，都六之子，达头之孙，世为可汗，君临西面。今闻其失职，附隶于处罗，故遣使来，以结援耳。

（3）经济互补交换：北亚游牧社会因自然环境关系，向来对中原农业社会有经济依赖，其双方交换互补途径颇多，和亲则其一种，即通过和亲的聘礼、嫁妆、赏赐及互市等来达到。如《玉海》载：

> ……统叶护可汗来朝请昏，许之。诏高平王道立至其

国，统叶护可汗遣真珠统俟斤献万钉宝钿金带，马五千匹，以藉约。①

《隋书》卷84《突厥》载：

> 处罗从征高丽（612年—614年），赐号为曷萨那可汗，赏赐甚厚。（大业）十年（614年）正月，以信义公主嫁焉，赐锦彩袍千具，彩万匹。

（4）文化交流：和亲双方有许多礼仪程序进行，通过人员交流与物品赠送，促进了双方的文化交流。中国古代和亲非常注重六礼，如开皇十七年（597年）"突厥突利可汗来逆女，上舍之太常，教习六礼，妻以宗女安义公主"②。唐与回纥和亲记载其礼仪主要有十项：①请婚；②纳采、迎亲；③指名；④使节加官；⑤受命；⑥出嫁；⑦可汗受册；⑧可敦受册；⑨赐唐使归；⑩谢婚。所谓"文化"系包括物质与精神文化，涵盖范围甚广。如回纥葛勒可汗把唐"所送缯彩衣服、金银、器皿……尽分与衙宫、酋长等"，可见物质文化在回纥所产生的交流。

（5）民族融合：和亲联姻可以混合民族血统，虽人数有限，然民族间联姻所表现的对等与亲善关系及其对民间的提倡作用，均有利于民族的融合。据和亲史中汉代解忧公主与乌孙肥王翁归靡结合后生有三男二女，与狂王泥靡结合后又生下一子。她的长子元贵靡、次子万年、三子大乐和四子邸靡究竟与谁成婚？虽难考证，但可以肯定的是都没有与汉女成婚，可能万年当了莎车王娶了莎车女，其他三人可能娶乌孙女为妻。解忧公主的女儿一个嫁给龟兹王，另一个嫁给乌孙若呼翕侯。解忧公主的小儿子邸靡是她与泥靡结合所生，而泥靡又是乌孙王军须靡与匈奴女结合所生之子。由此可知解忧公主和亲在血统上的影响，有汉、乌孙两族的混血，又有汉、乌孙、匈奴三族的混血，弟史与绛宾的后代

---

① 《玉海》卷6《朝贡》。
② 《资治通鉴》卷178《隋纪二》。

则为汉、乌孙、龟兹三族的混血。可见民族融合广泛，影响不浅。

2. 否定——消极性

（1）政治军事上：历史上有些人否定和亲，认为系消极性的苟安心态，屈辱、投降的行为。

汉代贾谊于文帝六年（前174年），上奏疏（《治安策》）评和亲约谓：

> 天下之势方倒县。凡天子者，天下之首，何也？上也。蛮夷者，天下之足，何也？下也。今匈奴嫚娒侵掠，至不敬也，为天下患，至亡已也，而汉岁致金絮采缯以奉之。夷狄征令，是主上之操也；天子共贡，是臣下之礼也。足反居上，首顾居下，倒县如此，莫之能解，犹为国有人乎？……可为流涕者此也。①

宋代朱熹在《楚辞后语·乌孙公主歌》中云："中国结婚夷狄"，是"自取羞辱"（朱熹：《楚辞集注》）。

现代学者张正明认为西汉前期的和亲为消极政策，是辱国性质（张正明：《试论西汉的汉匈关系及和亲政策》）。另有些学者认为：和亲实属屈辱的、投降、卖国政策（南京大学历史系：《中国古代史》）。

（2）经济上：有人认为和亲在汉朝是一种屈辱妥协的消极防御政策，是一种变相的纳贡。匈奴君长只是在还没有力量征服汉朝的情况下，通过和亲来满足掠夺的欲望。② 张正明认为遣送公主是变相的纳妃，赠送大财实质上是一种进贡。

---

① 《汉书》卷48《贾谊》。
② 关于王昭君问题和西汉与匈奴战争问题的讨论小结。

3. 另类分析

学者敬东指出汉朝与其他民族政权间的和亲有三种不同的性质：（1）敌对国家间关系——西汉初与匈奴；（2）友好国家间关系——汉中叶与乌孙；（3）国内兄弟部族间关系——汉末与内匈奴。（敬东：《西汉时期三种不同性质的和亲》）另朱振杰认为和亲有三种类型：（1）中央王朝处于被动地位的消极和亲；（2）中央王朝处于主动地位的积极和亲；（3）边疆少数民族之间的和亲。（朱振杰：《中国历史上和亲的类型及作用》）

（二）和亲功能

1. 在中原王朝方面

（1）缓兵安边：和亲初步的功能在于缓和矛盾，稳定局势，缓兵解围，进而安边。《册府元龟》载："和亲之义，斯盖御宇长策，经邦茂范。……志恤黎元，敦和好，则边上宁晏，兵役休息。"唐代皇甫惟明谓："今河西、陇右赍耗力穷，陛下幸诏金城公主许赞普约，以纾边患，息民之上策也。"[1]

（2）军事同盟：汉初和亲主要在避战，唐中、末叶主要在借兵，而多数和亲双方则重在结盟，结援为和亲之必要原因。前述臧文仲对鲁庄公解析和亲中就强调："夫为四邻之援，结诸侯之信，重之以婚姻，申之以盟誓，固国之艰急是为。"畏兀儿高昌于南宋嘉定二年（1209 年）归顺联姻于蒙古后，高昌王亦都护巴而术·阿而忒的斤（Barchukhart - tegin）在军事同盟上，分别于南宋嘉定十一年（1218 年）蒙古征讨天山南麓屈出律战役中亦都护奉命率士兵三百参战；次年随征西边阿姆河、锡尔河，率兵万人合攻兀提剌尔、镀沙；南宋嘉定十六年（1223 年）又率军会师

---

[1] 《新唐书》卷216《吐蕃》。

攻西夏等，成为成吉思汗略定新疆西北重要力量。

（3）政治羁縻：和亲从广义的目的来说是恩惠赏赐，酬恩报德，广结盟友，争取与国等。前引《册府元龟》载："汉高始纳奉春之计，建和亲之议，岁用絮缯酒食奉之，非惟解兵息民，亦欲渐而臣之，为羁縻长久之策耳。"最能表达此种意义。《唐大诏令集》也载："实资辅佐之功，广我怀柔之道。"

（4）外交分化离间：和亲的另外功能在外交分化离间，因为在竞争的政治环境中，谁也不愿意看到有强大政权威胁，因此和亲就成为分化离间的工具。前面述及的隋代长孙晟、裴矩及唐代郭元振、契苾何力均为此方面的专家。隋文帝开皇十三年（593年），突厥大可汗都蓝与小可汗突利前后求婚，在长孙晟献计一拒一许，成功地分化离间了突厥。隋炀帝时又在黄门侍郎裴矩献计下，利用和亲分化突厥处罗、射匮两可汗。[①] 唐太宗贞观十六年（642年），契苾何力建议唐虽许婚薛延陀但应诏毗伽可汗亲迎公主，谓："彼畏我，必不来，则姻不成，而忧愤不知所出，下必为贰，不及一年，交相疑沮。毗伽素很戾，必死，死则二子争国，内判外携，不战而禽矣。"帝然之。毗伽果不敢迎……恚而死，少子拔酌杀其庶兄突利失自立，国中乱，如其策云。[②] 武则天万岁通天元年（696年）九月，吐蕃再求和亲，右武卫铠曹，兵都尚书郭元振认为吐蕃百姓疲于徭戍，早愿和亲；钦陵利于统兵专制，独不欲归款。若国家岁发和亲使，而钦陵常不从命，则彼国之人怨钦陵日深，望国恩日甚，设欲大举其徒，固亦难矣。斯亦离间之渐，可使其上下猜阻，祸乱内兴矣。[③] 武则天从此，结果实现。

（5）政治监控：和亲公主为和亲的媒介人物，其与夫婿间的

① 《隋书》卷84《突厥》。
② 《新唐书》卷110《契苾何力》。
③ 《资治通鉴》卷205《唐纪二十一》。

关系与影响力，涉及她的能力、仪表及其在"蕃"地位，祖（母）国的强弱等因素。政治监控一般包括：监督和左右可汗，及内应解围等。公主出塞大约可被立为可敦参与军政事务，与祖（母）国也有特殊情感，一般都会影响可汗行事。历史上较显著例子是北魏嫁北凉的武威公主在北魏出兵北凉时，成为内应，对北魏大军通密计，①使魏军攻克凉州。再如出嫁高昌的华容公主对西域诸国所有动静辄以奏闻。②又如嫁奚国的固安公主，得知牙官塞默羯准备发动叛乱投奔突厥图谋时，便设计刺杀了塞默羯，③维持了奚与唐的臣属关系。在为祖（母）国军解围方面，隋大业十一年（615 年）八月，隋炀帝被突厥始毕可汗围困于雁门，最后由义成公主出面而解围④为明例。

（6）经济互补交易发展：前述及北亚游牧民族限于自然环境对中原农业社会有极大的物质依赖关系，此因素促成中国历史上的和亲制度。所以和亲的功能自然以双方经济互补交易为其重点。所谓经济主要包括和亲聘礼、嫁妆、赐予、互市等。如前谈到刘敬在建议和亲时就强调"厚奉遗之，彼知汉适女送厚，蛮夷必慕以为阏氏"，"贪汉重币，陛下以岁时汉所余彼所鲜数问遗"。汉景帝与匈奴和亲，"通关市，给遗单于，遣翁主如故约"⑤。汉武帝初期与匈奴"明和亲约束，厚遇，通关市，饶给之。匈奴自单于以下皆亲汉，往来长城下"⑥。唐玄宗赐书突厥毗伽可汗谓："曩昔国家与突厥和亲，华、夷安逸，甲兵休息；国家买突厥羊马，突厥受国家缯帛，彼此丰给。"⑦唐金城公主入藏时唐中宗送

---

① 《北史》卷 80《李惠》，台北，鼎文书局，1980（本书所引《北史》均为此版本，下同）。
② 《旧唐书》卷 198《高昌》。
③ 《唐会要》卷 6《和蕃公主》，台北，世界书局，1960（本书所引《唐会要》均为此版本，下同）。
④ 《旧唐书》卷 63《萧瑀》。
⑤ 《汉书》卷 94《匈奴》。
⑥ 《史记》卷 110《匈奴列传》。
⑦ 《资治通鉴》卷 212《唐纪二十八》。

她"锦缯别数万，杂伎诸工悉从，给龟兹乐"①。明代兵部员外郎杨继盛曾谓："互市者，和亲之别名也。"（《明史》卷209《杨继盛》）以上，在边族而言确实如此，也充分表示经济因素在和亲中的重要性。

（7）民族与文化交流融合：婚姻基本上要建立在"平等尊重"的基础上，即使是政治婚姻多少也有此种意识，尤其在婚后论其功能，应有益于民族间民族偏见的削弱，增进文化交流及民族的融合。民族融合包括血统混合，相互理解，感情交流。文化交流包括物质与精神文化在内，尤以礼仪、服饰、音乐、建筑、饮食等方面突出。此类功能均属长期性潜移默化而非立竿见影的作用，但其影响是深远的。

和亲公主在人数上虽然不多，然其双方民族间因和亲仪式互动带来的人员与物资的来往相当可观，尤其此种官方和好、亲爱的互动所启发的双方民族间的亲近与通婚鼓励作用相当之大。如隋开皇十七年（597年）"突利遣使来逆女，上舍之太常，教习六礼，妻以宗女安义公主。……突厥前后遣使入朝三百七十辈"②。前述汉代解忧公主嫁乌孙肥王翁归靡及其后续婚姻的民族血缘融合情形均为好例子。

2. 在边族政权方面

和亲在中原与边族双方虽有些基本功能，但仍有其重点与差距，在边族君长方仍以经济利益为首，政军因素为次，兹简述如下：

（1）结交大国，抬高地位，增加势力以借大国威灵，统率边疆诸族：中原朝廷地大物博，历史文明悠久，素为边族视为"大国"，如能与其"和好同盟"，不仅有经济利益，也可提高地位声

①　《新唐书》卷216《吐蕃》。
②　《隋书》卷84《突厥》。

势，并借以收并周围诸族。长孙晟曾上奏隋文帝云："臣观雍闾，反覆无信，特共玷厥有隙，所以依倚国家。纵与为婚，终当必叛。今若得尚公主，承藉威灵，玷厥、染干必又受其征发。强而更反，后恐难图。"① 唐太宗贞观十七年（643 年）太宗绝婚于薛延陀曰："今以女妻之，彼自恃大国之婿，杂姓谁敢不服！……今吾绝其婚，杀其礼，杂姓知我弃之，不日将瓜剖之矣……"② 唐开元十三年（725 年）突厥小杀（设）对唐中书直省袁振埋怨求婚不得谓："吐蕃……唐国与之为婚；奚及契丹旧是突厥之奴，亦尚唐家公主；突厥前后请结和亲，独不蒙许。""频请不得，实亦羞见诸蕃。"③ 均为好例。

（2）追求经济利益：北亚游牧民族依赖中原农业社会物质，除通过互市贸易外，亦经由朝贡、和亲等方式形成。在和亲方面如前所述，可由聘礼、嫁妆、赐予、互市等礼仪程序及约定来完成经济利益输送。汉代在和亲时投靠匈奴的中行说云："汉使毋多言，顾汉所输匈奴缯絮米蘖，令其量中，必善美而已，何以言为乎？"④《北史》也载：

> 自俟斤以来，其国富强，有凌轹中夏之志。朝廷既与之和亲，岁给缯絮、锦彩十万段。突厥在京师者，又待以优礼，衣锦食肉，常以千数。齐人惧其寇掠，亦倾府藏以给之。他钵（可汗）弥复骄傲，乃令其徒属曰："但使我在南两个儿孝顺，何忧无物邪？"⑤

回纥自与唐朝和亲后，每年不断向唐进行马绢交易，获利更是显例。⑥

---

① 《隋书》卷 51《长孙览》。
② 《资治通鉴》卷 197《唐纪十三》。
③ 《旧唐书》卷 194《突厥》。
④ 《汉书》卷 94《匈奴》。
⑤ 《北史》卷 99《突厥》。
⑥ 《册府元龟》卷 979《外臣部·和亲二》。

七、和亲影响与政策检讨

（一）和亲影响

和亲因具多方面的功能，所以其影响也是多方面的。既有长短程之分，也有直间接之别。就短程而言，将养成滋长屈辱、苟安心理；另一方面可使中原王朝减少边患而延长统治年代。就长程来说，可以促进民族的融合、文化的交流、经济的互补及发展大一统的局面。就和亲的直接影响而言，如关市的开放、财物的交换、人员的来往、民族的了解、双方名分地位的建立等；就间接影响而言，如政治关系的调整、经济互补发展、文化同化及民族融合等。兹分析如下：

1. 政治上，调整中原朝廷与边族君长政权间的关系，发展大一统的局面

和亲的原意，本在借婚姻盟誓的方式以形成邻援、结信的政治作用与影响。它是一种政治婚姻，也是政策，因此其影响直接重在政治上，尤其表现在"羁縻"的意义与方式上。羁縻看似无为消极，其实系因时、地、人而采制的弹性渐进政策。

（1）扩大边族政治联合。

①边族间的和亲。边疆民族间的联姻和亲主要在结援发展扩大政治关系。就蒙元与西夏、金、高昌的联姻和亲为例，其与西夏、金王室的联姻，即属征服性的"纳婚示胜"，西夏、金纳女求和，且属单向性族外婚，结果使西夏、金成为其臣民。另与蒙古内氏族部落弘吉剌、亦乞列思、斡亦剌三部联姻，即属结盟性的"世婚联盟"之政治军事联盟性双向氏族外婚，使其成为自己人；与蒙古外族的高昌畏兀儿亦都护、汪古王室、西藏萨迦款氏、云南大理段氏的联姻，即同属结盟性的"世婚联盟"之施恩

惠求向心，蒙元"赐婚"的单向族外婚，结援成为内属；与东藩高丽王室联姻，即系宗藩关系的一环，由高丽"请婚"的单向原则的族外婚，结援成为藩属。蒙元就通过这种政治联姻和亲关系，配合其强大的军事力量，来调整发展其内部及周围的民族关系，以建立其雄伟帝国。

②边族与中原的和亲。边疆民族与中原皇朝间的和亲为和亲的重点，双方各有其和亲的目的。如前面所述，就边疆民族的立场而言，除主要在经济目的外，政治地位、声势的提升以统率并吞周围诸民族也是重要因素并产生影响。前曾引隋右骁卫将军长孙晟上奏隋文帝云：

> 臣观雍闾，反覆无信，特共玷厥有隙，所以依倚国家。纵与为婚，终当必叛。今若得尚公主，承藉威灵，玷厥、染干必又受其征发。强而更反，后恐难图。①

贞观十七年（643年）唐太宗绝婚于薛延陀曰：

> 今以女妻之，彼自恃大国之婿，杂姓谁敢不服！……今吾绝其婚，杀其礼，杂姓知我弃之，不日将瓜剖之矣……②

（2）统合中原与边族的政治关系。中原朝廷与边疆民族君长政权间的和亲都有浓厚的政治企图，然因为时空、背景有所差异，其和亲结果与影响也有所不同，唯大体有利于中原与边族的政治统合。中国古代视边族为"夷狄"，北亚游牧汗国也常与中原朝廷敌对，经西汉前期与匈奴和亲，使北疆君主首次承认与中原君主为"兄弟"，产生彼此对等观念。再经西汉中期与西域和亲，使西北疆的君主首次承认与中原君主是"附庸"和"宗主"而持藩臣礼（张正明：《和亲论》）。西魏、北周、隋、唐朝与突厥的和亲，双方由"敌对"而进入"翁婿""君臣""父子""册

---

① 《隋书》卷51《长孙览》。
② 《资治通鉴》卷197《唐纪十三》。

封"关系。① 唐朝与回纥和亲也类似。唐朝与吐蕃和亲,也使西南的君主首次承认与中原君主是"甥舅"关系,而持藩臣、子婿礼。总之,通过中原朝廷与边族君长政权间的和亲,使原来视为对立的双方,由对等的"兄弟(昆弟)",进入宗主与附庸的"翁婿"(舅甥),有些更迈入国内的"君臣""父子""册封"关系,促进了边疆与中原一体方向的推动。金城公主降吐蕃制中,唐中宗曾诏曰:"太宗文武圣皇帝,德侔覆载,情深亿兆,思偃兵甲,遂通姻好。数十年间,一方清静"(《唐大诏令集》卷42),就是好例证。

2. 经济、文化上,从经济依存关系促进交换、互补、生产,并增进文化交流和发展

经济因素是促成和亲的关键,也是主要内容,其影响也深远。

(1) 经济上:和亲在经济上的影响,主要是通过聘礼、嫁妆、赐予及互市等方式来输送交换。柔然公主郁久闾氏入塞时,随"车七百乘,马万匹,驼千头"②。又唐太宗拟以新兴公主下嫁薛延陀夷男时,夷男"税诸部羊马以为聘财"③。既以"税诸部"方式"调敛其国",说明其数目不少。唐代出嫁公主婚资,据《旧唐书·殷侑》载需500万贯。可见和亲的聘礼及嫁妆、赐予数目庞大。至于互市所涉及范围与数量更大,据史载唐回马绢贸易与茶马贸易影响最大。④ 互市在不同时代有其不尽相同的物品,大致说来,汉及魏晋南北朝时期,中原多以金、缯、絮、食物、粮种换取边族的马、驼等。在隋唐时期,中原多以绢、粮食及铁器换取边族的羊、马等。

① 林恩显:《突厥研究》,156~177页,台北,商务印书馆,1992。
② 《北史》卷13《后妃》。
③ 《旧唐书》卷199《铁勒》。
④ 《旧唐书》卷195《回纥》。

　　至于和亲在经济方面影响可由下列记载中得知。前引《汉书》云：

　　　　武帝即位，明和亲约束，厚遇关市，饶给之。匈奴自单于以下皆亲汉，往来长城下。①

《隋书·突厥》载：

　　　　（开皇四年）九月十日沙钵略遣使致书曰："……皇帝是妇父，即是翁，此是女夫，即是儿例。……此国所有羊马，都是皇帝畜生，彼有缯彩，都是此物，彼此有何异也！"②

《通典》也载：

　　　　（开皇八年）突厥部落大人相率遣使以贡马万匹，羊二万口，驼牛各五百头，寻遣使请缘边置市与中原贸易，诏许之。③

《册府元龟》载：

　　　　炀帝大业三年幸榆林，启民及义成公主来朝行宫，前后献马三千匹。帝大悦，赐物万三千段。启民上表曰："……赐臣安义公主种种无少短……还养活臣及突厥百姓，实无少短。"……帝赐启民及公主金瓮各一，及衣服被褥锦彩，特勒以下各有差。④

前引《资治通鉴》载：

　　　　（开元九年，二月）丙戌，突厥毗伽复使来求和。上赐书谕以"曩昔国家与突厥和亲，华、夷安逸，甲兵休息；国家买突厥羊马，突厥受国家缯帛，彼此丰给。……"⑤

突厥文阙特勤（Kul‐tegin）碑亦载：

　　　　唐人富有金、银、粟（?）、帛（?），往往用其甜言，且

---

① 《汉书》卷94《匈奴》。
② 《隋书》卷84《突厥》。
③ 《通典》卷190《边防六》。
④ 《册府元龟》卷978《外臣部·和亲一》。
⑤ 《资治通鉴》卷212《唐纪二十八》。

拥有致人衰弱之财富，借其挥霍。彼等方迷惑于其甜言及致弱之财富，又招引远方民族，与之接近。迨至近彼等住落，遂亦习为奸滑。……噫，吾突厥民众，尔辈被甜言及致弱之财富迷惑者，数在不少。……愚者惑其言，乃南迁与之为邻，由是而尔辈沦亡于彼者不少。①

据记载，文成公主带到西藏者除芜菁种子与谷物种子外：

> 诸种府库财帛，金镶书厨，诸种金玉器具，诸种造食器皿、食谱、玉辔与金鞍，诸种花缎、锦、绫、罗与诸色衣料两万匹。……四百有四医方，百诊五观六行术，四部配剂术。（任乃强：《西藏政教史鉴》）

吐蕃松赞干布还请求唐朝送给"蚕种及造酒、碾砠、纸、墨之匠"。可见文成公主与吐蕃和亲把中原的丝织品、服饰、生活用具、烹饪方法、医疗技术及各类工匠引进西藏，对西藏农作物、养蚕、工艺、生产等经济有所助益。

从上述汉文及边族文献记载，也从中原及边族双方立场，均表现了通过和亲在经济上交换有无、互补长短、互相学习，增进了双方的经济生产与发展。

（2）文化上：这里所指的"文化"是广泛的包括生活方式、社会组织、价值及宗教信仰、语言等。前述政治、经济交流影响也将涉及，盖政治名分、制度及关系和经济物品、技艺、贸易等都是人类文化的部分。唯避免重复这里简略列举史上和亲后文化交流影响的情形。

汉文帝与匈奴和亲时，送亲使者中行说滞留匈奴，教"单于左右疏记，以计识其人众畜牧"，并"日夜教单于候利害处"②。汉解忧公主出嫁乌孙后常派子女到长安学习汉族文化。如地节元年（前69年）派长女弟史到长安学习鼓琴三年。弟史与龟兹王

① 突厥文阙特勤碑南面第五、六行及第七行。
② 《汉书》卷94《匈奴》。

绛宾结婚后，夫妇常到长安朝贺，深受中原文化浸染，在龟兹建宫室时，"作徼道周卫，出入传呼，撞钟鼓，如汉家仪"①。龟兹都延城"有三重，外城与长安城等。室屋壮丽……"（《梁书·诸夷》）。此外绛宾与弟史更常"乐汉衣服制度"②。

《周书·突厥》载：

> 周武帝聘突厥女为后，西域诸国来媵，于是龟兹、疏勒、安国、康国诸乐，大聚于长安，历隋到唐而大盛。③

《隋书·突厥》云：

> 大业三年（607年）四月，炀帝幸榆林，启民及义成公主来朝行宫，前后献马三千四。帝大悦，赐物万二千段。启民上表曰："……臣今非是旧日边地突厥可汗，臣即是至尊臣民，至尊怜臣时，乞依大国服饰、法用，一同华夏。臣今率部落，敢以上闻伏愿天慈不违所请。"④

《资治通鉴》载：

> （唐太宗太子承乾）作八尺铜炉，六隔大鼎，募亡奴盗民间马牛，亲临烹煮，与所幸厮役共食之。又好效突厥语及其服饰，选左右貌类突厥者五人为一落，辫发羊裘而牧羊，作五狼头纛及幡旗，设穹庐，太子自处其中，敛羊而烹之，抽佩刀割肉相啖。又尝谓左右曰："我试作可汗死，汝曹效其丧仪。"因僵卧于地，众悉号哭，跨马环走，临其身，嫠面。良久，太子欻起，曰："一朝有天下，当帅数万骑猎于金城西，然后解发为突厥，委身思摩，若当一设，不居人后矣。"⑤

---

① 《汉书》卷96《渠犁》。
② 《汉书》卷94《匈奴》。
③ 《周书》卷50《突厥》，台北，鼎文书局，1980（本书所引《周书》均为此版本，下同）。
④ 《隋书》卷84《突厥》。
⑤ 《资治通鉴》卷196《唐纪十二》。

从上述唐太子承乾模仿突厥习俗，可知突厥习俗文化对唐朝臣民的影响。武则天派到突厥和亲的武延秀回长安后，常说突厥语，唱突厥歌，跳突厥舞。

《新唐书·吐蕃》云：

（太宗贞观）十五年，妻以宗女文成公主，诏江夏王道宗持节护送，筑馆河源王之国。……乃为公主筑一城……遂立宫室以居。公主恶国人赭面，弄赞下令国中禁之，自褫毡罽，袭纨绮，为华风。遣诸豪子弟入国学，习《诗》《书》。又请儒者典书疏。

……又请蚕种、酒人与碾硙等诸工，诏许。①

至唐金城公主入藏和亲时，唐中宗给她"锦缯别数万，杂伎诸工悉从，给龟兹乐"②。开元十九年（731 年）金城公主派人向唐请求《毛诗》《礼记》《左传》《文选》各一部，唐玄宗令秘书省抄写送给吐蕃。③

3. 削弱民族偏见，促进和好，血缘融合

在古代，各民族间存在着偏见与歧视，经过和亲联姻可以削弱各民族间的偏见与歧视，官方的联姻成为民间扩大通婚的示范，也有从母姓改为汉姓融入中原汉族，更由联姻和亲的名分关系以兄弟、翁婿（舅甥）、父子等，建立了亲近的民族情感，乃至于民族的认同融合。

（1）削弱民族偏见。突厥小杀（设）于开元十三年（725 年）向唐中书直省袁振云：吐蕃……唐国与之为婚；奚及契丹旧是突厥之奴，亦尚唐家公主；突厥前后请结和亲，独不蒙许，何也？④（袁振解释说，你已经做了唐天子的儿子，不宜结为婚姻。

---

① 《新唐书》卷 216《吐蕃》。
② 《新唐书》卷 216《吐蕃》。
③ 《旧唐书》卷 196《吐蕃》。
④ 《旧唐书》卷 199《突厥》。

小杀仍然埋怨说，奚和契丹也受赐李姓，仍娶唐朝公主，现在突厥只依这一先例也该与唐和亲，如果频请不得，实亦羞见诸蕃。）

从上述引文知道突厥小杀当时表现出浓厚的民族偏见与歧视，并能体会通过联姻和亲可以提升民族的信心自尊，也是降低民族偏见的好方法。

（2）官方的联姻为民间通婚的示范。中国古代和亲案例虽然不少，然其人口比率毕竟极低，唯和亲乃民族间官方行为，富于示范、提倡作用与影响，尤其在对双方民族间的注意亲近、对等观念的提升，进而了解、接受、尊重而通婚。唐代吐蕃松赞干布王及公主归国，谓所亲曰："我父祖未有通婚上国者，今我得尚大唐公主，为幸实多，当为公主筑一城，以夸示后代。"① 可见和亲对通婚的冲击与影响之大。

（3）从母姓改为汉姓融入中原汉族。汉末魏初，入居塞内的匈奴已有不少改姓刘，理由是从母姓。《晋书》卷 101《刘元海》云：

> 初，汉高祖以宗女为公主，以妻冒顿，约为兄弟，故其子孙遂冒姓刘氏。……永兴元年（304 年），元海乃为坛于南郊，僭即汉王位，下令曰："昔我太祖高皇帝以神武应期，廓开大业。太宗孝文皇帝重以明德，升平汉道。……是我祖宗道迈三王……我世祖光武皇帝诞资圣武……孤今猥为群公所推，绍修三祖之业……"乃赦其境内，年号元熙，追尊刘禅为孝怀皇帝，立汉高祖以下三祖五宗神主而祭之。

以上刘渊改姓刘的目的，是要改善自己的形象，便于与汉人产生亲近感，并树立正统号召力。唯对冲淡民族隔阂偏见，促进民族融合颇有影响。

（4）由兄弟（昆弟）、翁婿（舅甥）、父子等和亲名分关系，建立了亲近的民族情感，增进民族认同融合。隋开皇四年（584

---

① 《旧唐书》卷 196《吐蕃》。

年）原北周千金公主在突厥要求隋文帝"请为一子之例"，其夫
突厥可汗沙钵略云：

> 皇帝是妇父，即是翁，此是女夫，即是儿例。两境虽
> 殊，情义是一。今重叠亲旧，子子孙孙，乃至万世不断，上
> 天为证，终不违负。此国所有羊马，都是皇帝畜生，彼有缯
> 彩，都是此物，彼此有何异也！高祖报书曰：……得书，知
> 大有好心向此也。既是沙钵略妇翁，今日看沙钵略共儿子不
> 异。既以亲旧厚意，常使之外，今特别遣大臣虞庆则往彼看
> 女，复看沙钵略也。①

以上和亲"夫婿"的上书充分表现了由翁婿情感到两国间的
亲密关系，虽多少有些政治味道，然也有其情意在内。

对和亲的影响，学者梁多俊、刘先照、韦世明三人认为：和
亲在客观上起到了进步作用，这种作用主要表现在促进了民族间
的和平友好、经济文化的交流和联系，中原与边疆各族开放了关
市，中原大量的先进生产技术和生产工具不断传入边疆民族地
区，边族地区的马、牛、羊大量输入中原，对各自的生产发展都
起到一定的推动作用（梁多俊：《关于我国历史上的和亲问题》）。

（二）和亲政策检讨

古代中国和亲有下嫁公主的和亲，也有无婚姻之和好同盟的
和亲。另外和亲与和亲政策也有其不同的范围，本章节仅以较狭
义的和亲政策，来归纳史上的得失评价。按一般对和亲的评价，
当时赞成者多，尤其在汉代"缙绅之儒，则守和亲，介胄之士，
则言征伐"。赞成者认为和亲能解兵安边息民，"烽燧不惊，城堞
可治"②。"兵可无战以渐臣"③，羁縻长策，分化离间，远交近

---

① 《隋书》卷84《突厥》。
② 《新唐书》卷217《回鹘》。
③ 《史记》卷99《刘敬列传》。

攻。这以先秦的魏绛，汉代的刘敬与班固，隋代的长孙晟与裴矩，唐代的房玄龄、郭元振与李绛，宋代的王钦若等人为代表，其主要评论如下。

前曾引述《左传》魏绛和戎其利有五说，强调彼此互补，德化休兵：

> 戎狄荐居，贵货易土，土可贾焉，一也；边鄙不耸，民狎其野，稼人成功，二也；戎狄事晋，四邻振动，诸侯威怀，三也；以德绥戎，师徒不勤，甲兵不顿，四也；鉴于后羿，而用德度，远至迩安，五也。

班固认为驾驭匈奴，"或修文以和之，或用武以征之，或卑下以就之，或臣服而致之"。何种办法妥当？要视具体情况而定，但"未有拒绝弃放，不与交接者也"。虽不一定和亲，但建议"宜依故事，复遣使者，上可继五凤，甘露致远人之会，下不失建武，永平羁縻之义。虏使再来然后一往，既明中国王在忠信，且知圣朝礼义有常，岂可逆诈示猜，孤其善意乎？"并强调"绝之未知其利，通之不闻其害，设后北虏稍强，能为风尘，方复求为交通，将何所及？不若因今施惠，为策近长"[1]。注重双方及时沟通、羁縻的重要意义。

唐司空房玄龄针对和亲表示："今大乱之后，疮痍未复，且兵凶战危，圣人所慎。和亲之策，实天下幸甚。"[2] "中国新定，兵凶战危，臣以为和亲便。"[3] 认为系乱后宜休养生息，和亲为佳策。

唐礼部尚书李绛也认为：

> 臣谓宜听其婚，使守蕃礼，所谓三利也。和亲则烽燧不惊，城堞可治，盛兵以畜力，积粟以固军，一也。既无北顾

---

① 《后汉书》卷70《班固》，台北，鼎文书局，1979（本书所引《后汉书》均为此版本，下同）。

② 《旧唐书》卷199《铁勒》。

③ 《资治通鉴》卷196《唐纪十二》。

忧，可南事淮右，申令于垂尽之寇，二也。北虏恃我戚，则西戎怨愈深，内不得宁，国家坐受其安，寇掠长息，三也。今舍三利，取五忧，甚非计。

或曰降主费多，臣谓不然。我三分天下赋，以一事边。今东南大县赋岁二十万缗，以一县赋为婚赀，非损寡得大乎？今惜婚费不与，假如主师北征，兵非三万、骑五千不能捍且驰也。又如保十全之胜，一岁辄罢，其馈饷供拟，岂止一县赋哉？[①]

可知李绛认为和亲维持和平，有利培养国力发展国势，同时又可造成分化离间衰弱敌人的目的，并力陈婚费较战争为省。

唐玄宗于开元九年二月丙戌，突厥毗伽可汗复使求和赐书肯定和亲安逸休兵，互市双方富足谓：

襄昔国家与突厥和亲，华、夷安逸，甲兵休息；国家买突厥羊马，突厥受国家缯帛，彼此丰给。[②]

唐皇甫惟明以为和亲可纾边患是息民上策云：

今河西、陇右赀耗力穷，陛下幸诏金城公主许赞普约，以纾边患，息民之上策也。[③]

《唐大诏令集》载："（公主和亲）实资辅佐之功，广我怀柔之道"[④]。《全唐诗》中杜甫云："似闻（吐蕃）赞普更求亲，舅甥和好应难弃。"[⑤] 张仲素谓："仙娥今下嫁，骄子自同和。剑戟归田尽，牛羊绕塞多。"[⑥] 吕温云："明时无外户，胜境即中华，况今舅甥国，谁道隔流沙。"[⑦] 均肯定了和亲增进双方和好、怀柔，而息战归田生产丰饶，并趋夷夏一家。

---

① 《新唐书》卷217《回鹘》。
② 《册府元龟》卷978《外臣部·和亲一》。
③ 《新唐书》卷216《吐蕃》。
④ 《唐大诏令集》卷42。
⑤ 《全唐诗》卷221《近闻》。
⑥ 《全唐诗》卷367《王昭君》。
⑦ 《全唐诗》卷370《吐蕃别馆和周十一郎中杨七录事望白水山作》。

王钦若在《册府元龟》亦载：

> 汉高始纳奉春之计，建和亲之议，岁用絮缯酒食奉之，非惟解兵息民，亦欲渐而臣之，为羁縻长久之策耳。高后文帝，至于宣元，皆用是道，故得呼韩朝于北阙之下。及魏道武读汉史，至欲以鲁元妻匈奴，为之掩卷太息。于是，以诸女皆厘降于宾附之国，此乃深识从权济时之略焉。《易》曰：唯几也。故能成天下之务，其是之谓乎![1]

王钦若表示和亲为羁縻长策，系深识时务之策略。清代陆次云《澄江集》中诗云："安危大计在和亲，巾帼应推社稷臣，但得妾行烽火熄，汉朝谁敢说无人。"以和亲能安边，推崇公主为社稷臣，和亲为安危大计。

现代学者翦伯赞认为：和亲政策在古代封建社会时期是维持民族友好关系之一种最好的办法。[2] 和亲政策比战争政策总要好得多。[3] 郭沫若以为：和亲是一种妥协的政策，暂时缓和了匈奴奴隶主贵族的军事进攻。汉元帝以宫女王昭君嫁给呼韩邪单于，昭君出塞成为汉和匈奴和好的历史佳话（《中国史稿》第二册）。马大正表示：隋唐时期的和亲是为安边拓疆而实施的民族政策的一个重要内容。在客观上加强了周边各族的内向力，促进各族间经济文化交往，有利于统一多民族国家的发展（马大正：《边疆与民族——历史断面研考》）。龚荫认为：和亲政策的推行，其社会作用是大的，使汉匈双方的社会秩序得到了安定，社会经济得到了很大发展（龚荫：《关于西汉对匈奴政策之研究》）。

另外反对和亲的以后人及军人为众，都认为：夷狄难于德绥、无法阻寇安边、降主耗费、有失大国体面等，故讥为：消极、姑息、苟安、耻辱，甚至于评为下策、无策的措施。其代表

性人物为：汉代贾谊、萧望之，唐代卢俌、戎昱、白居易、李中、李山甫、刘蜕，宋代宋祁、朱熹、蔡邕等人，兹引述其要点如下：

前述及贾谊于汉文帝六年（前174年）上奏疏（《治安策》）评和亲谓：

> 天下之势方倒县。凡天子者，天下之首，何也？上也。蛮夷者，天下之足，何也？下也。今匈奴嫚娒侵掠，至不敬也，为天下患，至亡已也，而汉岁致金絮采缯以奉之。夷狄征令，是主上之操也；天子共贡，是臣下之礼也。足反居上，首顾居下，倒县如此，莫之能解，犹为国有人乎？……可为流涕者此也。①

宣帝时大鸿胪萧望之对和亲谓："万里结婚，非长策也。""（解忧公主）在乌孙四十余年，恩爱不亲密，边境未以安……"②

唐右补阙卢俌上疏唐中宗称：

> 臣闻有虞咸熙，苗人逆命，殷宗大化，鬼方不宾，则戎狄交侵，其来远矣。汉高帝纳娄敬之议，与匈奴和亲，妻其宗女，赂以巨万，冒顿益骄，边寇不止。则远荒之地，凶悍之俗，难以德绥，可以威制，而降自三代，无闻上策。③

《全唐诗》也记载些评论和亲诗文，如杜甫在《警急》云："和亲知拙计，公主漫无归。"④ 白居易在《过昭君村》谓："不取往者戒，恐贻来者冤。至今村女面，烧灼成瘢痕。"⑤ 戎昱在《咏史》云："汉家青史上，计拙是和亲。"⑥ 李中在《王昭君》

① 《汉书》卷48《贾谊》。
② 《汉书》卷78《萧望之》。
③ 《旧唐书》卷194《突厥》。
④ 《全唐诗》卷227《警急》。
⑤ 《全唐诗》卷434《过昭君村》。
⑥ 《全唐诗》卷270《咏史》。

谓:"谁贡和亲策,千秋污简编。"① 李山甫在《阴地关崇徽公主手迹》称:"一拓纤痕更不收,翠微苍藓几经秋。谁陈帝子和番策,我是男儿为国羞;寒雨洗来香已尽,澹烟笼著恨长留,可怜汾水知人意,旁与吞声未忍休。"② 又在《代崇徽公主意》诗云:"金钗坠地鬓堆云,自别朝阳帝岂闻;遣妾一身安社稷,不知何处用将军?"③

刘贶对和亲的评论更详尽,以为:

> 严尤辩而未详,班固详而未尽,推其至当,周得上策,秦得其中,汉无策。何以言之? 荒服之外,声教所不逮,其叛不为之劳师,其降不为之释备,严守御,险走集,使其为寇不能也,为臣不得也。"惠此中夏,以绥四方",周之道也,故曰周得上策。

> 《易》称:"王侯设险以固其国。"筑长城,修障塞,所以设险也。赵简子起长城备胡,燕、秦亦筑长城限中外,益理城堑,城全国灭,人归咎焉。后魏筑长城,议者以为人治一步,方千里,役三十万人,不旬朔而获久逸,故曰秦得中策。

> 汉以宗女嫁匈奴,而高祖亦审鲁元不能止赵王之逆谋,谓能息匈奴之叛,非也。且冒顿手弑其亲,而冀其不与外祖争强,岂不惑哉? 然则知和亲非久安计而为之者,以天下初定,纾岁月之祸耳。武帝时,中国艾安,胡寇益希,疏而绝之,此其时也。方更糜耗华夏,连兵积年,故严尤以为下策。然而汉至昭、宣,武士练习,斥候精明,匈奴收迹远徙,犹袭奉春之过举,倾府藏给西北,岁二亿七十万。皇室淑女,嫔于穹庐;掖庭良人,降于沙漠。夫贡子女方物,臣

---

① 《全唐诗》卷749《王昭君》。
② 《全唐诗》卷643《阴地关崇徽公主手记》。
③ 《全唐诗》卷643《代崇徽公主意》。

仆之职也。《诗》曰："莫敢不来享，莫敢不来王。"荒服称
其来，不言往也。公及吴盟，讳而不书。奈何以天子之尊，
与匈奴约为兄弟？帝女之号，与胡媪并御；蒸母报子，从其
污俗？中国异于蛮夷者，有父子男女之别也。婉冶之姿，毁
节异类，垢辱甚矣。汉之君臣，莫之耻也。①

宋祁（子京）在其《新唐书》卷215《突厥》论边事云：
"汉之被目为下策，甚且目为无策者，则以汉和亲为非计。"② 朱
熹在《楚辞后语·乌孙公主歌》云："中国结婚夷狄"是"自取
羞辱"。蔡邕亦谓唐朝诱回纥戡难中兴之功虽大，"然生灵之膏血
已干，不能供其求取；朝廷之法令并弛，无以抑其凭陵。忍耻和
亲，姑息不暇"。宋代反对和亲者较多，此与纯汉族朝廷理学盛
行、华夷观念较浓有关。

至明代方逢时奏疏曰："御戎无上策；征战祸也，和亲辱也，
赂遗耻也。"（《明史》卷222《方逢时》）现代学者范文澜在其
《中国通史》中表示：西汉前期朝廷一直采取和亲政策，对匈奴
忍让，企图换取边境的暂时安静。不过匈奴却愈益骄横了，连年
入侵边郡，抄掠人口畜产。匈奴小入则小利，大入则大利，西汉
完全处于被动挨打的地位（范文澜：《中国通史》第二册）。

总之，历代检讨历史上的和亲政策褒贬不同，有推崇到"斯
盖御宇长策，经邦茂范"，也有贬斥到"谁贡和亲策，千秋污简
编"。

八、结　语

"和亲"一词始于先秦，然初指"修好"之义，虽当时已有
族群政治联姻，但不以"和亲"称之。结合异族间的"修好"与

---

① 《新唐书》卷215《突厥》。
② 《新唐书》卷215《突厥》。

政治"联姻"而成为所谓和亲政策，一般以汉高祖采纳刘敬建议开始，其意义系指"和好同盟"。

综观中国历史上的和亲，主要在调节中原与边疆各民族互动关系。其所涉及的时间既长，所包括的地区民族又广，所涵盖的内容有关于战争与和平、权谋与友谊、政治与爱情、经济与生存、汉风与蕃俗等。本章主要以中原王朝（汉族与非汉族所建立汉化王朝）与边族君长的和亲为重点加以分析。

回顾过去和亲研究，多偏重于史学家的和亲史实叙述，与文学家的公主诗词曲剧描述编作，较少从民族学、政治学等社会科学科际整合进行解析与理论的建立。

本章从中国古代族群观念、和亲意义、和亲背景、和亲渊源与发展、和亲公主的身份角色与评价、和亲性质与功能、和亲影响与政策检讨等项目，分析综合归纳出和亲概念，并初步建立其理论架构如下：

附表 2－2

和亲关系理论分析模式

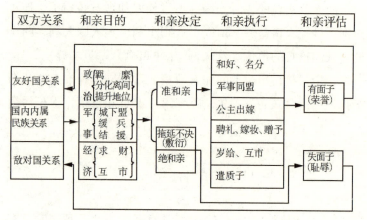

论和亲的评价，论者多缺乏全面性多角度的评量，常仅就中原短期来评论，其实应一方面宜分中原与边族双方来看，各就其追求目的分析；另一方面也要就长、短程结果来看，短程成败多取决于国家民族实力，而长程来说，双方多有增进交流了解的正

面作用。

　　总之，就长远角度看中原与边族间的和战及和亲的成效，主要在双方经济性与文化性的差异与互补，而非军事性的，因此不该仅追求军事手段的解决，也不宜以自我民族伦理文化观念来解读批评，而应从双方平等尊重的角度，促进经济交换、文化交流、政治协调，且三管齐下，才能真正解决此一历史重大问题。此种观念与原则即使迈入 21 世纪的今日，对中国族群关系的增进仍然有其价值。

附表 2－3

中国古代和亲理论简表

广义名称/狭义名称	范围对象	和亲对象	和亲联姻性质	和亲联姻目的	和亲联姻所建立之关系	和亲联姻主要内容
和亲 / 和亲	中原王朝与边族君长	西汉(初)—匈奴	敌对国关系，汉消极政策	汉:缓兵 匈:求财	兄弟(潘臣礼)	①和好与各分②军事同盟③公主出嫁④聘礼、嫁妆、赠子⑤岁给、互市⑥遣质子
		西汉—乌孙	友好国关系，汉积极政策	汉:结援 乌:求财、结援	宗主—附属(潘臣礼)	①和好与各分②军事同盟③公主出嫁④聘礼、嫁妆、赠子⑤岁给、互市⑥遣质子
		西汉(元帝)—匈奴	国内民族间关系	汉:柔远、结财 匈:求财、结援	内属君臣	①和好与各分②军事同盟③公主出嫁④聘礼、嫁妆、赠子⑤岁给、互市⑥遣质子
		拓跋魏—柔然	国内民族间关系，多双向互婚	魏:缓兵、求和、怀柔 柔:求财	加速战争步伐，促进隋朝统一	①和好②军事同盟③公主出嫁④聘礼、嫁妆⑤岁给
		东、西魏—突厥	国内民族间关系，多双向互婚	魏:结援、笼络 突:结援、求财	加速战争步伐，促进隋朝统一	①和好②军事同盟③公主出嫁④聘礼、嫁妆⑤岁给
		周、齐—突厥	敌对国间关系	周、齐:结援、笼络 突:结援、求财	加速战争步伐，促进隋朝统一	①和好②军事同盟③公主出嫁④聘婿⑤岁给
		隋—突厥	敌对国间关系	隋:分化离间、结援 突:求财、结援	翁婿→君臣→父子→册封	①和好与各分②军事同盟③公主出嫁④聘礼⑤赠子、岁给⑥遣质子
		唐—突厥	敌对国间关系	唐:分化离间、结援 突:求财、结援	兄弟→翁婿→册封→父子	①和好与各分②军事同盟③公主出嫁④聘礼、嫁妆⑤岁给⑥遣质子

续附表 2-3(1)

广义名称	狭义名称	范围对象	和亲联姻对象	和亲联姻性质	和亲联姻目的	和姻联姻所建立之关系	和亲联姻主要内容
和亲	和亲	中原王朝与边族君长	唐—契丹、奚	敌对国间关系	唐:羁縻、结援、求财结援 契、奚:求财结援	内属君臣、册封	①和好与名分②军事同盟③公主出嫁④聘礼、嫁妆、赠子⑤岁给、互市⑥遣质子
			唐—吐谷浑	敌对国间关系	唐:羁縻、柔远、结援、求财	朝贡	①和好与名分②军事同盟③公主出嫁④聘礼、嫁妆、赠子⑤岁给、互市⑥遣质子
			唐—吐蕃	敌对国间关系	唐:缓兵、柔远 吐:结援、提升地位	甥舅(藩臣、子婿礼)—朝拜、册封、会盟与盟誓	①和好与名分②军事同盟③公主出嫁④聘礼、嫁妆、赠子⑤岁给、互市⑥遣质子
			唐—回纥	敌对国间关系	唐:结援、酬功 回:求财、结援	兄弟→翁婿→册封→父子	①和好与名分②军事同盟③公主出嫁④聘礼、嫁妆、赠子⑤岁给、互市⑥遣质子
			西夏、金—蒙古	民族间关系	西夏、金:城下之盟、求和 蒙:惩罚	内属君臣	①金、西夏纳公主②西夏陪赠财(嫁妆)③同盟助约④遣质子入宿卫⑤和好与名分
			西夏—吐蕃、回纥	西部民族间关系	结援	盟友→敌人	①西夏纳公主②西夏陪赠财(嫁妆)③同盟助约④遣质子入宿卫⑤和好与分

续附表 2-3（2）

广义名称	狭义名称	范围对象	和亲联姻对象	和亲联姻性质	和亲联姻目的	和姻联姻所建立之关系	和亲联姻主要内容
和亲	联姻	边族君长与边族君长	匈奴—乌孙	民族间关系	结援、笼络	昆弟	①公主出嫁②军事同盟③和好与名分④聘礼⑤嫁妆⑤赠予
			莎车—于阗	民族间关系	停战、议和	翁婿→敌人	①公主出嫁②军事同盟③和好与名分④聘礼⑤嫁妆⑤赠予
			突厥—疏勒、龟兹、突骑施	民族间关系	结援	依附臣服	①公主出嫁②军事同盟③和好与名分④聘礼⑤嫁妆⑤赠予
			吐谷浑—突骑施、小勃律、党项	民族间关系	吐蕃—笼络；突骑施、党项：结援；吐蕃—小勃律：拉拢	吐蕃—突骑施、常项：依附臣；吐蕃—小勃律：臣属	①公主出嫁②军事同盟③和好与名分④聘礼⑤嫁妆⑤赠予
			吐谷浑—党项	民族间关系	结盟	臣属	①公主出嫁②军事同盟③和好与名分④聘礼⑤嫁妆⑤赠予
			辽—西夏、回纥、吐蕃别部	民族间关系	辽—西夏 辽联西夏 制宋 西夏：结援 辽—回纥，吐蕃：结援	辽—西夏 册封一贡一奉 册封（藩臣）—友 西夏—续亲 辽—回纥，吐蕃：军事同盟	①公主出嫁②军事同盟③和好与名分④聘礼⑤嫁妆⑤赠予
			蒙元—高昌	友好、民族间关系	结援	宗藩附属，子婿—内属军臣—册封	①蒙元赐公主②高昌送聘礼，蒙元赐③同盟助亲约④遣质子入宿卫⑤和好与名分
			清（满洲）—蒙古	友好、民族间关系、累世双向互婚	结援	内属君臣	①嫁公主②聘礼，嫁妆③蒙元赏赐④军事同盟⑤和好与名分⑤岁给，赠予

注：本表在时段上，以汉高祖采刘敬和亲策开始；在对象上，以较主要者为限，其余略。

第三章 中国古代和亲的类型、特点及其他

□ 如按历代史书所载实例划分，中国古代和亲可分为五类；如按联姻的功能及性质划分，中国古代和亲可分为七类。由于各个朝代的政治、经济、军事、外交不尽相同，因而和亲的特点也有明显区别，对不同类型的和亲应有不同的评价。

见证文成公主入藏的日月山

第三章 中国古代和亲的类型、特点及其他

严格意义上的和亲始于西汉，终于清代，但"和亲"之名及华夏与夷狄之间的政治婚姻却出现于先秦。如按历代史书所载实例划分，中国古代和亲可分为五类，如按联姻的功能及性质划分，中国古代和亲可分为七类，对不同类型的和亲应有不同的评价。由于各个朝代的政治、经济、军事、外交不尽相同，因而和亲的特点也有明显区别。中原王朝出嫁少数民族政权的和亲公主大致有十种身份，少数民族的和亲公主主要有七种身份。她们在协调、改善及发展民族关系方面起到了一定作用。本文就对以上各类问题加以阐述。

一、中国古代和亲的渊源

和亲究竟始于何时？按班固的看法，"和亲之论，发于刘敬"①，即始于汉初；按司马光的看法，"盖上世帝王之御夷狄也，服则怀之以德，叛则震之以威，未闻与之为婚姻也"②。也就是

---

① 《汉书》卷94《匈奴》。
② 《资治通鉴》卷12《汉纪四》。

说，西汉以前并没有和亲。历代学者受班固、司马光的影响，大都认为和亲始于西汉，终于清代。

但是，"和亲"之名在先秦就已出现了。《左传·襄公二十三年》载：

> 晋将嫁女于吴，齐侯使析归父媵之，以藩载栾盈及其士，纳诸曲沃。栾盈夜见胥午而告之，对曰："不可。天之所废，谁能兴之？子必不免！吾非爱死也，知不集也。"盈曰："虽然，因子而死，吾无悔矣。我实不天，子无咎焉。"许诺。伏之，而觞曲沃人。乐作，午言曰："今也得栾孺子，何如？"对曰："得主而为之死，犹不死也。"皆叹，有泣者。爵行，又言。皆曰："得主，何贰之有？"盈出，遍拜之。

> 四月，栾盈帅曲沃之甲，因魏献子以昼入绛。初，栾盈佐魏庄子于下军，献子私焉，故因之。赵氏以原、屏之难怨栾氏，韩、赵方睦。中行氏以伐秦之役怨栾氏，而固与范氏和亲。

这里的"和亲"是指晋国的中行氏和范氏两个贵族家族联合对付栾氏所进行的修好活动，并没有姻亲关系。

《周礼·秋官·象胥》载：

> 掌蛮、夷、闽、貉、戎、狄之国使，掌传王之言而谕说焉，以和亲之。

这里的"和亲"是指华夏与蛮夷戎狄之间的修好活动，也没有姻亲关系。

其实，具有联姻关系的修好活动早于"和亲"之名的出现。《史记·五帝本纪》注《正义》引《帝王纪》云：

> 帝俈（喾）有四妃，卜其子皆有天下。元妃有邰氏女，曰姜嫄，生后稷；次妃有娀氏女，曰简狄，生高。次妃陈丰氏女，曰庆都，生放勋。次妃娵訾氏女，曰常仪，生帝挚。

这位传说中的帝喾实行多元和亲。

　　夏朝属传说时代，其境内的少数民族主要为南方的三苗族和东方的夷族。三苗被禹征服后即销声匿迹，而东夷对夏朝的兴衰产生很大影响。夏禹的父亲鲧在率领夏人东迁后，娶东夷大姓有莘氏女，曰女志，为妻，禹娶东夷大姓涂山氏女，曰女娲（一曰女娇），为妻。为了巩固王权，禹在淮水中游的涂山大会众多的邦国或部落首领，取得了显著成果，也就是《左传·哀公七年》所说的"禹合诸侯于涂山，执玉帛者万国"。可见禹把会盟地点选在涂山，与得到了涂山氏的支持有一定关系。为了确保东夷诸部落归属于夏，夏从禹至帝发（桀父）都非常注重帝族与东夷大姓有仍氏、有莘氏的婚姻关系。太康失国后，其弟仲康也为子相娶有仍氏女后缗为妻，相被杀后，已有身孕的妻子缗逃回母家有仍（今山东金乡境），生下少康。少康励精图治，终于灭掉寒浞，重新恢复了夏王朝的统治地位。"因此，在一定意义上甚至可以说，正是同有仍氏由婚姻关系结成的联盟挽救了夏朝危亡的厄运。在历史上民族间的婚媾关系往往是相互的，夏后氏帝族女子嫁与有仍氏和有莘氏酋长为妻，当在情理之中。春秋时的杞、缯姓姒，本为东夷族二小国，但却一直被认为是'夏禹之后'，可能即缘于此。"（段连勤：《夏商周的边疆问题与民族关系》）

　　商的祖先传说是高辛氏的后裔，始祖名契，传到汤时，消灭夏桀，建立商朝。

　　刘向《古列女传》云"汤妃有新氏女"，《史记·殷本纪》集解引作"有莘氏之女"，可见汤与有莘氏有联姻关系，并借此巩固了与东夷的联盟，因此，屈原《天问》中说："成汤东巡，有莘爰极，何乞彼小臣，而吉妃是得？"（朱熹：《楚辞集注》）这种联姻与汉朝以后的和亲有极其相似的内容。

　　《史记·殷本纪》载，纣"以西伯昌、九侯、鄂侯为三公。九侯有好女，入之纣"。《帝王世纪》亦载，"纣以鬼侯为三公。鬼侯有女美，而进之于纣"。这是纣为笼络边疆方国鬼方酋长而进行的联姻。

商与其他方国也有姻亲关系。据段连勤先生介绍："武丁卜辞有'妇周'，甲骨学者一般都认为是周嫁女于商即周商有婚姻关系的证明。殷墟卜辞有'周氏女嫀'。于省吾《殷契骈枝·释氏》云'氏'即'致'，并说：'凡物由彼而使之致此谓之致，故《说文》云致，送诣也'，杨升南疑嫀为居于早期周人活动范围内的'秦族人之女子'。若然，此女子当为周人由所统秦族选出送与商王者，显有和亲之意思，如汉朝选宗室女为公主嫁与匈奴然"。（段连勤：《夏商周的边疆问题与民族关系》）据《史记·殷本纪》记载，纣王囚西伯昌于羑里，周人以"美女奇物善马以献纣，纣乃赦西伯"。这种联姻与刘邦以美人计而解除"白登之围"非常相似。

周的祖先弃曾娶姞姓为妻。《左传·宣公三年》载石癸曰："吾闻姬、姞偶，其子孙必蕃。姞，吉人也，后稷之元妃也。"杜预《集解》："姞姓之女为后稷妃，周是以兴，故曰'吉人'。"《诗经·小雅·都人士》云："谓之尹吉"。郑《笺》："吉读为姞；尹氏，姞姓，周室婚姻之旧也。……后稷元妃亦姞姓，周之兴由后稷。"据专家考证，姞姓为文王时居住于今甘肃灵台之姞姓密国。周传至公刘时，可能为了得到姞姓的保护，从原居地邰（今陕西武功）迁到邻近姞姓居地的豳（今陕西邠县）。公刘传九世至古公亶父时，周受到了狄人与猃狁的不断侵扰。为了寻求同盟，对付戎狄，本王曾娶姜姓女子太姜为妻。太子迁周原后，还与东夷大姓任姓挚氏通婚，为子季历娶任姓女大任为妻。季历子昌继位后，为了巩固与东夷的关系，便与东夷另一大姓有莘氏联姻，娶其女子太姒为妻。（段连勤：《夏商周的边疆问题与民族关系》）这些联姻，给周造成了不断发展的良好的外部环境。

春秋战国时期，大国争霸称雄，传统的婚姻外交更受重视。大致有如下四种性质的联姻。

1. 以取人之国为目的的联姻

春秋战国时期，各诸侯国都以开疆拓土、兼并他国为首务。周平王二十七年（前744年），郑武公打算讨伐胡国。为了隐蔽军事行动，郑武公先"以女妻胡君"（《韩非子·说难》），使胡国松懈麻痹，结果轻易袭取胡国。楚国在争霸中原过程中，也十分活跃。《左传》载，昭公元年（前541年），楚国想袭取郑国，便以联姻为名，率军到郑国佯装迎亲。郑国子产识破了楚国的阴谋，便派使臣子羽婉言辞谢说："以敝邑褊小，不足以容从者。"当时，楚国的将军任举知道郑国已有准备，就请求倒转弓袋而进入郑国国都。郑国最后同意了，楚国的如意算盘化为泡影。

越国以联姻手段消灭敌国的政策最有成效。越国被吴国击败后，越王勾践被迫在吴为奴。勾践回国后，卧薪尝胆，决心报仇。他一方面积极发展生产，壮大国力；另一方面又采纳文种建议，把西施等一批美女送给吴王。西施和同去的越国美女密切配合，终日献媚于吴王夫差，致使夫差迷恋女色，荒废国政，并不顾国力，攻打齐国。越国乘虚而入，终于达到了灭吴目的。

据《吕氏春秋·长攻》记载，赵襄子为了夺取代国，曾将自己的妹妹嫁给了代君。然后以邀请代君赴宴为名，乘"代君至酒酣，反斗而击之，一成脑涂地"，一举夺取了代国。

2. 小国以借大国图存为目的的联姻

春秋时期，各诸侯国大小不等，强弱不一，小国要想生存下去，急需得到大国的庇护和支持。在这方面，纪国比较典型。纪国属于小国，邻近齐国，常有朝不保夕之感，因此便常与别国联姻，以图生存。《左传》载，隐公二年，纪国就与鲁国联姻，对付齐国。但是，齐国并不因此减轻对纪国的压力。纪国见形势比较严重，便直接与周王室联姻，以达到与齐国求和的目的。鲁桓公八年（前704年）定下婚约，周天子派祭公去纪国迎娶纪女为王后。到鲁桓公十七年（前695年），纪国终于在鲁国的撮合下与齐国在黄地会盟讲和。

借大国图存为目的的联姻，从表面来看，能暂时为小国带来实惠，但从长远来看，对小国有害而无利。例如弦国，属姬姓小国，齐桓公称霸时，弦国曾与齐国联姻，借以抵御楚国的威胁。但是，弦国自恃与齐国为婚姻之国，误以为楚不敢对自己轻举妄动而对楚不加戒备，结果被楚所灭。由此可见，小国恃姻于大国并不会给自己带来多少好处。

3. 以结交军事同盟为目的的联姻

郑国国君世代为周王室的卿士，到郑庄公时，不仅不再对周王表示恭敬，相反，倒屡次想削弱周天子的权力，甚至最后发展到互相交换人质，发动战争的地步。周襄王继位后，为了对付郑国，开始与邻近的游牧部落狄人联姻，娶狄女为后。结果不但没有达到结狄伐郑的目的，反而使狄人入侵周境，周襄王出逃。

春秋时期，各国国君都想争霸盟主。晋楚争霸战争最为突出，晋国先是联姻于秦，战胜楚国，成为霸王。后来秦晋交恶，秦国转而结楚。失去秦国之后，晋国顿感势单力孤，不足以与楚抗衡，于是便采取联姻办法，积极联络东方新崛起的吴国。鲁襄公二十三年（前 550 年），晋国嫁女于吴，两国关系不断发展，对主动抗击楚国起了积极作用。第二次弭兵之会后，晋国争霸的势头有所减弱，只有楚国尚存觊觎中原之心。在这种情况下，中原各国都对吴国寄予厚望，希望牵制楚国，这样，蔡国、鲁国、齐国、宋国纷纷与吴国联姻。吴国为了加强与中原各国的联系，得到他们的承认，也乐于和他们建立姻亲关系。

历史上本有"秦晋之好"的赞辞，但"秦晋之好"只维持了较短时间，后来由于形势的发展，两国关系破裂，到晋文公以后，双方关系不断恶化，战争不息。秦国为了对付晋国，转而联合楚国，和楚国结盟。秦景公怕盟约不牢靠，又把自己的妹妹嫁给了楚共王。

4. 以结束对立状态为目的的联姻

春秋时期，晋楚两国是争霸的老对手，近百年的时间都处于对峙状态。长期的争霸战争，使晋楚双方都已精疲力竭。为了尽快结束对立状态，休养生息，最后由宋国出面调解，召开了弭兵之会。鲁昭公五年（前537年），晋国嫁女于楚，实现了原两大敌对政权的联姻。此后，两国基本处于休战状态。

总之，在先秦时期就已经有了"和亲"之名及许多类似于汉唐和亲性质的联姻，但名实相副的和亲则始于西汉。

二、中国古代和亲的类型

对这个问题，学术界有不同的看法。我们认为，由于中国古代民族关系的复杂性、历代史书所载和亲实例的多样性以及历代统治者以和亲为手段所要达到目的的多样性，所以，中国古代和亲的类型自然也比较复杂。就历代史书所载和亲的具体实例而言，大致可分为五种类型；就和亲的功能及性质而言，大致可分为七种类型。

（一）按历代史书所载实例可分的五种类型

1. 中原王朝与少数民族政权之间的联姻

这种类型的和亲最普遍，是中国古代和亲的最主要部分。如汉与匈奴，汉与乌孙，北魏与柔然，西魏与柔然，东魏与吐谷浑，东魏与柔然，北齐与柔然，北周与突厥，隋唐与吐谷浑，隋唐与突厥，唐与吐蕃、契丹、奚及回纥等的和亲。这种类型的和亲主要是中原王朝的"公主"出嫁少数民族首领。

2. 割据政权与少数民族政权之间的联姻

据《资治通鉴》卷40《汉纪三十二》记载，建武元年（25年），卢芳"使使与西羌、匈奴结和亲"。《后汉书》卷42《彭

宠》载，建武三年（27 年）三月，"彭宠自称燕王，攻拔右北
平、上谷数县。遣使以美女、缯彩赂遗匈奴，要结和亲。单于使
左南将军将七八千骑往来为游兵以助宠"。卢芳本为东汉的骑都
尉，起兵反汉后，自立为西平王，被匈奴单于拥立为汉帝；彭宠
本为东汉的偏将军、安乐令，起兵反汉后自称燕王。公孙度和袁
绍也是两个割据政权的头目，他们也曾与少数民族政权有过和亲
关系。据《三国志·东夷》记载，"时句丽、鲜卑强，（公孙）度
以夫余在二虏之间，妻以宗女"。再如蹋顿统领乌桓三部后，袁
绍和公孙瓒"连战不决，蹋顿遣使诣绍求和亲，助绍击瓒，破
之"① 乌桓由于助袁绍有功，袁绍将蹋顿、难峭王及汗鲁王都立
为单于，"皆以单于印绶"②，又与他们和亲，将家人女视为自己
的亲女儿分别嫁给这三位单于。通过和亲，袁绍父子与乌桓建立
了亲密关系。

3. 割据政权之间的联姻

东汉末年，社会大乱，出现了军阀混战局面，形成了地方割
据势力。在西晋史学家陈寿笔下也出现了将两个割据政权之间的
联姻称为"和亲"的状况。《三国志》卷 46《孙坚》载："（董）
卓惮坚猛壮，乃遣将军李傕等来求和亲，令坚列疏子弟任刺史、
郡守者，许表用之。坚曰：'卓逆天无道，荡覆王室，今不夷汝
三族，县示四海，则吾死不瞑目，岂将与乃和亲邪？'复进军大
谷，拒雒九十里。"尽管孙坚耻与董卓联姻，但在他心目中这种
联姻也属"和亲"。孙权时的占术家吴范也把这种类型的联姻称
之为"和亲"。《三国志》卷 63《吴范》载："刘备盛兵西陵，范
曰：'后当和亲。'终皆如言。"当然，后来孙吴与刘蜀在建兴元

---

① 《三国志》卷 30《乌丸》，台北，鼎文书局，1976（本书所引《三国志》均为此
　　版本，下同）。
② 《后汉书》卷 120《乌桓》。

年（223 年）的和亲①，则是两个国家之间的联姻，但在此之前所提到的"和亲"是就两个割据政权而言的，因为当时都还没有正式建国。此外，陈寿在《三国志》中还记载了兖州刺史刘岱与"袁绍、公孙瓒和亲，绍令妻子居岱所，瓒亦遣从事范方将骑助岱"②，吕布"初与刘备和亲，后离隙"③，以及曹操答应与袁绍之子"和亲"④ 还击袁尚等史实。

4. 少数民族政权之间的联姻

这种类型的和亲也比较多，如西汉时匈奴与乌孙、匈奴与车师的和亲；东汉时莎车与于阗，羌族首领与烧何、当煎及当阗部落的和亲；⑤ 魏晋时期鲜卑族轲比能与步度根的和亲⑥，拓跋氏与匈奴的和亲⑦；五胡十六国时期各少数民族政权之间的和亲；隋唐时期吐谷浑伏允与羌的和亲⑧等等。

5. 南朝与北朝之间的联姻

如"泰始五年（469 年）十一月，（北）魏复遣使来（宋）修和亲，自是信使岁通"⑨。又如梁武帝时，侯景曾建议"与东魏和亲"，因没被采纳，"是后景表疏稍稍悖慢"⑩。

此外，对新罗、百济、高丽等之间的联姻，在古代也被视为"和亲"。五代时刘昫等人在写《旧唐书·百济》时，把百济主义慈与高丽之间的联姻称为"与高丽和亲通好"，把唐令前百济太

---

① 《三国志》卷 33《后主刘禅》载：建兴元年夏，"吴主孙权与蜀和亲使聘，是岁通好。"《三国志》卷 45《邓芝》也有孙权对邓芝说"孤诚愿与蜀和亲，然恐蜀主幼弱，国小势逼，为魏所乘，不自保全，以此犹豫耳"的记载。

② 《三国志》卷 14《程昱》。

③ 《三国志》卷 11《袁涣》。

④ 《三国志》卷 10《荀攸》。

⑤ 《后汉书》卷 118《西域》。

⑥ 《三国志》卷 30《鲜卑》。

⑦ 《册府元龟》卷 979《外臣部·和亲二》。

⑧ 《旧唐书》卷 198《西戎》。

⑨ 《资治通鉴》卷 132《宋纪十四》。

⑩ 《资治通鉴》卷 161《梁纪十七》。

子扶余隆回百济与新罗首领联姻称为"遣还本国，共新罗和亲"。其实，唐朝君臣、百济王与新罗王都把这次联姻看做"和亲"。《旧唐书·百济》载："麟德二年（665年）八月，（扶余）隆到熊津城，与新罗王法敏刑白马而盟。先祀神祇及川谷之神，而后歃血。其盟文曰：'往者百济先王，迷于逆顺，不敦邻好，不睦亲姻。结托高丽，交通倭国，共为残暴，侵削新罗，破邑屠城，略无宁岁。天子悯一物之失所，怜百姓之无辜，频命行人，遣其和好。……故立前百济太子司稼正卿扶余隆为熊津都督，守其祭祀，保其桑梓。依倚新罗，长为与国，各除宿憾，结好和亲。恭承诏命，永为藩服。……约之以婚姻，申之以盟誓。'"百济和新罗都承认唐朝所拟盟文，说明百济、新罗和唐朝三个国家都认同这次联姻是和亲。

从历代史书中所载的有关实例中可以看出，和亲的范围是比较广泛的，不能仅仅局限于汉族与少数民族政权之间，以上所列的其他各种类型的联姻都应作为和亲的研究范围。

（二）按联姻的功能及性质可分的七种类型

1. 安边型

汉与匈奴的联姻最为典型。西汉刚建立时，匈奴正处于上升时期。冒顿单于东破东胡王，西逐月氏，南并楼烦、白羊河南王，接着又侵燕代之地，"悉复收秦所使蒙恬所夺匈奴地者"[1]。而"汉兴，接秦之弊，诸侯并起，民失作业而大饥馑。凡米石五千，人相食，死者过半"[2]，"中国罢于兵革"[3]，无力对付上升时期的匈奴。和亲则成了西汉统治者安边的重要手段。首倡和亲之策的刘敬认为："天下初定，士卒罢于兵，未可以武服也。冒顿

---

① 《史记》卷110《匈奴列传》。
② 《汉书》卷24《食货志》。
③ 《史记》卷110《匈奴列传》。

杀父代立，妻群母，以力为威，未可以仁义说也。独可以计久远子孙为臣耳，然陛下恐不能为。"① 接着向刘邦建议："陛下诚能以适长公主妻之，厚奉遗之，彼知汉适女送厚，蛮夷必慕以为阏氏，生子必为太子，代单于。何者？贪汉重币。陛下以岁时汉所余彼所鲜数问遗，因使辩士风谕以礼节。冒顿在，固为子婿；死，则外孙为单于。岂尝闻外孙敢与大父亢礼者哉？"② 和亲实为上策。与匈奴实行和亲"非惟解兵息民，亦欲渐而臣之"③。这种思想从刘邦开始，中经高后、文帝，直到宣帝、元帝，"皆用是道"④。我们纵观一下汉匈和亲的历史不难发现，汉匈双方在求婚、报聘以及正式和亲中，始终遵循着这样一条原则："愿寝兵休士养马，除前事，复故约，以安边民，以应古始。使少者得成其长，老者得安其处，世世平乐。""匈奴无入塞，汉无出塞。"⑤ 可见汉与匈奴和亲完全从安边考虑。

2. 结交军事同盟型

汉与乌孙的和亲及魏晋南北朝时期的多数和亲都属于这种类型。

在西汉初期，西域是匈奴的势力范围，楼兰、乌孙、呼揭及其周围的二十六国都已成为匈奴的附属国。匈奴西部的日逐王在西域设置僮仆都尉，向西域诸政权征收赋税。葱岭以西诸如大月氏、大夏等，也不得不屈服于匈奴。只要匈奴使者"持单于一信到国，国传送食，不敢留苦"，而汉使者在西域"非出币物不得食，不市畜不得骑"⑥。所以，汉匈战争的胜负，不仅取决于汉朝力量的强弱，而且也取决于西域各国的向背。为此，西汉便以与

① 《史记》卷99《刘敬列传》。
② 《史记》卷99《刘敬列传》。
③ 《册府元龟》卷978《外臣部·和亲一》。
④ 《册府元龟》卷978《外臣部·和亲一》。
⑤ 《册府元龟》卷978《外臣部·和亲一》。
⑥ 《汉书》卷96《大宛国》。

乌孙和亲为手段，争夺西域，夹击匈奴。乌孙在匈奴的西面，西邻康居、大宛，南接城邦各族政权，是西域最强大的政权。汉武帝时乌孙兵力略盛，不受匈奴羁属，匈奴虽几次兴兵讨伐，但均被乌孙打败。张骞第一次出使西域回来，就向汉武帝建议："诚以此时厚赂乌孙，招以东居故地，汉遣公主为夫人，结昆弟，其势宜听，则是断匈奴右臂也。既连乌孙，自其西大夏之属皆可招来而为外臣。"① 这一建议为汉武帝采纳了。于是便有了细君公主、解忧公主的出塞和亲。

魏晋南北朝时期的政治军事形势决定了这一时期和亲的动因和性质。这是一个动荡分裂的时期。先是魏蜀吴三国鼎立，虽经西晋短期统一，但接着便是五胡十六国的争斗，此后又有据有关陇地区的宇文泰父子建立的西魏北周和占有东部地区的高欢父子建立的东魏北齐，还有南北朝之间的纷争。这些政权都在逐鹿中原，争夺地盘。因此，这些和亲完全是出于结交军事同盟的目的。前秦主苻登将妹妹东平公主出嫁西秦主乞伏乾归向西秦求救，柔然社山仑与后秦姚兴"和亲"，② 共抗北魏，都是为了结交军事同盟。

西魏北周和东魏北齐更把和亲看成结交军事盟国的最好办法。突厥自俟斤以来，"其国富强"③，兵强马壮，准备时刻与中原王朝平分秋色；柔然也不逊色，"西方诸国，今皆已属蠕蠕"④。突厥与柔然在西魏北周与东魏北齐的争斗中具有举足轻重的地位，所以出现了争相和亲的局面。西魏北周通过和亲把突厥作为盟国，东魏北齐通过和亲则把柔然拉为盟国。西魏丞相宇文泰一方面将孝武时舍人元翌的女儿封为化政公主出嫁阿那瓖弟塔塞；另一方面又建议西魏文帝将阿那瓖的女儿娶为皇后，建立双边和

---

① 《汉书》卷61《张骞》。
② 《北史》卷98《蠕蠕》。
③ 《北史》卷99《突厥》。
④ 《北史》卷97《于阗》。

亲关系。文帝于大统初年（535年）与阿那瓌立约，"通好结婚"①。东魏北齐则通过和亲积极拉拢柔然，使其成为抗击西魏北周的盟国。兰陵公主的出塞和蠕蠕公主的入塞都属于这一类型的和亲。

3. 分化瓦解少数民族政权型

隋唐与突厥、隋与铁勒的和亲最为典型。隋朝初年，突厥可汗在千金公主的唆使下经常侵边。当突厥可汗向隋求婚时，隋文帝便提出了一个条件："当杀大义主（即千金公主）者，方许婚。"② 突利遂唆使都蓝可汗杀掉千金公主。开皇十七年（597年），"突利遣使来逆女……上（隋文帝）欲离间北夷，故特厚其礼，遣牛弘、苏威、斛律孝卿相继为使，突厥前后遣使入朝三百七十辈。突利本居北方，以尚主之故，南徙度斤旧镇，锡赉优厚"③，激怒了都蓝可汗。安义公主死后，隋文帝又将义成公主嫁给突利可汗；都蓝可汗又率兵攻伐突利可汗。这正是隋文帝所希望看到的事情。因为这样突厥会耗于内争，便于控制。隋炀帝在处理西突厥酋长射匮求婚事宜时也抱有这种目的。大业六年（610年），隋炀帝派人召处罗可汗到大斗拔谷相会，"其国人不从"，处罗便借故不去，隋炀帝大怒，但又无可奈何。恰巧此时其酋长射匮向隋求婚，裴矩便上奏隋炀帝说："处罗不朝，恃强大耳。臣请以计弱之，分裂其国，即易制也。射匮者，都六之子，达头之孙，世为可汗，君临西面。今闻其失职，附隶于处罗，故遣使来，以结援耳。愿厚礼其使，拜为大可汗，则突厥势分，两从我矣。"④ 隋炀帝一方面派裴矩"朝夕至馆，微讽谕之"，另一方面又"于仁风殿召其使者，言处罗不顺之意，称射

---

① 《北史》卷13《后妃》。
② 《隋书》卷84《北狄》。
③ 《隋书》卷84《北狄》。
④ 《隋书》卷84《北狄》。

匮有好心，吾将立为大可汗，令发兵诛处罗，然后当为婚也”，“射匮闻而大喜，兴兵袭处罗，处罗大败，弃妻子，将左右数千骑东走”。①

　　唐太宗更把和亲作为分化瓦解少数民族政权的重要手段。贞观十六年（642 年），唐太宗原以新兴公主出嫁薛延陀首领夷男，通过和亲将被挟持到薛延陀的唐大将契苾何力换回。当契苾何力归唐，新兴公主已离开唐都向薛延陀进发。契苾何力因比较熟悉薛延陀的内部情况，向唐太宗建议：宜让夷男到京师或灵武亲自迎接公主。夷男“畏我，必不来，则姻不成，而忧愤不知所出，下必为贰，不及一年，交相疑沮。毗伽素很戾，必死，死则二子争国。内判外携，不战而禽矣”②。唐太宗遂下令新兴公主停止前往。契苾何力的判断很正确，夷男“果不敢迎……恚而死，少子拔酌杀其庶兄突利失自立，国中乱，如其策云”③。唐在北方的威胁一时为削弱。夏州都督窦静在呈唐太宗的上书中说得更加露骨：“夷狄穷则搏噬，饱则群聚，不可以刑法绳、仁义教也。衣食仰给，不恃耕桑。今损有为之民，资无知之房，得之无益于治，失之不害于化。况首丘未忘，则一旦变生，犯我王略矣。不如因其破亡，假以贤王一号，妻之宗女，披其土地部落，使权弱势分，易为羁制，则世为藩臣矣。”④

　　隋文帝、隋炀帝和唐太宗以和亲分化瓦解少数民族政权的思想完全为武则天时期处理与吐蕃关系时所承袭。武则天临朝后，吐蕃曾与唐发生多次战争，双方都已精疲力竭。万岁通天元年（696 年），从吐蕃考察回来的郭元振向武则天提出了对付吐蕃的计策：吐蕃百姓对持久的徭役戍守早已厌倦，都希望尽快与唐和亲，停止对立。而吐蕃大将论钦陵则“利于统兵专制，独不欲归

---

① 《隋书》卷 84 《西突厥》。
② 《新唐书》卷 110 《契苾何力》。
③ 《新唐书》卷 110 《契苾何力》。
④ 《新唐书》卷 95 《窦威》。

款。若国家岁发和亲使，而钦陵常不从命，则彼国之人怨钦陵日深，望国恩日甚，设欲大举其徒，固亦难矣。斯亦离间之渐，可使其上下猜阻，祸乱内兴矣"①。武则天很欣赏他的主张。从此数年之间"吐蕃君臣果相猜贰，因诛大将论钦陵。其弟赞婆及兄子莽布支并来降"②。

4. 借兵及酬恩报德型

唐与回纥的多次和亲即属于这种类型。毗伽公主的入塞开了唐向回纥借兵的先河，宁国公主的出塞既是为了继续借兵，又有酬谢回纥出兵之意。《唐大诏令集》卷42载："顷自凶渠作乱（指安史之乱），宗社阽危。回纥特表忠诚，载怀奉国，所以兵逾绝漠，力徇中原，亟除青犊之妖，实赖乌孙之助。而先有情款，固求姻好。今两京底定，百度惟贞，奉皇舆而载宁，缵鸿业而攸重。斯言可复，厥德难忘。爰申降主之礼，用答勤王之志。"崇徽公主、咸安公主和太和公主的出塞和亲则完全为了酬恩报德。如常衮在《册崇徽公主文》中云："我有亲邻，称雄贵部，分救灾患，助平寇虏。固可申以婚姻，厚其宠渥。况有诚请，爰从归配。是用封曰崇徽公主，出降回纥可汗，册曰可敦。割爱公主，嫔于绝域。"（《全唐文》卷41）唐宪宗在许婚回纥时，也是因为"北虏有勋劳于王室"③。

5. 发展关系型

唐与吐蕃、唐与契丹及唐与奚的和亲大致属于这种类型。唐王朝刚建立时，唐蕃双方了解不多。贞观八年（634年），松赞干布派使臣向唐朝贡，唐太宗也派冯德遐前去慰问。松赞干布听说突厥和吐谷浑都娶唐朝公主，"乃遣使随德遐入朝，多赍金宝，

---

① 《旧唐书》卷97《郭元振》。
② 《旧唐书》卷97《郭元振》。
③ 《旧唐书》卷195《回纥》。

奉表求婚"①。唐刚与吐蕃交往，对其了解不多，没有答应。吐蕃求婚使者回去后向松赞干布呈报："初至大国，待我甚厚，许嫁公主。会吐谷浑王入朝，有相离间，由是礼薄，遂不许嫁。"② 松赞干布大怒，曾公开威胁唐朝与其和亲。通过较量，唐太宗也认识到有必要建立关系，遂同意和亲。通过文成公主的入藏，唐蕃"数十年间，一方清净"③。文成公主去世后，双方曾爆发过战争，但吐蕃的求婚使者也不绝于路，其要求继续发展友好关系的心情也比较迫切，诚如唐中宗在制书中所言："顷者赞普及祖母可敦、酋长等，屡披诚款，积有岁时，思托旧亲，请崇新好。金城公主，朕之少女，岂不钟念，但为人父母，志息黎元，若允乃诚祈，更敦和好，则边土宁晏，兵役服息。遂割深慈，为国大计。"④

契丹和奚都处于东北一隅，唐高祖和唐太宗时，与唐关系较好。武则天执政时，双方关系比较紧张；唐玄宗时，唐王朝则积极与契丹、奚发展关系，永乐公主、燕郡公主、东华公主及静乐公主出嫁契丹首领，固安公主、东光公主和宜芳公主出嫁奚首领，就是为了发展唐与契丹及奚的关系。

6. 巩固盟好型

辽和西夏之间的和亲即属于这种类型。北宋消灭北汉后，辽宋之间的战争比较频繁。为了牵制和分散北宋的部分兵力，辽迫切希望与西夏结交盟好；西夏为了假借辽的援助收复五州失地，也急需与辽结为盟好。（张国庆：《略论辽夏"和亲"与辽夏关系的变化》）双方结为盟好后，西夏怕盟好出现裂痕，遂于统和四年（986年）十二月派使者"如契丹请婚，契丹主许之"（《西夏

---

① 《旧唐书》卷196《吐蕃》。
② 《旧唐书》卷196《吐蕃》。
③ 《旧唐书》卷196《吐蕃》。
④ 《旧唐书》卷196《吐蕃》。

书事》)。契丹之所以同意和亲，据《西夏书事》记载："时契丹将耶律盼与宋战于秦州，不利。契丹主欲使继迁牵制宋兵，许以公主归之。"统和七年（989 年）三月，辽圣宗以义成公主下嫁李继迁。李德明继位后，为了进一步巩固辽与西夏之间的盟好关系，便于太平九年（1029 年）派使臣到辽为其子元昊求婚，契丹主许之。景福元年（1031 年），兴平公主出嫁元昊。李乾顺继位后，西夏边境受到宋朝的压力更加严重，因此也更有必要继续以和亲巩固辽夏之间的盟好，于是李乾顺便于寿隆六年（1100 年）十一月、乾统二年（1102 年）六月和乾统三年（1103 年）五月三次遣使入辽，乞求和亲。乾统五年（1105 年）三月，辽天祚皇帝"以族女南仙封成安公主，下嫁西夏国王李乾顺"（《辽史·天祚皇帝耶律延禧》)。

7. 政治联盟型

满蒙之间的联姻即属于这种类型。清代的满蒙联姻是五代以后次数最多、范围最广的和亲。据华立先生介绍，满蒙联姻从一开始即有一个明确目的：与对方结成政治性联盟，进而将蒙古造成一支清朝在政治斗争中可以直接借助的力量。早在努尔哈赤时代，满洲贵族每与一支蒙古部落接近或通婚，都要继以政治性盟约来约束对方。天命中，努尔哈赤曾先后数次与科尔沁和内喀尔喀五部贝勒举行盟誓，反复重申要"相与盟好，合谋并力"，对付明王朝及察哈尔，将它们纳入自己的行动轨道。皇太极将伊文所行概括为"申以盟誓，重以婚姻"（《清太宗实录》卷 1），视如圭臬，奉行有加。入关以后，满洲贵族和蒙古王公之间更是形成了一种具有特殊君臣身份的政治结盟关系，蒙古王公地位的升降，爵号的封削，联姻关系是连续发展还是就此中止等等，无一不以王公额驸对清廷效忠的程度为转移。（华立：《清代的满蒙联姻》)

那么，对以上七种类型的和亲应当如何评估呢？我们认为，第一、第四、第五和第七种类型都应当给予充分肯定，因为"安边型"对减少战争，发展生产十分有利；"借兵及酬恩报德型"对迅速平定叛乱、恢复社会秩序都起了一定作用，而且也有利于双方化解矛盾；"发展关系型"对汉族与少数民族友好关系的发展，保持两个民族和睦相处都有一定作用；"政治联盟型"对于巩固清代的大一统局面，加强内地与边疆地区的政治、经济及文化的交流，都起了一定作用。第二种和第六种类型应当具体分析，如果为了统一天下，发展社会经济，自然应当予以充分肯定；如果为了混乱或扩大了混乱局面，理应予以否定。第三种类型即"分化瓦解型"应当否定。因为这种性质的和亲既不利于少数民族的自身发展，也不利于中华民族的团结与巩固，更不利于共同发展。当然，我们所否定的只是统治阶级的和亲用意，但作为和亲公主本人在传播文明、协调双方关系等方面所作的积极努力还是应当肯定的。

三、中国古代和亲的特点

由于各个朝代的政治、经济、军事、外交等不同情况，加之各个时期对和亲所要达到的目的、要求不同，因此，各个时期和亲的特点自然也不相同。

（一）西汉时期和亲的特点

从西汉方面来看，与匈奴和亲的主要目的是安边；从匈奴方面来看，与汉和亲的主要目的是得到更多的财物。因此，汉匈和亲就集中体现了如下两个特点。

1. 划疆立界

从汉高祖刘邦建汉到汉武帝即位的六十余年时间内，西汉与匈奴相比，明显处于劣势，于是便借和亲减轻匈奴的侵扰，其有效方式就是在和亲时划疆立界。刘邦与匈奴和亲时，双方定下制度：以长城为界，"长城以北，引弓之国，受命单于，长城以内，冠带之室，朕亦制之"①。吕后执政时，汉匈双方仍遵守此约；汉文帝在位时，双方重申这一约定，表示"俱由此道""匈奴无入塞，汉无出塞，犯今约者杀之"②，这样汉匈就"可以久亲"③。汉景帝在位时，双方仍"如故约"④；汉武帝刚即位时，还能"明和亲约束"⑤；汉元帝在位时，双方在原协定基础上增加了匈奴单于"保塞为藩"⑥ 的新内容，如呼韩邪单于上书表示"愿保塞上谷以西至敦煌，传之无穷，请罢边备塞吏卒，以休天子人民"⑦。

2. 借和亲之名行互市之实

明代兵部员外郎杨继盛曾说："互市者，和亲之别名也。"（《明史》卷 209《杨继盛》）说明和亲与互市同为一体，密不可分。汉匈和亲就是如此。匈奴居于塞北"苦寒"之地，粮食和绢帛十分缺乏，因此极愿通过和亲得到中原的粮食和绢帛。刘敬对此就看得十分清楚，认为匈奴"贪汉重币"⑧，容易建立和亲关系，并建议刘邦"以岁时汉所余彼所鲜数问遗"⑨。刘邦接受了刘敬的建议，"岁奉匈奴絮缯酒米食物各有数，约为昆弟以和亲"⑩。以后则成了定例。如汉文帝与匈奴和亲，"输遗匈奴甚厚"⑪，汉

① 《汉书》卷94《匈奴》。
② 《汉书》卷94《匈奴》。
③ 《汉书》卷94《匈奴》。
④ 《汉书》卷94《匈奴》。
⑤ 《汉书》卷94《匈奴》。
⑥ 《汉书》卷94《匈奴》。
⑦ 《汉书》卷94《匈奴》。
⑧ 《史记》卷99《刘敬列传》。
⑨ 《史记》卷99《刘敬列传》。
⑩ 《史记》卷110《匈奴列传》。
⑪ 《汉书》卷94《匈奴》。

景帝与匈奴和亲，"通关市，给遗单于，遣翁主如故约"①，汉武帝刚即位时，"明和亲约束，厚遇通关市，饶给之"②。汉武帝末年，匈奴给汉传信说："今欲与汉闿（开）大关，取汉女为妻，岁给遗我糵酒万石、稷米五千斛，杂缯万匹，它如故约，则边不相盗矣。"③ 投靠匈奴的中行说则要挟汉朝使者说："汉使无多言，顾汉所输匈奴缯絮米糵，令其量中，必善美而已矣，何以为言乎？且所给备善则已；不备，苦恶，则候秋孰，以骑驰蹂而稼穑耳。"④ 中行说的话再明白不过了，也就是说，西汉必须遵守和亲之约，按时送给匈奴质量好、数量多的财物，否则，匈奴将用骑兵践踏汉的庄稼，破坏生产。通过和亲，汉也主动送给匈奴财物。如文帝在给单于的信中就说，匈奴地处边陲，气候寒冷，所以"诏吏遗单于秫糵金帛丝絮佗物岁有数"⑤。由此可见，汉匈和亲不仅约定了"通关市"条款，而且匈奴时常以武力威胁西汉履行此约。按常理而言，互市应当互惠互利，但汉匈双方在和亲名义上的互市却是不对等的，因为匈奴在互市原则之外又增加了一些附加条件，而且汉也往往多给财物，主动赈济，所以匈奴所得的经济利益远远超过了汉朝。

（二）魏晋南北朝时期和亲的特点

魏晋南北朝是一个大动荡、大分裂的时期。就民族关系而言，一方面各少数民族上层人物纷纷建立政权，民族矛盾比较尖锐；另一方面抱有问鼎中原之志者甚多，互拉外援的现象比较突出。这些特点，必然对这一时期的和亲产生重要影响，使和亲体现了如下四个特点：

①　《汉书》卷94《匈奴》。
②　《史记》卷110《匈奴列传》。
③　《汉书》卷94《匈奴》。
④　《史记》卷110《匈奴列传》。
⑤　《史记》卷110《匈奴列传》。

1. 不太注意所谓正统，只要可以作为同盟即可和亲

无论是汉唐还是清代，都有对和亲持不同意见者。他们反对和亲的理由固然很多，但其中的重要理由之一就是夷狄"野蛮"，中原国家以和亲奉事野蛮之人，实为奇耻大辱。而在魏晋南北朝时期，由于少数民族纷纷建立了政权，而且和亲多在少数民族之间进行，所以都不太注意所谓正统，只要可以作为同盟即可和亲。如北燕君臣在讨论是否该与柔然和亲时，素弗等人一致认为，"前代旧事，皆以宗女妻六夷，宜许以妃嫔之女，乐浪公主（冯跋女）不宜下降非类"。冯跋却对她们说："女生从夫，千里岂远！朕方崇信殊俗，奈何欺之！"[①] 当众宣布将乐浪公主出嫁柔然。

2. 多数和亲在少数民族政权之间进行

在魏晋南北朝的 360 年时间内，各种类型的和亲至少有 50 次，但多数是在少数民族政权之间进行的。如下数字最能说明问题。孙吴与刘蜀一次，鲜卑可比能与鲜卑步度根一次，拓跋氏与匈奴三次，北魏与前燕五次，北魏与匈奴三次，前秦与西秦一次，西秦与南凉、吐谷浑、叠掘鲜卑、北凉各一次，南凉与西秦一次，北燕与柔然两次，北魏与北燕一次，后秦与大夏、北魏各一次，北魏与大夏两次，北魏与北凉两次，北魏与氐两次，北魏与柔然四次，东魏与柔然一次，吐谷浑与东魏两次，柔然与北齐两次，柔然与嚈哒四次，西魏与柔然两次，西魏与突厥一次，突厥与北周两次，突厥与康国一次，康国与安国一次。[②] 从民族成分来看，除了吴的孙氏、蜀的刘氏、北燕的冯氏和东魏的高氏系汉族外，其余皆为少数民族，即使冯氏和高氏也都已经不同程度地胡化。

---

① 《晋书》卷 125《冯跋》。
② 崔明德：《汉唐和亲研究》，102～105 页，青岛，青岛海洋大学出版社，1990。

3. 少数民族女子以和亲公主身份到达中原后，地位都比较高

据初步统计，从293年到580年共287年的时间里，就有14位和亲公主被立为嫔妃和皇后，而绝大多数是少数民族入塞的女子。

4. 中原王朝对少数民族的和亲公主毕恭毕敬，不敢有半点怠慢

如大统四年（538年），年仅14岁的柔然公主、阿那瓌的女儿嫁给西魏文帝。文帝已在大统元年（535年）册立了洛阳乙弗氏为皇后，乙弗氏俭朴、仁慈、大度，很受文帝的敬重。但当阿那瓌的女儿到了中原时，阿那瓌便率柔然军队渡过黄河，逼迫文帝废掉乙弗后，改立他的女儿为皇后。文帝虽忍痛割爱废掉了乙弗皇后，但对她仍十分钟爱，后来为柔然察觉，柔然举国渡河，文帝不得不令乙弗皇后自杀。① 东魏武定年间，柔然与东魏和亲。高欢虽已有了贤内助娄氏，但仍"避正室（阿那瓌之女）以处之"②。高欢曾因病没到柔然公主住处。阿那瓌弟突秃佳对高欢不满，高欢不敢得罪他们，只好抱病赶到她处。突秃佳还警告高欢：我们要抱上外孙才能回国。高欢也只能忍气吞声。

（三）隋唐时期和亲的特点

1. 和亲公主本人的直接作用比较突出

在中国古代和亲史上，和亲作为一项政策，都或多或少地起到了一定的积极作用，但作为和亲公主本人起到突出作用的在西汉只有解忧公主和王昭君二人，在魏晋南北朝，宋、辽、西夏、金及清代则不多见。而在隋唐时期，多数和亲公主本人在改善和

① 《北史》卷13《后妃》。
② 《北史》卷13《后妃》。

发展双方关系方面的直接作用都比较突出。如华容公主对"西域诸国所有动静，辄以奏闻"①，使隋唐王朝能及时掌握西域动态，采取有效措施协调中央王朝与西域的关系；义成公主利用自己的可敦地位，为隋炀帝解除了雁门之围。② 再如交河公主在安西互市；文成公主在吐蕃推广中原的先进科学技术，教会藏族妇女纺织和刺绣（任乃强：《西藏政教史鉴》）；金城公主请求《毛诗》《礼记》《左传》《文选》等文化典籍，以及上书唐玄宗要求唐蕃树碑立界；③ 咸安公主出面调解唐与回纥绢马贸易纠纷等等，都说明隋唐时期和亲公主本人或在改善与发展双方关系方面，或在促进双方文化交流方面，或在传播先进的文化技术方面，都直接起到了重要作用，因此隋唐时期和亲的影响也比其他时期大得多。

2. 和亲对象及地域范围的开放性

随着隋唐王朝政治、经济和文化的开放，这一时期的和亲也具有较强的开放性。我们认为，严格意义上的和亲始于西汉，盛于隋唐，终于清代。现在我们不妨将隋唐时期的和亲与西汉，魏晋南北朝，宋、辽、西夏、金及元、明、清时期的和亲作一些比较。从和亲的对象来看，西汉仅有与匈奴和乌孙的和亲；魏晋南北朝时期主要有乌丸、夫余、柔然、突厥及"十六国"中的一些"国"互婚；宋、辽、西夏、金时期，汉族政权没有与少数民族政权和亲，而辽、西夏、金、蒙古、吐蕃之间的和亲则比较频繁；元、明、清时期主要有元与高昌，清太祖、清太宗与蒙古的和亲；而隋唐时期，中原王朝与东、西突厥，与吐谷浑、高昌、吐蕃、铁勒、契丹、奚、回纥、于阗、宁远（亦称拔汗那）及南诏等少数民族政权均有和亲关系。从地域范围来看，西汉把和亲

① 《旧唐书》卷198《高昌》。
② 《旧唐书》卷63《萧瑀》。
③ 《旧唐书》卷196《吐蕃》。

的目光仅盯在西北和西部地区，魏晋南北朝、宋、辽、西夏、金及元、明、清时期仍把目光主要盯在北方及西部地区，而隋唐时期统治者的视野比较开阔，把和亲政策渗透到东北（契丹和奚）、北方（东突厥和回纥）、西北（吐谷浑和高昌）、西部（西突厥、于阗和宁远）及西南（吐蕃和南诏）等地区。

3. 和亲目的的多样性

从和亲史实来看，西汉与匈奴、乌孙的和亲，魏晋南北朝时期的若干和亲，辽、西夏和亲，以及清代和亲，其目的都比较单一。汉与匈奴的和亲，主要目的是为了安边，汉与乌孙的和亲，主要是为了结交乌孙，夹击匈奴，减少边患，说到底仍是为了安边；魏晋南北朝时期，因是动荡分裂时期，所以和亲的主要目的是结交军事同盟；辽与西夏的和亲主要是辽想以和亲方式进一步巩固刚刚与西夏建立的盟好关系，借新的联姻来扩大自己势力，并达到"以西夏制宋"的目的；（张国庆：《略论辽夏"和亲"与辽夏关系的变化》）满蒙和亲主要是清与对方结成政治性联盟，进而将蒙古造成一支清朝在政治斗争中可以直接借助的力量（华立：《清代的满蒙联姻》），努尔哈赤、皇太极父子与蒙古和亲都是主要为了建立和巩固政治联盟，为击败明朝创造先决条件（金元山，戴鸿义：《试论努尔哈赤、皇太极与科尔沁部的联姻关系》）。当然，在宋、元、明、清时期，至少有两起和亲，即金朝与蒙古和亲以及西夏与蒙古和亲，是战败者向战胜者乞和，（张正明：《和亲论》）我们则将其称之为军事威胁下的求和条件。

与西汉、魏晋南北朝及宋、元、明、清时期和亲相对单一的目的相比，隋唐时期和亲的目的就突出显示了其复杂性与多样性的特点。综观这一时期和亲的目的，主要有如下几种：第一，分化、瓦解、削弱和控制少数民族政权。这一目的，贯穿于大部分和亲当中。如隋文帝利用和亲杀掉煽动侵隋的千金公主；隋炀帝利用射匮的求婚削弱处罗势力；唐太宗利用许婚夷男使其二子争斗，削弱薛延陀的力量，等等。第二，借兵。如李渊在太原起兵时曾以和亲为手段向突厥借兵，唐肃宗和唐代宗以和亲为手段多次向回纥借兵更是大家所熟知的史实了。第三，利用和亲公主左右少数民族首领。尽管和亲公主的身份不尽相同，但她们嫁到少数民族后大都被立为可敦，具有较高的政治地位，因此，隋唐王朝均有以和亲公主左右可汗，使其无侵扰中原王朝的意图。会昌二年（842年），唐武宗令李德裕起草的责备太和公主的诏书中就坦率地道出了这一目的："先朝割爱降婚，义宁家国，谓回鹘必能御侮，安静塞垣。今回鹘所为，甚不循理，每马首南向，始得不畏高祖、太宗之威灵！欲侵扰边疆，岂不思太皇太后之慈爱！为其国母，足得指挥；若回鹘不能禀命，则是弃绝姻好，今日已后，不得以姑为词！"① 第四，结交军事同盟。隋唐时期，"夷狄"之患从未间断。作为中央君臣来说，在谋划消除边患的众多方式中，始终没有忘记结交军事同盟、"以夷攻夷"和"以夷制夷"。在不同时期和不同阶段，尽管结交军事同盟的手段不尽一致，但在隋唐君臣的心目中，和亲无疑是重要手段之一。如隋朝以义成公主嫁给突厥启民可汗，启民"畏天子之威"② 而与亲家吐谷浑断绝关系，并随隋治书御史韦云起征伐契丹。启民可汗"发骑二万，受其处分"③，在战争中大显身手。不久，又奉诏准备与隋玉门道行军大将薛世雄征讨伊吾④。回纥骨咄禄可汗"得唐许婚，甚喜"，主动向唐德宗表示"'昔为兄弟，今为子婿，半子也。若吐蕃为患，子当为父除之！'因詈辱吐蕃使者以绝之"⑤。

4. 和亲公主的积极作用与消极作用的交叉性

千金公主和义成公主最为典型。千金公主的积极作用主要表现在主动上书隋文帝，"请为一子之例"⑥，改宇文氏为杨氏，加入隋朝皇籍，不仅化干戈为玉帛，使此前北周遗臣与隋对立转为

---

① 《资治通鉴》卷246《唐纪六十二》。
② 《隋书》卷84《突厥》。
③ 《旧唐书》卷75《韦云起》。
④ 《隋书》卷65《薛世雄》。
⑤ 《资治通鉴》卷233《唐纪四十九》。
⑥ 《隋书》卷84《突厥》。

和好，而且也起到了联系突厥和隋的纽带作用。从此之后，直到开皇七年（587年）沙钵略去世，突厥与隋一直保持着友好关系。当然，从精神及感情上来说，千金公主对隋文帝的代周建隋一直转不过弯来，时常流露出对隋的不满情绪，并鼓动突厥可汗南下，不仅扩大了双方的战争，而且给怀有反隋企图的人提供了借题发挥的条件。义成公主的积极作用主要是为隋炀帝解除了雁门之围，其消极作用主要是积极笼络隋王朝的遗臣遗民，建立小独立王朝，并一再鼓动处罗可汗及颉利可汗南下侵扰唐朝。

（四）辽与西夏和亲的特点

辽与西夏之间的和亲因目的比较单一，与其他时期的和亲相比，没有多少特点，只是在和亲公主与其夫婿的关系方面比其他时期的和亲公主略差一些。如兴平公主嫁给元昊后，"元昊待之甚薄，因病被脱，元昊亦不视之。宗真（辽兴宗）虽忿恨，然亦无如之何"（《西夏纪事本末》卷17）。又据《西夏书事》记载，"（兴平）元昊遣使贡于契丹，公主素与元昊不睦。先是，元昊遣使贡于契丹，不以病告。既卒，契丹主遣北院承旨耶律庶成持诏诘问。"和亲公主与夫婿关系的不和睦，必然导致两个政权关系的恶化。因此，有人认为，兴平公主之死是"契丹、西夏开隙之始"。

（五）满蒙和亲的特点

满蒙联姻是清代一直奉行不替的基本国策，具有如下三个特点：

1. 浓厚的政治性

满蒙联姻的出发点及归宿，始终落在建立和巩固满族贵族与蒙古王公之间的政治联盟上，以联姻促进联盟，用"姻好"巩固"盟好"，这是清代联姻活动有别于历史上历次和亲的首要不同。（华立：《清代的满蒙联姻》）

2. 多层次性及持续性

所谓多层次性系指不仅清帝本人娶蒙古女子，就连宗室大臣也有不少人娶蒙古女子为妻；就蒙古族而言，上至亲王、郡王，下至台吉、塔布囊，各个阶层中都有很多人与满族宗室通婚。所谓持续性系指满蒙联姻历史长久，努尔哈赤时代、皇太极至福临、康熙至乾隆，直至清末，双方都有联姻，大约持续了200年时间。

3. 联姻不论辈分

在满蒙联姻关系中，有姑姑、侄女同嫁一人者，有姐妹同嫁一人者，还有互为翁婿。如孝端文皇后与孝庄文皇后分别为蒙古科尔沁贝勒莽古思的女儿和孙女，姑、侄女先后同嫁皇太极，顺治初年二人并称皇太后。多尔衮、豪格叔侄二人同娶桑阿尔塞的两个女儿，这是姐妹嫁给叔侄的实例；皇太极天聪八年（1634年）纳博尔吉特氏为关雎宫宸妃，乃为姐妹同嫁一人的实例（《清史稿》卷214），因宸妃是孝庄文皇后的姐姐；更为出奇的是，舒尔哈齐次子阿敏以亲女嫁给蒙古塞尔特，自己又娶塞尔特之女为妻，二人互为翁婿（《清史稿》卷215）。这种联姻不论辈分的现象，如果仅从伦理道德方面加以分析，势必会得出婚姻混乱的结论，看不出这些现象的实质，如果从政治联姻及满蒙习俗方面予以分析，则会看出这些现象存在的合理性及必要性。

四、中国古代和亲公主的身份及作用

和亲公主是和亲政策的具体体现和具体执行者。和亲公主尽管在出塞或入塞前都冠以"公主"名号，但其真实身份却并不相同。概括起来，中原王朝出嫁少数民族政权的和亲公主的身份主要有十种（见附表3－1），少数民族和亲公主的身份主要有七种（见附表3－2）。

附表 3 - 1　　　　　　中原王朝出嫁少数民族和亲公主身份

类次	身份	公主名称	对象
1	皇女	唐肃宗宁国公主，唐德宗咸安公主	唐对回纥
2	皇妹	唐穆宗第十妹太和公主 唐南（衡）阳长公主	唐对回纥 唐对突厥
3	亲王女	汉江都王刘建女细君公主 北周赵王宇文招女千金公主 唐南和县主 唐雍王李守礼女金城公主 唐荣王李琬女小宁国公主	汉对乌孙 北周对突厥 唐对突厥 唐对吐蕃 唐对回纥
4	宗室女	汉翁主 汉楚王戊孙女解忧公主 东魏兰陵公主 隋安义公主、义成公主、信义公主 唐文成公主 唐弘化公主、金城县主、金明县主 唐安化长公主	汉对匈奴 汉对乌孙 东魏对柔然 隋对突厥 唐对吐蕃 唐对吐谷浑 唐对南诏
5	宗室甥女	唐永乐公主杨氏、燕郡公主慕容氏、东华公主陈氏、静乐公主独孤氏 唐固安公主辛氏、东光公主韦氏、宜芳公主杨氏	唐对契丹 唐对奚
6	功臣女	唐崇徽公主仆固氏	唐对回纥
7	少数民族女被封为唐公主	唐交河公主阿史那氏	唐对西突厥别种苏禄
8	家人子	名为长公主	汉对匈奴
9	宫女	汉王昭君	汉对匈奴
10	女妓	唐"女妓"	唐对突厥

附表 3 - 2　　　　　　　少数民族政权和亲公主身份比较表

类次	身份	公主名称	对象
1	可汗女	柔然蠕蠕公主 柔然邻和公主 柔然郁久闾氏 突厥阿史那氏 回纥毗伽公主	柔然对东魏 柔然对北齐 柔然对西魏 突厥对北周 回纥对唐
2	可汗妹	柔然汗吴提妹	柔然对北魏
3	可汗从妹	吐谷浑夸吕从妹	吐谷浑对东魏
4	亲王女	辽义成公主	辽对西夏
5	宗室女	辽兴平公主	辽对西夏
6	王公之女	蒙古科尔沁部王公之女	蒙古科尔沁部对满洲
7	族女	辽成安公主	辽对西夏

由附表 3 - 1 可以看出，最高身份的公主是唐对回纥的和亲公主；第二类身份的公主是唐对回纥、突厥的和亲公主；第三类身份的公主是汉对乌孙，北周对突厥，唐对回纥、吐蕃及突厥的和亲公主；第四类身份的公主是汉对匈奴、乌孙，东魏对柔然，隋对突厥，唐对吐蕃、吐谷浑及南诏的和亲公主；第五类身份的公主是唐对契丹、奚的和亲公主；第六类身份的公主是唐对回纥的和亲公主；第七类身份的公主是唐对西突厥别种苏禄的和亲公主；第八类身份的公主是汉对匈奴的和亲公主；第九类身份的公主是汉对匈奴的和亲公主；第十类身份的公主是唐对突厥的和亲公主。

附表 3 - 1 所列十种身份公主的和亲对象，充分说明了中原王朝依少数民族政权强弱、中原王朝对少数民族政权的需要程度以及中原王朝本身的国力的不同，而以不同身份的公主出塞和亲。具体地说，唐出嫁回纥、突厥、吐蕃、吐谷浑、南诏，北周出嫁突厥，隋出嫁突厥，以及汉出嫁乌孙、匈奴的和亲公主的身份都比较高，这是因为，唐迫切需要得到回纥的援兵以及对回纥的酬报，所以需要高规格的和亲；突厥、吐蕃在唐初都比较强盛，唐也需要以高规格和亲予以笼络；北周和隋朝因都惧怕突

厥，同样需要以高规格和亲满足突厥的贪欲；西汉需要联合乌
孙，夹击匈奴，当然需要高规格的和亲；西汉因惧于匈奴侵扰，
也需要以高规格和亲消减其南下的次数及规模；东魏因欲借柔然
之力对付西魏，所以仍需要高规格和亲。从表面来看，崇徽公主
的身份略低一些，但由于仆固家族在回纥中的影响，所以在回纥
人的心目中，崇徽公主及她的另外两位姊妹的身份都是比较高
的。第七、第八、第九、第十类身份的公主所嫁对象比较复杂。
契丹和奚在唐玄宗时对唐已经没有威胁，所以唐无须以高规格与
其和亲；苏禄在唐玄宗时已无足轻重，所以唐便封西突厥十姓可
汗阿史那怀道之女为交河公主与其和亲；汉家人子名为长公主出
嫁匈奴只是以假代真，刘邦的初衷是想让公主出嫁，只因吕后坚
决反对而作罢；宫女王昭君出嫁匈奴呼韩邪单于既有偶然因素，
也有匈奴已大为衰弱只求以和亲"从汉求助"[1] 的因素；至于李
渊派襄武郡公李琛和太常卿郑元璹携"女妓遗突厥始毕可汗，以
结和亲"[2]，则是因为李渊刚在太原起兵，没成气候，只能以"女
妓"代之。

　　此外，在中国古代和亲历史上还有一种颇具和亲公主性质的
"媵女"，其身份也比较高。从有关文献留下的实例来看，一是亲
王之女，如以"媵女"陪宁国公主出嫁回纥的小宁国公主为荣王
李琬之女，在宁国公主回到长安后接替宁国公主为登里可汗的可
敦；二是大臣之女，如柔然王斛律之侄步鹿真曾建议说："女小
远适，忧思生疾，可遣大臣树黎、勿地延等女为媵。"[3]

　　尽管中原王朝出嫁少数民族政权的和亲公主的身份不同，但
由于她们出塞和亲的特殊地位，几乎都在如下几个方面起到了一
定的积极作用。

---

① 《汉书》卷94《匈奴》。
② 《册府元龟》卷979《外臣部·和亲二》。
③ 《北史》卷98《蠕蠕》。

1. 以阏氏、可敦或王后的身份监督、影响统治阶级上层实行比较妥善的民族政策

如义成公主利用"可贺敦知兵马之事"① 的有利条件，提前通知隋炀帝注意始毕可汗的阴谋；武威公主在北魏出兵北凉时曾向北魏"通密计"②，使北魏军队轻易包围姑臧，迫使沮渠牧犍出降；华容公主对"西域诸国所有动静，辄以奏闻"③，使隋唐王朝及时采取措施协调好双方关系；唐武宗要求已作回纥"国母"的太和公主"指挥"回纥④，但遗憾的是，太和公主并没有做到这一点，因此受到唐武宗的严厉责备以及其他在京公主的冷落。再如固安公主设计刺杀准备发动叛乱的奚族牙官塞默羯⑤等史实，都足以说明这一问题。

2. 直接调整和亲双方的关系

如金城公主主动上书唐玄宗请求于开元二十一年（733 年）九月一日在赤岭树碑立界，以避免争端；再如咸安公主"远为可汗频奏论"（《白氏长庆集》卷 4），主动协调唐与回纥因绢马贸易问题引起的纠纷，使唐宪宗"元和二年下新敕，内出金帛酬马值。仍诏江淮马价缣，从此不令疏短织。"（《白氏长庆集》卷 4）

3. 传播文明与先进技术

如文成公主在西藏传授汉族的耕作技术和建筑技术（《西藏王臣记》），教会藏族妇女纺织和刺绣；再如金城公主向唐玄宗索取《毛诗》《礼记》《左传》《文选》等文化典籍等，都对提高藏族的文明水平有一定作用。

4. 繁衍后代，加强文化交流，增进民族融合

如解忧公主与乌孙王翁归靡结合后所生的三男二女，长子被

① 《旧唐书》卷 63《萧瑀》。
② 《北史》卷 80《李惠》。
③ 《旧唐书》卷 198《高昌》。
④ 《资治通鉴》卷 246《唐纪六十二》。
⑤ 《唐会要》卷 6《和蕃公主》。

立为乌孙大昆莫，次子万年当了莎车王，三子大乐任左将军，长
女弟史是龟兹王绛宾的妻子，小女素光是乌孙若呼翕侯的妻子。
解忧公主的孙子星靡，曾孙雌栗弥等人以后都相继当上了乌孙的
大昆莫。这些人在加强文化交流、增进民族融合方面起到了突出
作用。如解忧公主的女儿弟史和女婿绛宾多次到汉朝贺，有时在
长安停留一年之久，非常喜爱汉朝的服饰及建筑艺术，在龟兹建
造宫室，"作徼道周卫，出入传呼，撞钟鼓，如汉家仪"①。绛宾
模仿汉制建造宫室，对龟兹都城建筑影响很大。如龟兹首都延城
"有三重，外城与长安城等。室屋壮丽……"（《梁书》卷54《诸
夷》）就很能说明问题。

五、进一步研究中国古代和亲问题的设想

大致说来，在宋代之前，和亲研究者大多是政治家和军事
家；在五代之后，和亲研究者则大多是史学家。最早从学术角度
探讨和亲问题者是东汉时期的班固。班固根据当时民族关系尤其
是汉匈关系的具体情况，对西汉时期和亲政策的利弊、和亲能够
成功实施的条件以及和亲与战争的关系等问题都进行了初步探
讨。此后，几乎历代都有人研究这一课题。如果说宋代以前的史
学家仅是零星记载了和亲史实的话，那么，宋代以后，史学家已
经开始对和亲史实进行系统梳理和初步研究。王溥编撰《唐会
要》为"和亲"列了专条；王钦若编撰《册府元龟》在《外臣
部》中也为"和亲"列了专条。20世纪20至30年代，王桐龄曾
撰《汉唐之和亲政策》（《史学年报》创刊号，1929年7月），邝
平樟撰《唐代公主和亲考》（《史学年报》2卷，2期，1935年9
月），都对和亲作了有益研究。近四十余年来，和亲成了学术研
究的突出课题，取得了许多重要成果。与此相应的是，文学艺术

---

① 《汉书》卷96《渠犁》。

界对和亲问题也颇感兴趣，出现了一批与和亲公主有关的戏剧、诗文、小说，就连一些普通民众也乐于讲述和亲公主的故事，编织和亲公主的传说。

以上现象虽然足以说明和亲研究事业的繁荣，但存在的问题也不容忽视。主要有如下几点：

（1）研究的不均衡状况和"炒冷饭"现象。所谓"不均衡状况"，主要表现在学术界对汉、唐、清三个朝代的和亲研究多，而对魏晋南北朝、宋、辽、西夏、金的和亲研究少，对和亲公主的研究也主要侧重于汉唐时期，而对魏晋南北朝时期，宋、辽、西夏、金时期和元、明、清时期的和亲公主极少涉猎，有的时期还是空白；即使汉唐时期，也主要侧重于王昭君、解忧公主和文成公主几个人身上，而对其他的和亲公主注意不够。所谓"炒冷饭"现象，主要表现在有的文章没有新资料，缺乏新见解，仅仅停留在重复前人及今人已有成果的层面上。

（2）对和亲双方的重视程度不同。和亲本来是两个政权的事，缺一不可，但在实际研究中，往往重视中原王朝在这方面的努力，忽略少数民族政权的努力，只强调出塞公主的贡献，忽略了入塞公主的影响和作用。其实，柔然的蠕蠕公主、突厥的阿史那皇后、回纥的毗伽公主等和亲公主对中原王朝也都产生了很大影响，尤其是毗伽公主对唐向回纥借兵平定安史之乱起了不少作用。

（3）对和亲公主的作用有无限拔高的倾向。我们承认，和亲公主在发展民族友好关系方面起到了一定作用，但将其说成系双方安危于一身，则未免有拔高之嫌。其实，两个民族的友好关系是多方面因素促成的，即使和亲公主个人再有才能，也难以独自促成双方的友好关系。

（4）学术界虽然已从理论上解决了和亲研究的范围，理应包括两个少数民族政权之间的和亲问题，但在具体研究中却没有予以足够重视，这方面的论文仍不多见。

（5）对和亲公主的后代研究不够，个别文章虽有所涉猎，但大都不够深入。

根据存在的以上问题，我们认为，以下几个方面应值得注意。

1. 关于和亲研究的深度与广度

学术研究是一项古老而常新的事业，只有向纵深发展，才能更加繁荣。和亲研究也不例外。中国古代的和亲研究应当如何朝着深度与广度的方向发展呢？

第一，深入挖掘有关和亲资料，将历史文献、考古资料、诗文、变文、墓志铭、碑刻、戏剧、绘画、传说等有关资料搜集齐全，取其精华，弃其糟粕，在此基础上，客观分析各个朝代和亲史实。

第二，尽快掌握少数民族语言，从少数民族历史文献中发掘资料。在少数民族文献中也有许多关于和亲问题的资料，如果我们能够熟练掌握少数民族语言，从少数民族历史文献中发掘资料，也会对和亲的认识更全面一些，和亲研究也会更深入一些。

第三，拓宽和亲的研究范围，加强和亲与宗法制的关系、和亲与互市的关系、和亲与礼仪的关系、和亲与战争的关系、和亲与疆域变迁等关系的研究。

第四，既注意对出塞公主的研究，又注意对入塞公主的研究，除对王昭君、千金公主、文成公主继续研究之外，对义成公主、阿史那皇后、蠕蠕公主、金城公主、咸安公主、崇徽公主、太和公主等都应加大研究力度。

第五，加强和亲的比较研究。对魏晋南北朝与宋、辽、西夏、金动荡时期的和亲作一些比较，对西汉与匈奴、西汉与乌孙的和亲作一些比较，对中原王朝与突厥、中原王朝与柔然的和亲作一些比较，对唐与吐蕃、唐与回纥的和亲作一些比较，从中会对和亲的背景、性质及作用看得更清楚一些。

第六，加强对和亲公主后代的研究。

第七，开展和亲文化的研究，如和亲的礼仪文化，和亲公主对所嫁政权习俗的矛盾与适应等。

第八，在深入研究的基础上，撰写有关和亲的学术专著。

2. 加强合作

这里所讲的合作有如下两个方面值得重视。

第一，学术界与文艺界的合作。这样做的益处至少有两点：一是可以使更多的人了解和亲公主在历史上的积极作用；二是通过广泛宣传和亲公主的积极作用可以促进学术界对和亲公主的进一步研究。当然，学术界与文艺界的合作应当划清学术著作与文艺作用的界限，处理好历史真实与文艺真实的关系。

第二，汉族学者与少数民族学者的合作，利用各自的语言优势，全面搜集、整理有关和亲政策及和亲公主的史料，以便将和亲问题的研究推向深入。

3. 将和亲公主作为民族团结历史教育的内容之一

我国自古以来就是一个多民族国家，各民族在发展过程中既有友好往来，也有兵戎相见。无论双方关系处于平稳时，还是双方关系紧张时，和亲公主或许都会在如下几个方面起到一定作用：

（1）以阏氏或可敦等身份监督、影响统治阶级实行较为妥善的民族政策；（2）传播文明与先进的文化技术；（3）直接或间接地调整和亲双方的关系；（4）不断修复"丝绸之路"并开辟新线和铺设条条辅线；（5）从事商业活动，活跃商品经济；（6）繁衍后代，加强民族间的融合。

和亲公主在当时所起的积极作用应积极宣传，因此，她们理应成为历史教育中加强民族团结的内容之一。

4. 做一些和亲历史知识的普及工作

尽管我们强调和亲研究应向深度和广度发展，求真求实，但同时我们也承认应在真实基础上普及和亲历史知识，二者是统一的。因为只有广泛的普及，才能引起更多人的关注和评判，才会有更多的人去研究它，从而将和亲研究引向深入。

六、结　　语

"和亲"之名始于先秦，严格意义上的和亲活动始于西汉，历经两千余年，随着清朝的灭亡而终止。关于和亲的类型，归纳起来，大致可按史书记载的实例以及和亲功能、性质的不同进行划分。就史书记载的实例可分为五种类型：1. 中原王朝与少数民族政权之间。2. 割据政权与少数民族政权之间。3. 割据政权之间。4. 少数民族政权之间。5. 南朝与北朝之间。就和亲的功能、性质的不同可分为七种类型：1. 安边型。2. 结交军事同盟型。3. 分化瓦解少数民族政权型。4. 借兵及酬恩报德型。5. 发展关系型。6. 巩固盟好型。7. 政治联盟型。对于其中能够起到减少战争，化解矛盾，促进民族间政治、经济、文化交流作用的和亲类型，应当在研究过程中予以肯定；对于其中只能起到挑起战争，扰乱政局，使得民族间相互猜忌、仇视、恶意利用的和亲类型，应当在研究过程中予以否定。希望今后的学者在进一步研究中国古代和亲问题的过程中，在此基础上向纵深发展，加强合作、增进交流，让更多的人结合当时的历史背景更加客观地关注和评判和亲政策的得失、利弊，站在更高的角度审视和亲。

第四章 中国古代和亲的功能及影响

中国古代的绥边政策，从宏观来看，和亲政策较富积极意义。深入系统地考察中国古代和亲政策的功能及影响，不难看出，和亲政策不仅对避免民族战争，巩固和发展大一统局面起到了积极作用，而且还促进了民族融合、文化交流及经济繁荣。

明 长 城

第四章　中国古代和亲的功能及影响

　　在中国古代历史上，总的来看，中原王朝与边疆民族政权的关系可以用"战"与"和"两项内容概括，"和"的表现形式虽然很多，但"和亲"是其主要形式。汉代以来，在由汉族建立且邻近边疆民族政权的强大朝代之中，只有宋、明两代没有推行和亲政策，而最为强盛的汉、唐两朝则积极推行和亲政策，亦即和亲政策始于西汉，盛于唐代。

　　中国古代对和亲的基本理念源于中国社会的家庭亲属制度。中国古代社会以家庭为核心，而家庭制度又建立在子嗣观念之上，"不孝有三，无后为大"集中体现了这一观念。同时中国社会素有"舅甥""姑侄"的"特权亲属"（joking relationship）习惯，可见"婚姻关系"在中国社会颇为重要。所以，汉代刘敬在倡和亲之策时就说："陛下诚能以适长公主妻之，厚奉遗之，彼知汉适女送厚，蛮夷必慕以为阏氏，生子必为太子，代单于。……冒顿在，固为子婿；死，则外孙为单于。岂尝闻外孙敢与大父抗礼者哉？兵可无战以渐臣也。"① 这是中原王朝对和亲政策观念的具体理解。此后，中国历史上就出现了各种类型的和亲。

　　当然，"和亲"与"和亲政策"是两个既有联系又有区别的

---

① 《史记》卷99《刘敬列传》。

不同概念。"和亲"又称"和蕃",具有"和好同盟"之意,作为政治术语,早在上古时代即已出现。由于当时尚未形成"中原农业王朝与北方游牧民族"在文化与军事方面的对峙状态,所以彼此间虽有血统文化上的差异,但多属短距离的往来关系,类似欧洲各国王室间的联姻。至秦汉统一,中原农业民族与北方游牧民族之间的文化与军事对峙形成之后,汉高祖才采纳刘敬之议,与匈奴和亲。从此,上古的"和亲"才正式成为后代王朝较富策略性的"和亲政策"。因此,"和亲"有别于"和亲政策","和亲"的范围较大,而"和亲政策"的范围较小。

对历代的和亲政策,在古代的政治家、军事家及史学家当中有截然不同的两种评论。赞成者认为,和亲能"兵可无战以渐臣也"[1],可以使"烽燧不惊,城堞可治"[2],能够推行"分化离间""远交近攻"[3] 等政策,缓和局势,保持国力,求得最后胜利。此以汉代的刘敬与班固,隋代的长孙晟与裴矩,唐代的房玄龄、郭元振及李绛,宋代的王钦若等人为代表。而反对者认为,夷狄不识礼仪,"难以德绥"[4],和亲无以安边,并非久安之计,故评其为"计拙""苟安"甚至于"下策""无策"。此以唐代的戎昱、刘贶、卢俌、崔安潜、李山甫及北宋的司马光等人为代表。我们认为,如果放开视野,深入系统地考察中国古代和亲政策的功能及影响,不难看出,和亲政策不仅对减少民族战争,巩固和发展大一统局面起到了积极作用,而且还促进了民族之融合、文化之交流及经济之繁荣。因此,对和亲政策的深入研究,不仅具有重要的学术价值,而且也有利于中华民族的巩固与团结。

本章拟从历史学、民族学及社会学角度,运用历史、分析、综合、归纳、比较等方法,对中国古代和亲的功能及影响进行全

---

① 《史记》卷99《刘敬列传》。
② 《新唐书》卷217《回鹘》。
③ 《资治通鉴》卷191《唐纪七》。
④ 《旧唐书》卷194《突厥》。

面探讨。

一、和亲的功能

对这个问题，学术界历来就有不同的看法。由于中原王朝与边疆民族政权关系的复杂性以及历代统治者与边疆民族首领以和亲为手段所要达到目的的多样性，古代和亲的功能自然也较繁多。从中原王朝方面来看，和亲的功能主要有八种；从边疆民族政权方面来看，和亲的功能主要有两种。兹先分析中原王朝方面如下。

（一）羁縻功能

所谓羁縻功能即以和亲笼络边疆民族政权，使其对中原王朝累世归附，从而消弭民族战争，保持边疆安定。所以，有的学者就将和亲政策称之为"羁縻政策"。对和亲的羁縻功能，唐太宗和宋人王钦若都有比较深刻的认识。《旧唐书·铁勒》载：

> （贞观）十六年（642年），（夷男）遣其叔父沙钵罗泥熟俟斤来（唐）请婚，献马三千匹。太宗谓侍臣曰："北狄世为寇乱，今延陀崛强，须早为之所。朕熟思之，唯有二策：选徒十万，击而虏之，灭除凶丑，百年无事，此一策也；若遂其来请，结以婚姻，缓辔羁縻，亦足三十年安静，此亦一策也。未知何者为先？"司空房玄龄对曰："今大乱之后，疮痍未复，且兵凶战危，圣人所慎。和亲之策，实天下幸甚。"太宗曰："朕为苍生父母，苟可以利之，岂惜一女？"遂许以新兴公主妻之。

在唐太宗看来，解除新崛起的薛延陀的威胁只有两种方式：一是出兵征伐；二是和亲羁縻。这两种方式的效果尽管并不相同，但鉴于当时的实际情况，和亲羁縻更为妥当。从房玄龄力主和亲及唐太宗同意以新兴公主出嫁夷男来看，唐朝当时的君臣们对和亲的羁縻功能的认识是一致的。宋代王钦若则认为：

> 汉高始纳奉春之计，建和亲之议，岁用絮缯酒食奉之，非惟解兵息民，亦欲渐而臣之，为羁縻长久之策耳。高后文帝，至于宣元，皆用是道，故得呼韩朝于北阙之下。及魏道武读汉史，至欲以鲁元妻匈奴，为之掩卷太息。于是，以诸女皆厘降于宾附之国，此乃深识从权济时之略焉。《易》曰：惟几也。故能成天下之务，其是之谓乎！①

王钦若对和亲功能的认识更加深刻。在他看来，汉高祖刘邦与匈奴和亲的功能有两个层次，其表层是"解兵息民"，深层则是"渐而臣之，为羁縻长久之策"。这种功能随着和亲次数的增多，表现得越来越突出，政治家们对它的认识也越来越透彻。在汉代的结果是，呼韩邪单于朝于北阙之下；在北魏则是"诸公主皆厘降于宾附之国，朝臣子弟虽名族美产不得尚焉。时蠕蠕闾大肥率宗族归国，尚华阴公主。公主薨，复尚护泽公主"②。而且更为重要的是，王钦若已从汉初到唐朝的和亲历史中看到了历代政治家对和亲的羁縻功能的见解是"深识从权济时之略"，对其大加赞扬。

（二）军事功能

由于经济、政治、文化的差异以及社会发展的不平衡性，中原王朝与边疆民族政权必然产生矛盾，从而导致冲突战争。作为与边疆政策紧密相关的和亲，自然也就具有了军事功能。因为和亲公主是和亲政策的体现者，所以，和亲公主在双方发生矛盾和军事冲突时经常会扮演调停冲突、影响可汗等角色。由于民族关系中的多角关系，和亲往往会成为结交军事同盟的手段，而且，

---

① 《册府元龟》卷978《外臣部·和亲一》。
② 《册府元龟》卷978《外臣部·和亲一》。

在中原王朝发生内乱时，和亲也会成为中原王朝向边疆民族政权借兵的桥梁。

1. 调停军事冲突

唐和吐蕃的关系，自文成公主入藏后"数十年间，一方清净"①。但在松赞干布去世（特别是文成公主去世）后，双方关系一度非常紧张，战争不断。金城公主入藏后，双方仍有战争。在爆发战争时，金城公主始终处于调停地位，既动员说服吐蕃赞普与唐朝君臣尽快缔结停战和约，又积极主动地提出树碑立界，避免争端。如开元五年（717 年）三月，金城公主主动上表，请求唐玄宗亲自签署盟文，尽快结束对立状态。《册府元龟·外臣部·和亲二》云：

> （吐蕃赞普又遣使奉表请和，金城公主上表曰）金城公主奴奴言：季夏极热，伏惟皇帝兄御膳胜尝。奴奴甚平安，愿皇帝兄勿忧。此间宰相向奴奴道赞普甚欲得和好，亦疑亲署誓文。往者，皇帝兄不许亲署誓文，奴奴降蕃，事缘和好，今乃摇动，实将不安，和矜怜奴奴远在他国，皇帝兄亲署誓文，亦非常事，即得两国久长安稳。伏唯念之。②

金城公主的请求表融情理于一体，希望唐玄宗亲署盟文的心情非常迫切。十年之后，双方因唐凉州都督王君𡖉一事爆发战争，唐朝大臣建议唐玄宗派一大臣以慰问金城公主的名义，"因与赞普面相约结，使之稽颡称臣，永息边患"③。开元十八年（730 年）十月，双方"仍于赤岭各树分界之碑，约以更不相侵"④。开元二十一年（733 年）二月，金城公主上书唐玄宗，"请以今年九月一日树碑于赤岭，定蕃汉两界"⑤。同年七月，金城公主又

---

① 《旧唐书》卷 196《吐蕃》。
② 《册府元龟》卷 979《外臣部·和亲二》。
③ 《资治通鉴》卷 213《唐纪二十九》。
④ 《旧唐书》卷 196《吐蕃》。
⑤ 《册府元龟》卷 979《外臣部·和亲二》。

上表唐玄宗曰:

> 妹奴奴言,李行祎至,奉皇帝兄正月敕书,伏承皇帝万福,奴惟加喜跃。今得舅甥和好,永无改张,天下黔庶,并皆安乐。然去年崔琳回日,请置府,今李行祎至,及尚他辟回,其府事不蒙进止,伏望皇帝兄商量,矜奴所请。吐蕃赞普献书曰使人李行祎至,奉书,又尚他辟回日,所令传语,并且承命。且汉与吐蕃,俱是大国,又复先来宿亲,自合同和,天下苍生,悉皆快活,赞扬盛德,当无尽期,及至久长,亦无改变。恐彼此边界,黎庶不委长和,虑有恶人,妄生乱意,请彼此差使相监。从沙州已来、洮州已来,分明报告,使无疑虑,即将永定。今奉皇帝金铨、马瑙、胡瓶、羚羊、衫段、金银铕盘器等,以充国信。①

由金城公主的上表可见,和亲的调停军事冲突的功能是非常突出的。

2. 影响边疆民族政权

这一功能是由和亲公主在边疆民族政权中的地位所决定的。我们知道,中原王朝的和亲公主出嫁边疆民族政权的首领都被立为阏氏或可敦(可敦又称可贺敦,相当于中原王朝的后妃),根据边疆民族的习俗,"可贺敦知兵马事"②,参决军政大事。因此,中原王朝与边疆民族政权和亲的用意之一,是希望和亲公主在关键时刻影响边疆民族政权。唐武宗令李德裕起草的一份责备太和公主的诏书中就透露出了这一功能的信息。诏书云:

> 先朝割爱降婚,义宁家国,谓回鹘必能御侮,安静塞垣。今回鹘所为,甚不循理,每马首南向,姑得不畏高祖、太宗之威灵!欲侵扰边疆,岂不思太皇太后慈爱!为其国母,足得指挥;若回鹘不能禀命,则是弃绝姻好,今日已

---

① 《册府元龟》卷979《外臣部·和亲二》。
② 《旧唐书》卷63《萧瑀》。

后，不得以姑为词！①

太和公主遭到责备并受到冷遇，是因为她没有发挥好"影响"的作用，说明中原王朝对和亲公主的"影响"功能的期望值是很高的。

3. 结交同盟

在中国古代，由于众多政权尤其是边疆民族政权的存在，以及战争的复杂性和持久性，和亲往往成为结交军事同盟的手段，必然具有结交同盟的功能。《汉书》卷61《张骞》载：

> 天子（汉武帝）数问骞大夏之属。骞既失侯，因曰："臣居匈奴中，闻乌孙王号昆莫。昆莫父难兜靡本与大月氏俱在祁连、敦煌间，小国也。大月氏攻杀难兜靡，夺其地，人民亡走匈奴。……今单于新困于汉，而昆莫地空。蛮夷恋故地，又贪汉物，诚以此时厚赂乌孙，招以东居故地，汉遣公主为夫人，结昆弟，其势宜听，则是断匈奴右臂也。既连乌孙，自其西大夏之属皆可招来而为外臣。"天子以为然……

细君公主和解忧公主正是担负"连乌孙""断匈奴右臂"的使命而出嫁乌孙的。414 年（后秦皇初二十一年，北魏神瑞元年），后秦国君姚兴与平阳太守姚成都就是否与北魏和亲的一段对话，充分体现了和亲的结交同盟之功能。姚兴说："卿久处东藩，与魏邻接，应悉彼事形。今来求婚，吾已许之，终能分灾共患，远相接援以不？"姚成都回答："魏自柴壁克捷已来，戎甲未曾损失，士马桓桓，师旅充盈。今修和亲，兼婚姻之好，岂但分灾共患而已，实亦永安之福也。"②姚兴听后，同意和亲，次年即把西平公主送到北魏。

在南北朝时期，柔然势力大增，具有举足轻重地位。东魏和

---

① 《资治通鉴》卷246《唐纪六十二》。
② 《晋书》卷118《姚兴》。

西魏都曾以和亲方式积极争夺柔然，结交同盟。大统六年（540年），东魏派相府功曹张徽纂出使柔然，对柔然人说，西魏文帝"又杀阿那瓌之女，妄以疏属假公主之号，嫁彼为亲。……彼女既见害，欺诈相待，不仁不信，宜见讨伐。……彼若深念旧恩，以存和睦，当以天子懿亲公主结成姻媾，为遣兵将，伐彼叛臣……"[1]。

在西魏北周和隋唐时期，中原王朝更是以和亲方式争夺突厥，结交同盟。这方面的例证较多，仅举两例。

其一，《资治通鉴》卷169《陈纪三》载：

> 初，周人欲与突厥木杆可汗连兵伐齐，许纳其女为后，遣御伯大夫杨荐及左武伯太原王庆往结之。齐人闻之惧，亦遣使求婚于突厥，赂遗甚厚。木杆贪齐币重，欲执荐等送齐。荐知之，责木杆曰："太祖昔与可汗共敦邻好，蠕蠕部落数千来降，太祖悉以付可汗使者，以快可汗之意，如何今日遽欲背恩忘义，独不愧鬼神乎？"木杆惨然良久曰："君言是也。吾意决矣，当相与共平东贼（北齐），然后送女。"荐等复命。……戊子，遣忠将步骑一万，与突厥自北道伐齐，又遣大将军达奚武帅步骑三万，自南道出平阳，期会于晋阳。

其二，《旧唐书》卷51《后妃》载：

> 高祖太穆皇后窦氏，京兆始平人，隋定州总管、神武公毅之女也。后母，周武帝姊襄阳长公主。……周武帝特爱重之，养于宫中。时武帝纳突厥女为后，无宠，后尚幼，窃言于帝曰："四边未静，突厥尚强，愿舅抑情抚慰，以苍生为念。但须突厥之助，则江南、关东不能为患矣。"武帝深纳之。

以上两例充分显示了和亲的结交同盟的功能。西魏北周和东

---

① 《北史》卷98《蠕蠕》。

魏北齐的君臣们都深刻地认识到了这一点，就连生活于宫中的窦毅之幼女都看清了这一功能，可见和亲的结交同盟功能之突出地位。到了唐代，这一功能仍时有显露，唐朝名将仆固怀恩就说过"二女远嫁，为国和亲，合纵殄灭"① 的话，把"和亲"与"合纵"联系在一起，说明他的民族关系理念确有比较独到之处。

辽与西夏的和亲也是为了结交同盟。辽当时为了牵制北宋的兵力，迫切希望与西夏结为同盟；西夏为了收复五州失地，也急需与辽结为盟好。统和四年（986 年），夏派使者向辽求婚，"契丹王许之"（《西夏书事》）。据《西夏书事》记载，"时契丹将耶律盼与宋战于秦州，不利。契丹主欲使继迁牵制宋兵，许以公主归之"。

4. 借兵报恩

这一功能在唐与回纥的多次和亲中表现得最为突出。《唐大诏令集》卷 42 载：

> 顷自凶渠作乱（指安史之乱），宗社阽危。回纥特表忠诚，载怀奉国，所以兵逾绝漠，力徇中原，亟除青犊之妖，实赖乌孙之助。而先有情款，固求姻好。今两京底定，百度惟贞，奉皇舆而载宁，缵鸿业而攸重。斯言可复，厥德难忘。爰申降主之礼，用答勤王之志。且骨肉之爱，人情所钟。离远之怀，天属尤切，况将适异域，宁可轸念。但上缘社稷，下为黎元，遂抑深慈，为国大计。是用筑兹外馆，割自中闱，将成万里之婚，冀定四方之业。

唐肃宗在这份诏书中把和亲与借兵的关系讲得非常清楚。光亲可敦与崇徽公主出塞和亲的主要功能仍是借兵报恩。对此，仆固怀恩和常衮都有深刻的认识。仆固怀恩认为，"臣有二女（指光亲可敦和崇徽公主），远嫁外夷，为国和亲，荡平寇敌"② 。又

---

① 《旧唐书》卷 121《仆固怀恩》。
② 《资治通鉴》卷 223《唐纪三十九》。

说:"女嫁绝域,再收两京,皆导引回纥,摧灭强敌。"① 常衮则以唐代宗的口吻说:"我有亲邻,称雄贵部,分救灾患,助平寇虞。固可申以婚姻,厚其宠渥。况有诚请,爰从归配。是用封曰崇徽公主,出降回纥可汗,册曰可敦。割爱公主,嫔于绝域。"②

(三) 监督和左右可汗及内应功能

和亲公主出塞后,一般都被立为可敦,可以参决军政大事,具有极高的政治地位。这是中原王朝乐于与边疆民族政权和亲的内动力之一。而和亲公主由于地位特殊及对母国的感情,一般都会有发挥监督和左右可汗的功能,在关键时刻,成为母国的内应。如北魏出嫁北凉的武威公主在北魏出兵北凉时,她便成为内应,对北魏大军"通密计"③,使魏军顺利地攻克了凉州。再如出嫁高昌的华容公主对"西域诸国所有动静,辄以奏闻"④,扮演了隋唐高级情报员的角色。又如出嫁奚国的固安公主,当她得知牙官塞默羯准备发动叛乱投奔突厥的图谋时,便设计刺杀了塞默羯⑤,巩固了奚与唐朝的臣属关系。

(四) 分化离间功能

总的来看,中原王朝的封建帝王不愿看到边疆民族政权强盛的景况。因为边疆民族政权一旦强大,就有可能对中原王朝构成威胁。所以,中原王朝常分化瓦解边疆民族政权,使其权小势分,无法与中原王朝抗衡。而和亲即具有这方面的功能。隋代的长孙晟、裴矩和唐代的郭元振、契苾何力 (铁勒人) 对此都有比

---

① 《旧唐书》卷 121 《仆固怀恩》。
② 《全唐文》卷 415 《册崇徽公主文》,北京,中华书局,1983 (本书所引《全唐文》均为此版本,下同)。
③ 《北史》卷 80 《李惠》。
④ 《旧唐书》卷 198 《高昌》。
⑤ 《唐会要》卷 6 《和蕃公主》。

较系统的认识。据《资治通鉴》卷178记载，开皇十三年（593年），突厥突利可汗派使者向隋求婚，隋文帝派裴矩对突利可汗说："当杀大义公主，乃许婚。""突利复谮之于都蓝，都蓝因发怒，杀公主，更表请婚，朝议将许之。"[①] 在这种情况下，长孙晟上奏隋文帝说：

> 臣观雍闾，反覆无信，特共玷厥有隙，所以依倚国家。纵与为婚，终当必叛。今若得尚公主，承藉威灵，玷厥、染干必又受其征发。强而更反，后恐难图。且染干者，处罗侯之子也，素有诚款，于今两代。臣前与相见，亦乞通婚，不如许之，招令南徙，兵少力弱，易可抚驯，使敌雍闾，以为边捍。[②]

在长孙晟看来，都蓝可汗之所以向隋求婚，是因为他想借助隋朝的"威灵"迅速发展统一内部，待强大之后，重新叛隋。因此，不如拒绝和亲，压抑都蓝，转而许婚较弱之染干，使他牵制都蓝，从而进一步分化突厥。隋文帝觉得长孙晟的看法很有道理，遂"复遣（长孙）晟慰谕染干，许尚公主"[③]。隋文帝对突厥大小二位可汗求婚的一拒一许，都体现了和亲分化瓦解突厥的政治功能。

隋炀帝时，黄门侍郎裴矩对和亲分化瓦解边疆民族政权的政治功能认识更加明确。《隋书》卷84《突厥》载：

> （大业）六年（610年），（隋炀帝）遣侍御史韦节召处罗，令与车驾会于大斗拔谷。其国人不从，处罗谢使者，辞以他故。帝大怒，无如之何。适会其酋长射匮遣使来求婚，裴矩因奏曰："处罗不朝，恃强大耳。臣请以计弱之，分裂其国，即易制也。射匮者，都六之子，达头之孙，世为可

---

① 《资治通鉴》卷178《隋纪二》。
② 《隋书》卷51《长孙晟》。
③ 《资治通鉴》卷178《隋纪二》。

汗，君临西面。今闻其失职，附隶于处罗，故遣使来，以结援耳。愿厚礼其使，拜为大可汗，则突厥势分，两从我矣。"帝曰："公言是也。"因遣裴矩朝夕至馆，微讽谕之。帝于仁凤殿召其使者，言处罗不顺之意，称射匮有好心，吾将立为大可汗，令发兵诛处罗，然后当为婚也。

如果说隋代的长孙晟、裴矩只看到了和亲分化瓦解边疆民族政权从而使其皆从隋朝和成为隋朝"边捍"的话，那么唐代的契苾何力和郭元振则深化了上述认识。他们不仅看到和亲的分化离间功能，而且还认识到了和亲能使边疆民族政权"祸乱内兴"。《新唐书》卷110《契苾何力》载：

（贞观）十六年（642 年）……即诏兵部侍郎崔敦礼持节许延陀尚主，因求何力，乃得还。授右骁卫大将军。（新兴）公主行有日，何力陈不可。帝曰："天子无戏言，既许之，匚奈何？"何力曰："礼有亲迎，宜诏毗伽身到京师，或诣灵武。彼畏我，必不来，则姻不成，而忧愤不知所出，下必为贰，不及一年，交相疑沮。毗伽素很戾，必死，死则二子争国。内判外携，不战而禽矣。"帝然之。毗伽果不敢迎……恚而死，少子拔酌杀其庶兄突利失自立，国中乱，如其策云。

武则天时郭元振对和亲这一功能的认识更加露骨。万岁通天元年（696 年）九月，吐蕃再次派使臣到唐都长安请求和亲，开始武则天未置可否，先派郭元振前往吐蕃考察，然后决定是否同意和亲。郭元振回唐后上书武则天认为，"吐蕃百姓疲于徭戍，早愿和亲；钦陵利于统兵专制，独不欲归款。若国家岁发和亲使，而钦陵常不从命，则彼国之人怨钦陵日深，望国恩日甚，设欲大举其徒，固亦难矣。斯亦离间之渐，可使其上下猜阻，祸乱内兴矣"①。武则天很欣赏这一主张，从此，数年之间，"吐蕃君

---

① 《资治通鉴》卷 205《唐纪二十一》。

臣果相猜贰，因诛大将论钦陵。其弟赞婆及兄子莽布支并来降"①。

（五）安边功能

这一功能主要体现在如下两个方面：

1. 划疆立界

从古代民族关系来看，凡是中原王朝与边疆民族政权疆界清晰的，则双方关系一般都比较平稳；凡是双方边疆界不明、变化频繁，往往会引起纠纷，导致战争。而中原王朝与边疆民族政权的和亲往往强调双方疆界的明确性，因此和亲便具有了划疆立界的安边功能。如汉文帝时通过与匈奴和亲，重新规定双方以长城为界："长城以北引弓之国受令单于，长城以内冠带之室朕亦制之，使万民耕织，射猎衣食，父子毋离，臣主相安，（俱）无暴虐。"② 再如突厥沙钵略与千金公主结合后，"乃立约，以碛为界"③。

2. 保塞

如匈奴呼韩邪单于与王昭君结合后，主动向汉元帝保证说："愿保塞上谷以西至敦煌，传之无穷，请罢边备塞吏卒，以休天子人民。"④ 突厥沙钵略与千金公主结合后，曾上书隋文帝，表示"天无二日，土无二王，大隋皇帝真皇帝也，岂敢阻兵恃险，偷窃名号！今感慕淳风，归心有道，屈膝稽颡，永为藩附"⑤。和义公主出嫁宁远后，宁远王阿悉烂达干表示"誓为边捍"⑥。

正是由于和亲具有划疆立界及保塞的安边功能，所以和亲颇

① 《旧唐书》卷97《郭元振》。
② 《汉书》卷94《匈奴》。
③ 《资治通鉴》卷176《陈纪十》。
④ 《汉书》卷94《匈奴》。
⑤ 《资治通鉴》卷176《陈纪十》。
⑥ 《册府元龟》卷979《外臣部·和亲二》。

受历代政治家的推崇。唐中宗曾说："金城公主，朕之少女，岂不钟念，但为人父母，志息黎元，若允乃诚祈，更敦和好，则边土宁晏，兵役服息。遂割深慈，为国大计，筑兹外馆，聿膺嘉礼，降彼吐蕃赞普……"[①] 唐宪宗时，礼部尚书李绛认为："和亲则烽燧不惊，城堞可治，盛兵以畜力，积粟以固军。"[②]

（六）解围功能

解围是和亲的一种最原始、最简单直接及对后世影响最小的一种功能。这种功能根基于汉族女子的美丽、和亲公主在边疆民族政权的地位及战争中的力量对比。在古代和亲史上，"平城之围""雁门之围"和"马邑之围"的解除，最能说明和亲的这种功能。

先谈"平城之围"。汉高祖六年（前201年），刘邦被匈奴冒顿单于围困达七天七夜。当时，刘邦和部下束手无策，而陈平则去劝说匈奴阏氏（相当于中原王朝的后妃）说："汉有好丽美女，为道其容貌天下无有，今困急，已驰使归迎取，欲进与单于。单于见此人，必大好爱之，爱之，则阏氏日以疏远，不如及其未到，令汉得脱去，去，亦不持女来矣。阏氏妇女，有妒之性，必憎恶而事去之。"（《桓子新论》）据应劭说，陈平"使画工图美女，间遗阏氏曰：'汉有美女如此，今皇帝困急，欲献之。'阏氏畏其夺己宠，言于冒顿，令解围"[③]。此外还有雕木之工"状佳人之美云云"（王先谦：《汉书补注》）。这些记载虽出于多人之手，但汉以美人计解除了"平城之围"则是毫无疑问的。当然，这位美女并不能与和亲公主同等看待，这次事件也并非严格意义上的和亲，但这次拟献美女于冒顿单于却启发了刘敬，并成了汉匈第

---

① 《旧唐书》卷196《吐蕃》。
② 《新唐书》卷217《回鹘》。
③ 《资治通鉴》卷11《汉纪三》。

一次和亲的契机，所以，有人称其为"以美女作苟安的城堡，美其名以自欺曰和亲"（鲁迅：《坟·灯下漫笔》）。

再谈"雁门之围"。大业十一年（615年）八月，隋炀帝被突厥始毕可汗围困于雁门，最后由义成公主出面而解围。《旧唐书》卷63《萧瑀》对此有详细记载：

> 炀帝至雁门，为突厥所围，瑀进谋曰："如闻始毕托校猎至此，义成公主初不知其有违背之心。且北蕃夷俗，可贺敦知兵马事。昔汉高祖解平城之围，乃是阏氏之力。况义成以帝女为妻，必恃大国之援。若发一单使以告义成，假使无益，事亦无损。臣又窃听舆人之诵，乃虑陛下平突厥后更事辽东，所以人心不一，或致挫败。请下明诏告军中，赦高丽而专攻突厥，则百姓心安，人自为战。"炀帝从之，于是发使诣可贺敦谕旨。俄而突厥解围去，于后获其谍人，云：义成公主遣使告急于始毕，称北方有警，由是突厥解围，盖公主之助也。

最后谈"马邑之围"。武德六年（623年）十月，突厥颉利可汗发兵攻打马邑，唐右武侯大将军李高迁率众夜逃，颉利乘机"帅众攻城，（朔州总管高）满政出兵御之，或一日战十余合。上命行军总管刘世让救之，至松子岭，不敢进，还保崞城。会颉利遣使求婚，上（唐高祖）曰：'释马邑之围，乃可议婚。'颉利欲解兵，义成公主固请攻之。颉利以高开道善为攻具，召开道，与之攻马邑甚急。颉利诱满政使降，满政骂之。粮且尽，救兵未至，满政欲溃围走朔州，右虞候杜士远以虏兵盛，恐不免，壬戌，杀满政降于突厥，苑君璋复杀城中豪杰与满政同谋者三十余人。上以满政子玄积为上柱国，袭爵。丁卯，突厥复请和亲，以马邑归唐"[1]。

---

[1] 《资治通鉴》卷190《唐纪六》。

（七）经济功能

这一功能主要是由边疆民族政权的生存环境、经济条件，以及中原王朝与边疆民族政权关系的冷热程度所决定的，当然也取决于中原王朝的经济状况。互市和赐予（包括嫁奁）最能体现和亲的经济功能。

1. 互市

明代兵部员外郎杨继盛曾说，"互市者，和亲之别名也"①。说明和亲与互市同为一体，密不可分。如汉景帝与匈和亲，"通关市，给遗单于，遣翁主如故约"②。汉武帝初期，汉与匈奴"明和亲约束，厚遇通关市，饶给之。匈奴自单于以下皆亲汉，往来长城下"③。隋文帝时，突厥"请缘边置市，与中国贸易"④。在不同朝代，互市的物品也不尽相同。大致说来，在两汉及魏晋南北朝时期，中原王朝多以金、缯、絮、食物、粮种换取边疆民族的马、驼等；在隋唐时期，中原王朝多以绢、粮食、茶叶及铁器换取边疆民族的羊、马。在正常情况下，双方会遵循公平原则，互通有无，互惠互利。但有时会偏离公平原则，使一方深受其害，如唐与回纥的互市就是这方面的典型例证。

2. 赐予

在古代，中原王朝通过和亲对边疆民族政权的赐予（包括和亲公主的嫁妆），不仅种类繁多，而且数量很大。刘敬（娄敬）首倡和亲之策时曾向汉高祖刘邦建议说："陛下诚能以适长公主妻之，厚奉遗之，彼知汉适女送厚，蛮夷必慕以为阏氏。"⑤ 唐中

---

① 《明史》卷209《杨继盛》，长沙，岳麓出版社，1996（本书所引《明史》均为此版本，下同）。
② 《汉书》卷94《匈奴》。
③ 《史记》卷110《匈奴列传》。
④ 《北史》卷99《突厥》。
⑤ 《史记》卷99《刘敬列传》。

宗时右补阙卢俌称"汉高帝纳娄敬之议，与匈奴和亲，妻以宗女，赂以巨万"①。孝文帝与匈奴和亲，汉"输遗匈奴甚厚"②。兰陵公主出嫁柔然，所带嫁妆及日常生活用品"咸出丰渥"③。义成公主出嫁突厥，隋对突厥"种种无少短"④。唐高祖武德五年（622 年），派人"赍布帛数万段与（突厥）结和亲"⑤。唐玄宗与契丹、奚和亲，唐对契丹"赐物五万段"，对奚"赐物三万段"⑥，又对固安公主个人"赏赐累万"⑦。唐与回纥和亲时的赐予更多，仅长庆二年（822 年）一次，唐穆宗就送给回纥可汗及太和公主绢帛十二车。⑧

（八）文化功能

和亲的文化功能是由多方面内容构成的，主要有如下几个方面：

1. 礼仪文化

中国自上古即已粗具嫁娶形式，但未形成定制。至西周始制定周礼，并将婚礼列为专章，明确规定纳采、问名、纳言、纳征、请期、亲迎等为六礼，对仪式尤其重视。《礼记·昏义》上称："昏礼者，将合二姓之好，上以事宗庙，而下以继后世也。故君子重之。是以昏礼纳采、问名、纳吉、纳征、请期，皆主人筵几于庙，而拜迎于门外。入，揖让而升，听命于庙，所以敬慎重正昏礼也。……敬慎重正而后亲之，礼之大体，而所以成男女之别，而立夫妇之义也。男女有别，而后夫妇有义；夫妇有义，

---

① 《旧唐书》卷 194《突厥》。
② 《汉书》卷 94《匈奴》。
③ 《北史》卷 98《蠕蠕》。
④ 《隋书》卷 84《突厥》。
⑤ 《旧唐书》卷 60《宗室》。
⑥ 《册府元龟》卷 979《外臣部·和亲二》。
⑦ 《唐会要》卷 6《和蕃公主》。
⑧ 《旧唐书》卷 195《回纥》。

而后父子有亲；父子有亲，而后君臣有正。故曰：'昏礼者礼之本也。'"① 所谓"六礼"，就是婚姻必须遵守的六种仪节，也是婚礼进行应有的程序，将这些仪节一一完成，婚礼才算正式、严肃、合法。六礼为周人所制。但自上古以至清末，部分的或存或废，历代都有些变更，可对婚姻的重视却一直保持下来。古代和亲也非常注重"六礼"。如开皇十七年（597年）"突厥突利可汗来逆女，上舍之太常，教习六礼，妻以宗女安义公主"②。再如唐太宗时与吐蕃和亲，其王松赞干布"见王人执子婿礼甚谨"③。从现有史料来看，唐与回纥和亲的礼仪最为完备，主要有十项内容：（1）请婚；（2）纳采、迎亲；（3）指名；（4）使节加官；（5）受命；（6）出嫁；（7）可汗受册；（8）可敦受册；（9）赐唐使归；（10）谢婚。由此可见，中原王朝与边疆民族政权对和亲的礼仪都非常重视。如果婚礼不备，就很难成亲。如永元十六年（104年），匈奴"北单于遣使诣阙贡献，愿和亲，修呼韩邪故约。（东汉）和帝以其旧礼不备，未许之，而厚加赏赐，不答其使。元兴元年（105年），重遣使诣敦煌贡献，辞以国贫未能备礼，愿请大使，当遣子入侍。时邓太后临朝，亦不答其使，但加赐而已"④。尽管北匈奴一再声称"国贫未能备礼"，并想以遣子入侍弥补缺礼，但汉和帝及邓太后仍不允诺，可见中原王朝对婚礼的重视程度。再如唐太宗许婚薛延陀首领夷男后，"乃发使受其羊马，然夷男先无府藏，调敛其国，往返且万里，既涉沙碛，无水草，羊马多死，遂后期。太宗于是停幸灵州。既而其聘羊马来至，所耗将半。议者以为夷狄不可礼义畜，若聘财未备而与之婚，或轻中国，当须要其备礼，于是下诏绝其婚"⑤。又如开元十

① 《礼记·昏义》。
② 《资治通鉴》卷178《隋纪二》。
③ 《通典》卷190《边防六》。
④ 《后汉书》卷119《南匈奴》。
⑤ 《旧唐书》卷199《铁勒》。

二年（724 年）八月丙申，突厥默啜可汗遣使哥解颉利发来献方物，唐玄宗及其大臣则以"婚姻将传永久，契约须重，礼数宜周，今来人既轻，礼亦未足"[①]为由，拒绝和亲。另如中和三年（883 年）七月，南诏王再次派扬奇肱到唐迎接安化公主，唐僖宗则因"銮舆巡幸，仪物未备"[②]，无限期推迟婚期。

2. 服饰文化

如隋与高昌和亲，高昌王麴伯雅下令"既沐浴和风，庶均大化，其庶人以上皆宜解辫削衽"[③]。隋炀帝对此大加赞赏，赐以"衣冠之具，仍班制造之式。并遣使人部领将送。被以采章，复见车服之美，弃彼毡氍，还为冠带之国"[④]。又如贞观十五年（641 年），唐太宗"以宗室女封文成公主，降于吐蕃赞普，命礼部尚书江夏王道宗送之。赞普亲迎于河源，见王人执子婿礼甚谨，睹大国服饰礼仪之美，俯仰有愧沮之色，谓所亲曰：'我祖父未有通婚大国者，今我得尚大唐公主，当筑一城，以夸后代'"[⑤]。正是由于和亲具有这方面功能，所以边疆民族政权在服饰文化方面有较多变化。我们将在后面详细讨论这一问题。

3. 音乐文化

如建武二十八年（52 年），北匈奴再次派求婚使团到达洛阳，"更乞和亲，亦请音乐"[⑥]。又如周武帝与突厥和亲，娶突厥女为皇后，"西域诸国来媵，于是龟兹、疏勒、安国、康国之乐，大聚长安"[⑦]。

---

① 《册府元龟》卷 979《外臣部·和亲二》。
② 《资治通鉴》卷 255《唐纪七十一》。
③ 《隋书》卷 83《高昌》。
④ 《隋书》卷 83《高昌》。
⑤ 《通典》卷 190《边防六》。
⑥ 《册府元龟》卷 978《外臣部·和亲一》。
⑦ 《旧唐书》卷 29《音乐》。

4. 建筑文化

如细君公主出嫁乌孙后，"自治宫室居"①；安义公主出嫁突厥后，隋在朔州为其建造了大利城②；文成公主出嫁吐蕃后，松赞干布为其建筑一城。③

中国古代和亲的以上八大功能主要是就中原王朝而言的，而从边疆民族政权方面来看，和亲的功能主要有两种。

（九）结交大国，抬高地位

由于生存环境、社会发展程度以及经济发展速度、文化等差异，造成中原农业与边疆游牧民族的对峙，边疆民族政权大都畏惧中原王朝的威势。在隋唐时期，这种情况尤为突出。众所周知，隋朝建立后，进行了一系列的统一战争，在边疆民族政权中的地位比北齐、北周大有提高。唐朝建立后，对周边民族政权进行了一系列征战，显示了唐王朝的国威，唐皇帝因此受到了边疆民族首领的敬畏。贞观四年（630 年）三月，"诸蕃君长诣阙，请太宗为天可汗"④，说明边疆民族首领承认唐皇帝是各民族共同的最高的可汗，并自愿接受唐的领导。贞观二十年（646 年），唐出兵灭薛延陀后，太宗亲幸灵州，"敕勒诸部俟斤遣使相继诣灵州者数千人，咸云：'愿得天至尊为奴等天可汗，子子孙孙常为天至尊奴，死无所恨'"⑤。唐帝国在边疆民族中享有极高的声望。此后，虽然自武则天当政到唐玄宗即位期间，唐帝国在边疆民族中的声誉有所减弱，但到唐玄宗开元盛世又得到了恢复和加强。天宝六载（747 年），唐玄宗令安西都护高仙芝讨伐臣附于

① 《汉书》卷 96 《乌孙》。
② 《隋书》卷 84 《突厥》。
③ 《通典》卷 190 《边防六》。
④ 《唐会要》卷 100 《杂录》。
⑤ 《资治通鉴》卷 198 《唐纪十四》。

吐蕃的小勃律国，取得了重大胜利，"于是拂菻（即东罗马）大食（即阿拉伯）诸胡七十二国皆震恐，咸归附"[1]。唐的声威已波及西亚和欧洲。直到永泰元年（765 年）回纥见到唐将郭子仪时，仍称唐太宗为"天可汗"[2]。这说明边疆民族对唐的向心力极强。正因如此，边疆民族政权之间或边疆民族内部不同势力之间发生纠纷时，往往请唐朝评判（如吐蕃、吐谷浑），也有向中原请援的（如突厥沙钵略所部、阿波所部、达头可汗所部、贪汗可汗所部、沙钵略从弟地勤察所部的内争，各遣使向隋文帝求援）。所以，边疆民族政权或边疆民族内部的各种势力，为了巩固自身地位，往往向唐求婚，希望以此取得政治上的靠山，要挟其他边疆民族政权或其他势力。长孙晟曾上奏隋文帝说："臣观雍间，反覆无信，特共玷厥有隙，所以依倚国家。纵与为婚，终当必叛。今若得尚公主，承藉威灵，玷厥、染干必又受其征发。强而更反，后恐难图。"[3] 开皇十七年（597 年），隋文帝将宗女安义公主嫁启民可汗染干，都蓝可汗雍虞闾大怒，说："我，大可汗也，反不如染干！"[4] 遂停止对隋的朝贡，发兵侵边。吐蕃王松赞干布听说突厥和吐谷浑王都已与唐朝和亲，便派使臣向唐求婚。当他的使臣回来把唐太宗没有许婚的原因归咎于吐谷浑王的离间时，松赞干布感到自尊心受到挫伤，遂和羊同一起出兵吐谷浑，把吐谷浑赶到青海之阴，随后致书唐太宗："若不许嫁公主，当亲提兵五万，夺尔唐国，杀尔，夺取公主。"（《世系明鉴》）在雄心勃勃的松赞干布眼里，吐蕃不比吐谷浑、突厥弱小，吐谷浑和突厥可以娶唐公主，自己也理所当然地要得到唐公主，否则，在政治地位上比他们低了一等，这是不能容忍的。突厥更是从政

---

① 《新唐书》卷 221《大勃律》。
② 《旧唐书》卷 195《回纥》。
③ 《隋书》卷 51《长孙晟》。
④ 《隋书》卷 84《突厥》。

治上考虑与唐和亲。贞观三年（629年）唐太宗赐给薛延陀首领夷男一支宝鞭，一把宝刀，"夷男甚喜。突厥颉利可汗大惧，始遣使称臣，请尚公主，修婿礼"①。唐朝也看出了他们的这一心理。景云二年（711年），御史中丞和逢尧出使突厥，劝默啜可汗说："处密、坚昆闻可汗结婚于唐，皆当归附。可汗何不袭唐冠带，使诸胡知之，岂不美哉！"② 默啜可汗次日就向唐称臣求婚。开元十三年（725年），唐中书直省袁振出使突厥，突厥小杀对袁振说："吐蕃……唐国与之为婚；奚及契丹旧是突厥之奴，亦尚唐家公主；突厥前后请结和亲，独不蒙许，何也？"袁振解释说："你已经做了唐天子的儿子，不宜结为婚姻。"小杀仍然埋怨说："奚和契丹也受赐李姓，仍娶唐朝公主，现在突厥只依这一先例也该与唐和亲。"如果"频请不得，实亦羞见诸蕃。"③ 显而易见，突厥向唐求婚是想结交唐朝，抬高自己的身价。为此，边疆民族政权的首领便想方设法与中原王朝和亲。

（十）获取巨额经济利益

北方边疆民族大都生活于沙漠石碛、茫茫草原，许多生活物品需仰给于农业民族。而中原地区自然条件较好，物品极其丰富，形成互补情况，这就容易刺激边疆民族对中原财物的贪欲，而与中原王朝和亲则是获取财物的重要渠道。如汉与匈奴和亲的基础，是匈奴"贪汉重币"④，在和亲时投降匈奴的中行说则说得更加明确："汉使毋多言，愿汉所输匈奴缯絮、米蘖，令其量中，必善美而已，何以为言乎？"⑤ 突厥曾一度专靠和亲从中原得到各

① 《资治通鉴》卷193《唐纪九》。
② 《资治通鉴》卷210《唐纪二十六》。
③ 《旧唐书》卷194《突厥》。
④ 《史记》卷99《刘敬列传》。
⑤ 《汉书》卷94《匈奴》。

种财物。《北史·突厥》称:"自俟斤以来,其国富强,有凌轹中夏之志。朝廷既与之和亲,岁给缯絮、锦彩十万段。突厥在京师者,又待以优礼,衣锦食肉,常以千数。齐人惧其寇掠,亦倾府藏以给之。他钵(可汗)弥复骄傲,乃令其徒属曰:'但使我在南两个儿孝顺,何惧无物邪?'"回纥自与唐朝和亲后,接连不断地向唐索取马价绢更能说明问题。[①]

二、和亲的影响

正由于中国古代和亲具有多方面的功能,所以和亲的影响也是多方面的。当然,和亲的影响既有短程与长程之分,又有直接与间接之别。就短程而言,和亲一方面可能滋长屈辱、苟安心理,另一方面可使中原王朝减少边患而延长统治年代;就长程而言,可以巩固和发展大一统局面,增进民族之融合、文化之交流及经济之繁荣;就和亲的直接影响而言,有民族交流、财物之输送,关市之开放及筑城等方面;就和亲的间接影响而言,有"君臣一体"理念的形成、习俗文化的吸收与交融及心理观念之沟通等内容。下面就具体分析这些影响。

(一)政治影响

从某种意义上说,和亲是一种政治行为,因此,和亲与政治紧密相关,在政治方面的影响尤其突出。这里着重从如下三个方面加以分析。

1. "君臣一体"理念的形成

君臣关系本是同一政权内国君与臣民的隶属关系,一般遵循儒家所规范的行为准则。孔子主张忠君尊王,称君臣关系是"君

---

① 《册府元龟》卷979《外臣部·和亲二》。

使臣以礼，臣事君以忠"①，"唯天子受命于天，士受命于君"②。他对季氏八佾舞于庭深恶痛绝，斥责说："是可忍，孰不可忍也！"③ 师旷称君臣关系应是"良君将赏善而刑淫，养民如子，盖之如天，容之如地；民奉其君，爱之如父母，仰之如日月，敬之如神明，畏之如雷霆……"④ 中原王朝通过与边疆民族政权和亲，着重于政治，即希望形成这种理念。如汉文帝刚即位时与匈奴"复修和亲"⑤，匈奴单于还宣称"楼兰、乌孙、呼揭及其旁二十六国皆已为匈奴。诸引弓之民并为一家，北州以定"⑥，但通过再次和亲，匈奴单于已认同汉文帝的"两国之民若一家子"⑦ 的理念。这次和亲后，匈奴单于致书汉文帝说："二国已和亲，两主欢说（悦），寝兵休卒养马，世世昌乐……"汉文帝则回信表示："朕与单于皆捐细故，俱蹈大道（也），堕坏前恶，以图长久，使两国之民若一家子。元元万民，下及鱼鳖，上及飞鸟，跂行喙息蠕动之类，莫不就安利，避危殆。故来者不止，天之道也。俱去前事，朕释逃虏民，单于毋言章尼等。朕闻古之帝王，约分明而不食言。单于留志，天下大安，和亲之后，汉过不先。单于其察之。"⑧

中原王朝与突厥和亲后，沙钵略可汗曾致书隋文帝说："皇帝是妇父，即是翁，此是女夫，即是儿例。两境虽殊，情义是一。今重叠亲旧，子子孙孙，乃至万世不断，上天为证，终不违负。此国所有羊马，都是皇帝畜生，彼有缯彩，都是此物，彼此有何异也！"隋文帝回信表示："既是沙钵略妇翁，今日看沙钵略

---

① 《论语·八佾》。
② 《礼记·表记》。
③ 《论语·八佾》。
④ 《左传·襄公十四年》。
⑤ 《汉书》卷94《匈奴》。
⑥ 《汉书》卷94《匈奴》。
⑦ 《汉书》卷94《匈奴》。
⑧ 《汉书》卷94《匈奴》。

共儿子不异。"① 后来又上表隋文帝，表示："天无二日，土无二王，大隋皇帝真皇帝也，岂敢阻兵恃险，偷窃名号！今感慕淳风，归心有道，屈膝稽颡。永为藩附。"② 至此，"君臣一体"理念即已形成。这正如隋文帝在一份诏书中所说的那样：

> 沙钵略称雄漠北，多历世年，百蛮之大，莫过于此。往虽与和，犹是二国，今作君臣，便成一体。情深义厚，朕甚嘉之。荷天之休，海外有截，岂朕薄德所能致此！已敕有司肃告郊庙，宜普颁天下，咸使知闻。③

隋与西突厥的和亲，对"君臣一体"理念的形成也有一定的影响。对此，隋炀帝曾概括说："往者与突厥递相侵扰，不得安居。今四海既清，与一家无异，朕皆欲存养，使遂性灵。譬如上天，止有一个日照临，莫不宁帖；若有两个、三个日，万物何以得安？比者，亦知处罗总摄事繁，不得早来相见。今日见处罗，怀抱豁然欢喜。处罗亦当豁然，不烦在意。"④

2. 提高了边疆民族政权的政治地位

如柔然通过与东魏、北齐的多次和亲，增进了解，互相尊重，其身价大增，政治地位被逐渐抬高，到了东魏高欢时已发生了质的变化。元人胡三省对此有比较深刻的认识。他说："魏明元帝命柔然曰蠕蠕，谓其蠕动无知识也。阿那瓌封蠕蠕王，虽曰以为国号，犹鄙贱之也。至高欢纳其女，号曰蠕蠕公主，则径以国号，不复以为鄙贱矣。"⑤

3. 甥舅关系的影响

从国内社会关系来看，甥舅只是一种亲属关系，但在中原王

---

① 《隋书》卷84《突厥》。
② 《资治通鉴》卷176《陈纪十》。
③ 《隋书》卷84《突厥》。
④ 《北史》卷99《突厥》。
⑤ 《资治通鉴》卷159《梁纪十五》。

朝与边疆民族政权的关系中，甥舅却也形成一种政治关系，即通过甥舅关系及其影响，从一个方面促进中华民族多元一体格局的形成与发展。如唐与吐蕃通过两次和亲及其诸多求婚活动，建立了稳固的甥舅关系。这种关系影响极其深远。建中元年（730年）四月，吐蕃赞普当着唐朝使者的面忏悔自己一生有三恨，其中第三恨为"不知舅皇帝（指唐德宗）圣明继立"①。次年，唐对吐蕃称："今赐外甥少信物。"吐蕃也宣称："我大蕃与唐舅甥国耳。"② 建中四年（783年），唐蕃盟文中说，唐与吐蕃"代为婚姻，固结邻好，安危同体，舅甥之国，将二百年"③。可以看出唐蕃和亲影响之远，作用之大。唐与吐蕃在长庆三年（823年）所立的"唐蕃会盟碑"的西侧文字就有三处提到唐蕃是舅甥。它们分别是"舅甥浚哲""舅甥相好""须合舅甥亲近之礼"。碑的东面藏文盟词中追忆了松赞干布迎娶文成公主，弃隶缩赞"更续姻好"及迎娶金城公主，以"成此舅甥之喜庆"（王尧：《唐蕃会盟碑疏释》）的历史。直到宋朝仁宗时，刘涣奉命出使青唐城（今西宁）时，唃厮啰还一再声称宋朝皇帝是"阿舅天子"（《文献通考》卷335）。可见汉藏两族的舅甥关系非常牢固。这正如吕温诗作所云："明时无外户，胜境即中华。况今舅甥国，谁道隔流沙。"④ 也就是说，通过和亲，唐和吐蕃形成了中华一体格局。

　　唐与回纥通过多次和亲及一系列求婚活动，也建立起了稳固的甥舅关系，而且影响也比较深远。如《新五代史》所载："唐尝以女妻之，故其世以中国为舅。"直到五代时，"甘州回鹘数至，犹呼中国为舅，中国答以诏书亦呼为甥"（《新五代史》卷74《四夷附录第三》）。

---

① 《旧唐书》卷196《吐蕃》。
② 《旧唐书》卷196《吐蕃》。
③ 《旧唐书》卷196《吐蕃》。
④ 《全唐诗》卷370《吐蕃别馆和周十一郎中杨七录事望白水山作》。

（二）民族影响

民族融合包括血统混合、感情交流及改姓氏等诸多方面。

汉族与边疆民族在血统上的混合其源甚早，尤其在魏晋南北朝时期更为普遍。自汉朝制定并推行和亲政策以来，带动了民间的通婚，使双方血统得以交流。而且，与和亲有关的使者、商贾、官兵的频繁往来，有意无意中促进了两个民族间的认识与了解。所以，从宏观来看，这些都对民族融合有一定贡献。如开皇十七年（597 年），"突利遣使来逆女，上舍之太常，教习六礼，妻以宗女安义公主。……突厥前后遣使入朝三百七十辈"①。这370 个入隋使者必会对汉族人有深入了解，由此增进感情交流。此外，和亲还推动了多民族的融合。解忧公主后代的婚姻状况最能说明这一问题。解忧公主与乌孙肥王翁归靡结合后生有三男二女，与狂王泥靡结合后生下一子。她的长子元贵靡、次子万年、三子大乐和四子鸱靡究竟究与谁成婚？现在很难考证清楚，但有一点是可以肯定的，即都没有与汉女成婚，可能的情况是，万年因当上了莎车王，极有可能娶莎车女为妻，其他三人可能娶乌孙女为妻。解忧公主的女儿一个嫁给龟兹王，另一个嫁给乌孙若呼翕侯。尤其应当指出的是，解忧公主的小儿子鸱靡是她与泥靡结合所生，而泥靡又是乌孙王军须靡与匈奴女结合所生之子。其血统关系如下（见附表 4 –1）。

———————

①　《隋书》卷 84《突厥》。

附表 4 - 1

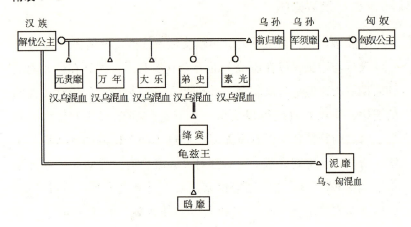

汉、乌、匈混血示意表

说明：（1）图中双线代表男女结合；（2）图中单线代表所生子女；
　　　（3）△代表男性，○代表女性。

　　由图可以看出，和亲在血统上的影响，既有汉、乌两族的混血，又有汉、乌、匈三族的混血，当然，弟史与绛宾的后代则为汉、乌、龟三族的混血。

　　关于和亲对改姓的影响，可以汉匈和亲为例。《晋书》卷101《刘元海》载："初，汉高祖以宗女为公主，以妻冒顿，约为兄弟，故其子孙遂冒姓刘氏。……永兴元年（304 年），元海乃为坛于南郊，僭即汉王位，下令曰：'昔我太祖高皇帝以神武应期，廓开大业。太宗孝文皇帝重以明德，升平汉道。世宗孝武皇帝拓土攘夷，地过唐日。中宗孝宣皇帝搜扬俊乂，多士盈朝。是我祖宗道迈三王，功高五帝，故卜年倍于夏商，卜世过于姬氏。……我世祖光武皇帝诞资圣武，恢复鸿基，祀汉配天，不失旧物，俾三光晦而复明，神器幽而复显。显宗孝明皇帝、肃宗孝章皇帝累叶重晖，炎光再阐。自和安已后，皇纲渐颓，天步艰难，国统频绝。……自社稷沦丧，宗庙之不血食四十年于兹矣。今天诱其衷，悔祸皇汉，使司马氏父子兄弟迭相残灭。黎庶涂炭，靡所控告。孤今猥为群公所推，绍修三祖之业……'乃赦其境内，年号元熙，追尊刘禅为孝怀皇帝，立汉高祖以下三祖五宗神主而祭之。"

刘渊，即刘元海，虽为新兴匈奴人，冒顿单于之后，但其是否即为冒顿单于与汉朝公主结合后的后代，颇有疑问，然而，在西晋末期，他能公开宣布继承冒顿单于子孙"冒姓刘氏"的传统，将汉高祖刘邦视为太祖，"立汉高祖以下三祖五宗神主而祭之"，作为一个已建立自己政权的匈奴首领来说，还是非常可贵的，说明他已认同中原华夏文化。当然，他这样做的政治目的可另当别论。

建立夏国的赫连勃勃，本为匈奴右贤王去卑之后，刘渊之族，但他在兼并后秦高平公没奕于兵众后却"自以匈奴夏后氏之苗裔也，国称大夏"①。并于夏凤翔元年（413年）对包括刘渊在内的匈奴冒顿单于的子孙后代"冒姓刘氏"一事予以尖锐批评。他说："朕之皇祖，自北迁幽、朔，姓改姒氏，音殊中国，故从母氏为刘。子而从母之姓，非礼也。古人氏族无常，或以因生为氏，或以王父之名。朕将以义易之。帝王者，系天为子，是为徽赫实与天连，今改姓曰赫连氏，庶协皇天之意，永享无疆大庆。系天之尊，不可令支庶同之，其非正统，皆以铁伐为氏，庶朕宗族子孙刚锐如铁，皆堪伐人。"② 赫连勃勃之所以要对包括刘渊在内的冒顿单于的子孙后代"冒姓刘氏"进行批评，公开宣布为大禹之后，主要是自卑感、自尊心所造成的。我们知道，在西汉时，匈奴狐鹿姑单于曾遣使给汉送信，信中说："南有大汉，北有强胡。胡者，天之骄子也……"③ 集中表现了匈奴单于自尊自傲的心态，但到西晋刘渊举兵反晋时，对内打出了"兴我族邦，

① 《晋书》卷130《赫连勃勃》。
② 《晋书》卷130《赫连勃勃》。
③ 《汉书》卷94《匈奴》。

复呼韩邪之业"的旗帜，对外却打出了"吾又汉氏之甥，约为兄弟，兄亡弟绍，不亦可乎"①的政治性旗帜。

（三）文化影响

中原王朝与边疆民族政权之间，尽管在社会形态、价值取向及文明水准等方面都不尽相同，但通过和亲，双方的文化交流加强了，并对后世产生了重要影响。

汉文帝与匈奴和亲时，送亲使者中行说滞留匈奴，教"单于左右疏记，以计识其人众畜牧"，并"日夜教单于候利害处"②。解忧公主出嫁乌孙后，她常派子女到长安学习汉族文化。地节元年（前69年），她派长女弟史到长安学习鼓琴，学了三年回到乌孙，对西域音乐有一定影响。元康二年（前64年），汉宣帝封解忧公主的侄女相夫为公主，出嫁乌孙，临行前，宣帝自临平乐观，会匈奴使者、外国君长大角抵，设乐而遣之。③解忧公主的长女弟史与龟兹王绛宾结婚后，夫妇常到长安朝贺，深受中原文化浸染，在龟兹建造宫室时，"作徼道周卫，出入传呼，撞钟鼓，如汉家仪"④。绛宾模仿汉制建筑宫室，对龟兹的建筑风格影响颇大。龟兹都延城"有三重，外城与长安城等。室屋壮丽……"（《梁书》卷54《诸夷》）。此外，绛宾与弟史非常"乐汉衣服制度"⑤，这对西域的服饰文化必会产生影响。隋与高昌和亲后，隋对其"赐衣冠之具，仍班制造之式"⑥，对高昌的文化很有影响。史书所载高昌"风俗政令，与华夏略同"，"文字亦同华夏"，"有《毛诗》《论语》《孝经》，置学官弟子，以相教授"及其刑

---

① 《晋书》卷101《刘元海》。
② 《汉书》卷94《匈奴》。
③ 《汉书》卷96《乌孙》。
④ 《汉书》卷96《渠犁》。
⑤ 《汉书》卷96《渠犁》。
⑥ 《隋书》卷83《高昌》。

法、风俗、婚姻、丧葬与华夏小异而大同等等，在一定程度上与华容公主及麹伯雅有关。

隋唐时期，中原王朝与边疆民族政权的和亲对文化交流的影响更加突出。

先谈中原王朝与突厥和亲的影响。据《隋书·音乐志》记载，康国乐"起自周武帝聘北狄为后，得其所获西戎伎，因其声"。又据《旧唐书·音乐志》记载，"周武帝聘虏（突厥）女为后，西域诸国来媵，于是龟兹、疏勒、安国、康国之乐，大聚长安。胡儿令羯人白智通教习，颇杂以新声"。这些音乐及乐器在隋唐时期已经大盛。到了唐代，和亲在文化交流方面的影响更加突显。如启民可汗曾上表隋炀帝"乞依大国服饰法用，一同华夏"[①]。再如默啜可汗曾扬言带兵"助立"李氏，说明突厥受中原宗法制度影响很深；小杀曾想"修筑城壁，造立寺观"[②]，说明突厥深受中原建筑文化的影响；交河公主曾向安西都护杜迟宣教[③]，说明宗教文化受到了和亲公主的影响。当然，突厥文化对唐朝也有一些影响。如《突厥盐》和《阿鹊盐》（《唐诗纪事》卷91）两支曲子曾一度流行长安就是明证。

再谈唐与吐蕃和亲的影响。文成公主入藏后，积极推广中原先进的科学技术。她向吐蕃人传授汉族的耕作方法，使粮食产量不断提高；她令汉族工匠在落水处为藏民安置水磨，节省了大量劳力；她教会了藏族妇女纺织和刺绣，使吐蕃家庭手工业得到迅速发展，这从她的琵琶歌中"植桑织丝兮，编竹为缝兮，灰岩为陶兮"（任乃强：《西藏政教史鉴》）可以看出。吐蕃原无文字，文成公主入藏后劝松赞干布创造文字以适应经济文化发展的需要。于是，松赞干布派16人到克什米尔学习，按照藏语的特点，

---

① 《隋书》卷84《突厥》。
② 《旧唐书》卷194《突厥》。
③ 《旧唐书》卷194《突厥》。

造出30个字母的单音缀孤立语拼音文字。此外，松赞干布还曾"遣酋豪子弟，请入国学以习《诗》《书》。又请中国识文之人典其表疏"①。金城公主入藏时，唐中宗给她"锦缯别数万，杂伎诸工悉从，给龟兹乐"②。开元十九年（731年），金城公主派人向唐请求《毛诗》《礼记》《左传》《文选》各一部，唐玄宗令秘书省抄写送给吐蕃。当时正字于休烈清楚地认识到这些书籍将会对吐蕃的社会发展以及文化的提高产生不可估量的作用，遂上书劝谏唐玄宗云："且臣闻吐蕃之性，慓悍果决，敏情持锐，善学不回。若达于书，必能知战。深于《诗》，则知武夫有师干之试；深于《礼》，则知月令有兴废之兵；深于《传》，则知用师多诡诈之计；深于《文》，则知往来有书檄之制。何异借寇兵而资盗粮也！臣闻鲁秉周礼，齐不加兵；吴获乘车，楚疲奔命。一以守典存国，一以丧法危邦，可取鉴也。且公主下嫁从人，远适异国，合慕夷礼，返求良书，愚臣料之，恐非公主本意也。虑有奔北之类，劝教于中。若陛下虑失蕃情，以备国信，必不得已，请去《春秋》。……若与此书，国之患也。……狄固贪婪，贵货易土，正可锡之锦绮，厚以玉帛，何必率从其求，以资其智。臣忝叨列位，职刊秘籍，实痛经典，弃在戎夷。"③

于休烈的话再明白不过了，也就是说，"经籍，国之典也"，不能送给吐蕃。如果吐蕃得到它，则会知道"用兵权略，愈生变诈"④，给唐带来后患。唐玄宗抛弃狭隘民族意识，毅然将这些典籍送给了吐蕃。这些典籍对吐蕃的发展起到了不可估量的作用。

最后谈唐与回纥和亲的影响。除了建筑文化、礼仪文化及商业文化的相互影响外，宗教文化的影响也比较凸显。《新唐书·回鹘》载："始回纥至中国，常参以九姓胡，往往留京师，至千

---

① 《旧唐书》卷196《吐蕃》。
② 《新唐书》卷216《吐蕃》。
③ 《旧唐书》卷196《吐蕃》。
④ 《资治通鉴》卷213《唐纪二十九》。

人，居赀殖产甚厚。"《册府元龟·外臣部·和亲二》载："（元和）十二年……又遣摩尼僧寺等八人至……以摩尼尝为回纥信奉……长庆元年五月丙申，回纥都督、宰相、公主、摩尼等五百七十三人入朝迎公主。"摩尼教徒在唐朝的建寺活动也比较频繁。如摩尼教传入回纥后，深受回纥可汗之信仰，摩尼教徒便凭借回纥的政治势力，要挟唐朝为之建寺。大历三年（768 年），他们在长安和洛阳建大云光明寺（《僧史略》，《佛祖统记》卷41、卷54）；大历六年（771 年），回纥又要求在荆、扬、洪、越等州建大云光明寺，其徒皆白衣白冠（《佛祖统记》卷54）。

（四）风俗习惯影响

从中国古代的一百五十余次和亲史实来看，每次和亲从提出到公主出塞或入塞，一般要经过求婚、议婚、名分确定、交纳聘礼、迎亲等一套完整程序。在这一程序中，双方的使者来往频繁，人员复杂，停留时间长，加之和亲后的一系列活动以及和亲公主的感情表达、文化心态与出塞或入塞后的地位，无形之中就会在双方风俗习惯方面产生诸多影响。

《北史·后妃》载：

> 文帝悼皇后郁久闾氏，蠕蠕主阿那瓌之长女也。……大统初，蠕蠕屡犯北边，文帝乃与约，通好结婚，扶风王孚受使奉迎。蠕蠕俗以东为贵，后之来，营幕户席，一皆东向。车七百乘，马万匹，驼千头。到黑盐池，魏朝卤簿文物始至。孚奏请正南面，后曰："我未见魏主，故蠕蠕女也。魏仗向南，我自东面。"孚无以辞。

尽管蠕蠕公主非常固执，但她的话外之音已透露出了待见到魏主后她也必须遵行魏朝习俗之意，由此可见习俗影响之深。

文成公主到吐蕃和亲后，"恶国人（吐蕃人）赭面，弄赞下令国中禁之"①。吐蕃人原以"毡帐而居",穿毡裘衣。在文成公主的影响下,松赞干布"自褫毡罽,袭纨绮,为华风"②。赞普带头,他人效法。当时有许多吐蕃人在唐朝"或执戟丹墀,策名戎秩,或曳裾庠序,高步黉门。服改毡裘,语兼中夏,明习汉法,睹衣冠之仪;目览朝章,知经国之要。窥成败于国史,察安危于古今"③。其影响是很深远的。五代时,"吐蕃男子冠中国帽,妇人辫发,戴瑟瑟珠"④。直到现在,"在西藏地方则保持了许多唐代汉族的生活方式和习俗"⑤。汉藏融合如此之深。唐代岭南诗人陈陶是这样概括的:"黠虏生擒未有涯,黑山营阵识龙蛇。自从贵主和亲后,一半胡风似汉家。"⑥

唐与回纥的和亲在唐朝无论是和亲的次数还是迎送和亲的人数都是最多的。回纥的迎亲使者少则百人,多则上千人,他们往往在丰州、振武、太原及长安等地停留一段时间,对唐朝的风俗习惯耳濡目染,无意识中就受到了中原习俗的影响。回纥"筑宫殿以居"⑦,就与他们对中原城镇生活的体验有关;回纥"妇人有粉黛文绣之饰"⑧,就与回纥不少大臣、妇人及公主到唐迎接和亲公主时羡慕、效法唐朝贵妇人的装饰有关。安史之乱后,回纥在唐京师者大都效法汉族人的服饰,唐代宗曾于大历十四年(779年)下诏命令他们"各服其服,无得效华人"⑨。但诏令只是一纸空文,他们照穿不误。到了唐武宗会昌年间,在振武城的回纥

---

① 《新唐书》卷 216《吐蕃》。
② 《新唐书》卷 216《吐蕃》。
③ 《全唐文》卷 281《请止四夷入侍疏》。
④ 《新五代史》卷 74《四夷附录第三》,上海,汉语大词典出版社,2004(本书所引《新五代史》均为此版本,下同)。
⑤ 《藏族人民和汉族人民的传统友谊》,载《光明日报》,1956~04~20。
⑥ 《全唐诗》卷 746《陇西行四首》。
⑦ 《资治通鉴》卷 226《唐纪四十二》。
⑧ 《资治通鉴》卷 226《唐纪四十二》。
⑨ 《资治通鉴》卷 225《唐纪四十一》。

人"皆衣朱碧，类华人"①。此外，宁国公主在回纥时，曾告诫回纥的牙官都督"……须慕中国礼。若今依本国法，何须万里结婚"②。汉中郡王瑀到回纥送亲时，曾告诫回纥可汗"合有礼数"，对他坐于榻上受诏提出强烈抗议，迫使可汗"起奉诏，便受册命"③。

当然，随着和亲，边疆民族的习俗也对中原臣民产生了一定影响。如吐蕃的赭面和堆髻就传入了长安。白居易的《时世妆》诗云："元和妆梳君记取，髻堆面赭非华风。"突厥的习俗对中原人也有很大影响。据《资治通鉴》卷196记载，唐太宗时的太子承乾——

> 作八尺铜炉，六隔大鼎，募亡奴盗民间马牛，亲临烹者，与所幸厮役共食之。又好效突厥语及其服饰，选左右貌类突厥者五人为一落，辫发羊裘而牧羊，作五狼头纛及幡旗，设穹庐，太子自处其中，敛羊而烹之，抽佩刀割肉相啖。又尝谓左右曰："我试作可汗死，汝曹效其丧仪。"因僵卧于地，众悉号哭，跨马环走，临其身，剺面。良久，太子欻起，曰："一朝有天下，当帅数万骑猎于金城西，然后解发为突厥，委身思摩，若当一设，不居人后矣。"

从太子承乾如此荒唐地模仿突厥习俗的举止中，可以看出突厥习俗对唐朝臣民影响的程度。受武则天委派到突厥和亲的武延秀回到长安后，常说突厥语，唱突厥歌，跳突厥舞。在唐与奚的和亲过程中，奚车传到了唐都长安，并一时取代了流行的车舆。回纥的衣装打扮也传入长安。花蕊夫人宫词云："明朝腊日官家出，随驾先须点内人。回鹘衣装回鹘马，就中偏称小腰身。"④

---

① 《资治通鉴》卷246《唐纪六十二》。
② 《旧唐书》卷195《回纥》。
③ 《旧唐书》卷195《回纥》。
④ 《全唐诗》卷798《宫词》。

（五）经济影响

中国古代和亲的众多事实无不说明，和亲一方面是公主的出塞或入塞礼仪程序，另一方面则是财物的相互转送。在和亲过程及和亲公主在与可汗生活期间，交纳聘礼、贡物、嫁奁、回赐及其与之相关的互市等活动非常频繁，而且数目也非常大，显示出边疆民族和亲的主要目的在经济利益。

先谈边疆民族政权通过和亲献给中原财物的数目。柔然公主郁久闾氏入塞时，随"车七百乘，马万匹，驼千头"①。又如唐太宗拟将新兴公主嫁给薛延陀首领夷男时，曾"征夷男备亲迎之礼"。于是夷男便"税诸部羊马以为聘财"。但是，"夷男先无府藏，调敛其国，往返且万里，既涉沙碛，无水草，羊马多死，遂后期。太宗于是停幸灵州。既而其聘羊马来至，所耗将半。议者以为夷狄不可礼义畜，其聘财未备而与之婚，或轻中国，当须要其备礼，于是下诏绝其婚"②。夷男需要"税诸部"和"调敛其国"本身，说明"聘财"的数目是相当惊人的。

再谈中原王朝出嫁和亲公主的"婚资"。刘贶认为，"汉至昭、宣，武士练习，斥候精明，匈奴收迹远徙，犹袭奉春之过举，倾府藏给西北，岁二亿七十万。皇室淑女，嫔于穹庐；掖庭良人，降于沙漠"③。卢俌则认为，"汉高帝纳娄敬之议，与匈奴和亲，妻以宗女，赂以巨万"④。唐代出嫁公主"婚资"的数目也非常惊人。据《旧唐书·殷侑》记载，每位和亲公主出嫁时仪礼费就需五百万贯。在正常情况下，李唐王朝有这种承受能力，但到安史之乱后，因财政拮据，政府就感到负担太重，无力承受，因此常以婚资太高而拖延。到元和八年（813 年），礼部尚

---

① 《北史》卷 13《后妃上》。
② 《旧唐书》卷 199《铁勒》。
③ 《新唐书》卷 215《突厥》。
④ 《旧唐书》卷 194《突厥》。

书李绛提出了筹集出嫁公主费用的办法："我三分天下赋，以一事边。今东南大县赋岁二十万缗，以一县赋为婚赀……"① 从边疆民族所纳聘礼与中原王朝所需婚资两项来看，双方的经济往来似乎已达一定规模，但是，这仅是和亲中的一部分，而与和亲相关的经济往来如互市、赐予、接待物资等应占绝大部分。

先谈汉与匈奴和亲的经济。西汉与匈奴和亲共计十三次，东汉与匈奴只有一次和亲。从刘邦与匈奴初次和亲到王昭君出塞，和亲历来就有约定：一是"通关市"②，二是"厚遇""饶给之"③"给缯絮食物有品"④。关市的开通，有利于双方的经济贸易，"给缯絮食物"则可丰富匈奴人的物质生活，增进文化交流，致使匈奴单于"好汉缯絮食物"，并欲"变俗好汉物"⑤。可见和亲对匈奴经济生活的影响既广且深。

再谈隋唐与突厥和亲的经济。《隋书·突厥》载："明年（开皇八年），突厥部落大人相率遣使贡马万匹，羊二万口，驼、牛各五百头。寻遣使请缘边置市，与中国贸易，诏许之。"武德八年（625年），突厥和吐谷浑"各请互市，诏皆许之。先是，中国丧乱，民乏耕牛，至是资于戎狄，杂畜被野"⑥。圣历元年（698年），默啜可汗在要求与唐和亲的同时，向唐索取农器三千具、谷种十万斛和铁数万斤。开元十五年（727年），唐玄宗在宴请突厥梅录啜时，"仍许于朔方军西受降城为互市之所"⑦。可见隋唐与突厥的互市一直延续下来，并对双方经济发展起到了重要作用。对此，双方统治者都有比较客观的概括与评论。唐玄宗说："曩昔国家与突厥和亲，华、夷安逸，甲兵休息；国家买突

---

① 《新唐书》卷217《回鹘》。
② 《史记》卷110《匈奴列传》。
③ 《史记》卷110《匈奴列传》。
④ 《汉书》卷94《匈奴》。
⑤ 《汉书》卷94《匈奴》。
⑥ 《资治通鉴》卷191《唐纪七》。
⑦ 《册府元龟》卷999《外臣部·互市》。

厥羊马，突厥受国家缯帛，彼此丰给。"① 突厥毗伽可汗在《谢婚表》中说："自遣使入朝已来，甚好和同，一无虚诳。蕃汉百姓，皆得一处养畜资生，种田力（耕）作。"② 可见和亲对繁荣突厥经济有较大贡献。那么，突厥族人对这方面有何记载呢？突厥文阙特勤（Kul-tegin）碑载："唐人富有金、银粟（？）、帛（？），往往用其甜言，且拥有致人衰弱之财富，借其挥霍。彼等方迷惑于其甜言及致弱之财富，又招引远方民族，与之接近。迨至近彼等住落，遂亦习为奸猾。……噫，吾突厥民众，尔辈被甜言及致弱之财富迷惑者，数在不少。……" "愚者惑其言，乃南迁与之为邻，由是而尔辈沦亡于彼者不少。"③ 由这段话至少可以看出如下几个问题：第一：唐为突厥提供了许多物质财富；第二，突厥接受唐朝财富者较多；第三，邻近唐朝边境的突厥人通过互市等经济活动头脑中已富有商品意识、文化变迁，变得日益奸猾同化；第四，唐朝的物质财富对突厥人有极大的吸引力；第五，突厥人南移唐边者多被华化。

接着谈唐与吐蕃和亲的经济。随着文成公主的入藏，中原的芜菁种子与其他谷物种子和汉族工匠、厨役一起到了西藏。据《藏史》记载，文成公主带到西藏"诸种府库财帛，金镶书厨，诸种金玉器具，诸种造食器皿、食谱、玉辔与金鞍，诸种花缎、锦、绫、罗与诸色衣料两万匹"。也就是说，她把中原的丝织品、服饰、生活用具及烹饪方法等各种文化带到了西藏。《藏史》又载，文成公主带进了"四百有四医方，百诊五观六行术，四部配剂术"等医疗技术。除此之外，松赞干布还请求唐朝送给"蚕种及造酒、碾硙、纸、墨之匠"④。此外，文成公主还曾派人向唐

① 《资治通鉴》卷212《唐纪二十八》。
② 《全唐文》卷999《谢婚表》。
③ 突厥文阙特勤（Kul-tegin）碑南面第五、六行及第七行。
④ 《旧唐书》卷196《吐蕃》。

"贡金"①。金城公主入藏后，吐蕃因此得到了九曲之地。这里距积石军仅有三百里，水甘草良，在一定程度上对吐蕃的畜牧业和农业的发展起到了促进作用。

最后谈一下唐与回纥和亲的经济。前面已经提到，唐与回纥的和亲，不仅次数较多，而且由于较重视，其婚资也十分惊人。但是，"婚资"再多在唐与回纥的经济关系中也是次要的，最重要的是通过和亲及回纥出兵助唐平乱导致了双方不等价的绢马贸易和茶马贸易。自乾元之后，回纥"屡遣使以马和市缯帛，仍岁来市。以马一匹易绢四十匹，动至数万马"②。据《新唐书·食货志》记载，回纥"岁送马十万匹"，而唐则"酬以缣帛百余万匹"。这种不等价的绢马贸易在开始时，唐朝还勉强承受得了，时间一长，就无力负担了，但又不敢公开得罪回纥，只好以抱怨回纥马匹瘦弱、拖欠绢帛、偷工减料及短尺少寸的办法应付回纥，引起了回纥的强烈不满。咸安公主见状，多次出面与唐交涉，终于使唐在元和二年（807年）付清所欠绢帛，并"仍诏江淮马价缣，从此不令疏短织"（《全唐诗》卷427）。唐与回纥的茶马贸易也是如此，回纥经常"大驱名马市茶而归"（封演：《封氏闻见录》卷6）。此外，伴随着公家和亲队伍，唐与回纥的私人贸易也比较频繁。《新唐书·赵憬》载："贞元中，咸安公主降回纥，诏关播为使，而憬以御史中丞副之。异时使者多私赍，以市马规利入，独憬不然。"说明绝大部分送亲使者都在趁机与回纥交易，牟取暴利。他们所用于交易的不外乎丝绸和茶叶之类。这些东西，一小部分是自己带的，而绝大部分是途中以卖官形式从富豪之家所得。《旧唐书·胡证》对此有明确记载："长庆元年（821年），太和公主出降回纥，诏以本官检校工部尚书充和亲使。旧制，以使车出境，有行人私觌之礼，官不能给，召富家子

---

① 《新唐书》卷105《李义琛》。
② 《旧唐书》卷195《回纥》。

纳赀于使者而命之官。"

三、结 语

古代的绥边政策，虽有兵威、防御、离间、隔离、牵制、怀柔、利诱、羁縻、和亲等众多方式，但从宏观来看，和亲政策较富积极意义。

从中原农业朝廷方面来看，和亲主要有八种功能：羁縻功能，调停军事冲突，影响边疆民族政权，结交同盟及借兵的军事功能，文化功能等。从边疆民族政权方面来看，和亲主要有两种功能，一是结交大国，抬高政治地位；二是获取巨额的经济利益。

和亲所嫁公主，汉制帝女称"公主"，帝姊妹称"长公主"，帝姑称"大长公主"。唐代仿汉制。除了上述"公主"之外，另有"县（郡）主"，地位较"公主"为低，多下嫁给小部族君长，或内属部族君长、游牧国家可汗之子等。此外尚有"媵女"及"蕃女"，亦被封为"公主"。所谓"媵女"，系以同姓侄娣从天子女出嫁，随公主下嫁后，有因公主故殁由媵女续嫁而称公主者，如随宁国公主出嫁回纥的小宁国公主。[①] 至于"蕃女"，则唐代封"蕃女"之例甚多，包括边疆民族嫁来之公主，内属外蕃部族君长，或在朝廷外族功臣之女，充公主代唐廷下嫁边疆部族者。如唐玄宗封西突厥十姓可汗阿史那怀道之女为交河公主出嫁突骑施别种苏禄。[②]

和亲不完全仅指公主出嫁的婚姻关系，它包括双方的名分、赐予、互市等和好亲善同盟的意义。和亲政策也并非完全是绥靖边疆的政策，史家对其评价不一，往往当时赞成者多，而事后批

---

① 《旧唐书》卷195《回纥》。
② 《旧唐书》卷194《突厥》。

评者也不少。遭受攻击的理由多谓此策系一屈辱表现，靠一"弱女"以求国家苟安，且在效果上未必能完全达到阻止敌人入侵之目的。前者评论主要是未对边疆民族予以"认同"，如果将这些民族视为中华民族整体中的一部分，那么"屈辱感"自然就会减轻。至于后者，和亲确非完全有效，应当视和亲的对象及当时的局势而定，尤其对边疆民族经济需求的考量。然而其在"君臣一体"理念的形成、边疆民族政权地位的提高、民族融合、文化交流、经济繁荣及"丝绸之路"之拓宽等方面的影响却是深远的，切不可低估。此外，从长远角度看，和亲也有益于中华民族的认同与团结。

第五章 汉代的和亲政策

□ 公元前二三世纪之交，当北亚内陆地带出现统一的游牧汗国——匈奴时，中原农业地区再度统一于汉朝。于是长城内外两大民族文化势力的对峙愈发明显，然而汉朝因王朝初立政治未稳，无法与当时的匈奴相抗衡，于是不得不采取和亲政策。

呼韩邪单于和王昭君雕塑

第五章 汉代的和亲政策

一、汉代和亲政策之时代背景

中原农业民族与北亚游牧民族的和亲背景因素颇多，北亚游牧民族所处自然环境造成其"逐草随畜，射猎为生"的生活方式，及其在经济上须依赖生产多元化，能自给自足的中原农业民族为生。在性格、价值判断上，"人习战攻以侵伐……利则进，不利则退，不羞遁走"，不畏攻战且善战，并成为其生产方式之一。此与中原农业民族希望定居、安定、平和显然不同，形成北方尚武进取，中原尚文保守的对照。加以历史上，对华夷之分重在文化，所谓"（夷狄）进于中国，则中国之"，且早有华夷通婚渊源。根据经籍所载，周代王室每娶异族女子为后为妾，不仅戎狄女子嫁于华族，华族子女亦多嫁于戎狄者。且联姻对于古代部族联合式的游牧汗国的构成尤其重要，他们政治组织维系的基本力量之一便是婚姻。氏部族与氏部族间嫁女或娶妻，全附有政治上协力作用，至少代表了相互信任。延伸至于敌对双方的汉朝与匈奴，也有这层意义。他们建立婚姻关系，等于表示敌对时代的过去，携手言和的阶段已经来临。匈奴进行和亲必须放弃对汉朝物资取得最简捷的途径——掠夺，故接受和亲就得通过婚约事先提出条件，或通过中原朝廷的赏赐、嫁妆等以为补偿。而在汉朝，对和亲同时兼具了政治的、经济的双层意义，所谓"和亲纳币"。在公主下嫁时固然付出大量嫁奁与赠予，以后每年又须以定额的丝绢原料、丝织品、酒、米及其他粮食之类无价供应匈奴。国境边缘若干场合也陪伴开辟为定期性互市场。简言之，即以经济上的赠予、通商，交换政治上的和平保障。（姚大中：《古代北西中国》）从上述双方自然地理、民族性格、文化历史等均可看出北亚游牧民族与中原农业朝廷间和亲之需要与可能。

一般而言，和亲的形成，在中国历史上，系中原农业朝廷为改变强大的游牧民族的威胁所采取的以婚姻和睦同盟关系代之与马上行国间的敌对关系，以避免或减少战争的爆发，并以赠送大量嫁妆和不断的赏赐，来满足游牧君长们对于农业物资的需要，以防止掠边或侵寇的发生。细言之，和亲可归纳为由下列三种情势产生：其一，在强大游牧君长武力威胁下，中原农业朝廷不得已的一种屈辱措施；其二，强大的游牧君长为了要与中原农业朝廷缔结和平关系，以达到经济上或政治上的目的而提出要求；其三，中原农业朝廷为了避战求和，或增强自我势力，自愿将公主下嫁给所要拉拢的游牧君长。

当然，和亲的成立在中原或边疆均具备需要和亲的国内外情势存在。一般而言，在中原其内在因素多系于王朝初创之际，或内乱发生之时，因"攘外必先安内"的情况，不得不采取缓和、妥协、忍耐的政策，以培养国力，期待于将来。其外在因素，即逢强大外敌压境，或为减少战争之牺牲，藉"以夷制夷""离间分化""远交近攻"等原则，采取和亲政策，以期"联弱敌强""孤立主敌"，以达"各个击破"的最终目的。至于边疆民族方面，由于自然环境、生产方式等限制，常有食物不足，必需品缺乏的现象，所以在生活与经济上常需依赖农业社会，故随时欢迎和亲，特别在"天灾地变"，"羽翼未丰"之际，或"与敌对立"

之时，更希望借和亲手段，一方面获得互市、赠予，以促进经济、增加财富、维持生活；另一方面抬高自我声威，以统率北方诸部族。同时借和亲同盟关系，以加强军事力量，吞并或控制邻国，扩大领域。

当前3世纪至前2世纪之交，北亚内陆地带出现了统一的游牧汗国——匈奴时，中原农业地区也再度统一于汉朝。于是长城内外两大民族文化势力的对峙愈加明显，然而汉朝因王朝初立政治未稳，民生凋敝，黄老思想弥漫，步兵行动迟缓，战力不如富有机动性的北亚游牧民族的骑兵。故于高帝七年（前200年），从河南迁镇山西太原又徙治马邑（山西朔县）的韩王信突然叛变，汉高帝率领32万大军驰往镇压，匈奴冒顿单于也派兵接应韩王信。结果匈奴兵以其机动性之口袋战术诱敌，把汉高帝围困于平城的白登（今山西大同长城线附近）七天，凭陈平奇计才得脱险南返。经平城之围的教训，使汉朝了解自身国力，确无法与当时的匈奴汗国相抗衡，于是不得不采取对匈奴忍辱负重，避免汉地生灵涂炭的和亲政策。

二、汉代和亲实况及其比较

汉朝对匈奴的和亲有六次，汉朝对乌孙和亲三次，对西域鄯善、龟兹和亲各一次。分别采行于高帝、惠帝、文帝、景帝、武帝、昭帝、宣帝、元帝各朝，兹分述如下：

《史记·匈奴列传》称："……冒顿常往来侵盗代地。于是汉患之，高帝乃使刘敬奉宗室女公主为单于阏氏，岁奉匈奴絮缯、酒米、食物各有数，约为昆弟以和亲，冒顿乃少止。"[1]

此乃汉朝对匈奴和亲政策之开端。此项政策的成立是由于游

---

[1] 《史记》卷110《匈奴列传》。

牧君长的铁骑南袭所导致，而当时和平之所以能够奠定，除互约
为兄弟，结为姻娅之外，主要是"岁奉……絮缯、酒米、食物各
有数"的物资供应，使匈奴获得经济利益。在汉朝虽未能收到刘
敬所期望的结果，但多少能暂时维持一些和平，培养国力并盼望
未来的政治企图。况且就当时汉朝人口估计，匈奴侵掠所得，岁
致钜万，而和亲赂遗则不过千金。故和亲政策非全无理。《汉书》
载和亲事迹谓："（惠帝）三年（前192年）春……以宗室女为公
主，嫁于匈奴（冒顿）单于。"①

"老上稽粥单于（前174年—前161年）初立，文帝（前179
年—前157年）（于六年）复遣宗人女翁主为单于阏氏。"②

"景帝（前156年—前141年）复与匈奴和亲，通关市，给
遗单于，遣翁主如故约。终景帝世，时时小入盗边，无大寇。"③
此时匈奴与汉朝势力已日趋均等，先帝制："长城以北，引弓之
国，受命单于；长城以内，冠带之室，朕亦制之"④。

至武帝（前140年—前87年）时汉势力日盛，初仍续和亲
约，后改采挞伐政策，与匈奴绝和亲。并西通月氏、大夏，以公
主妻乌孙王，分匈奴西方之援国。《史记》云："今帝即位，明和
亲约束，厚遇，通关市，饶给之。匈奴自单于以下皆亲汉，往来
长城下。汉使马邑下人聂翁壹奸兰出物与匈奴交，佯为卖马邑
城，以诱单于。单于信之，而贪马邑财物，乃以十万骑入武州
塞。汉伏兵三十余万马邑旁……以伏单于。……欲杀之。……单
于……疑之。乃引兵还。……自是之后，匈奴绝和亲。……往往
入盗于汉边，不可胜数。"⑤

当时西域诸国中，居于伊犁河流域之乌孙国国力较强，可牵

① 《汉书》卷2《惠帝刘盈》。
② 《汉书》卷94《匈奴》。
③ 《汉书》卷94《匈奴》。
④ 《史记》卷110《匈奴列传》。
⑤ 《史记》卷110《匈奴列传》。

制匈奴南下，张骞以为乌孙未尝不思蛮夷教化，可遣使携厚币利诱，劝其东归河西故地，嫁以公主和亲，使乌孙与汉结盟共击匈奴，以达切断匈奴右臂的目的。《史记·大宛列传》记其事云：

> 天子以为然，拜骞为中郎将，将三百人，马各二匹，牛羊以万数，赍金币帛直数千巨万，多持节副使，道可使，使遗之他旁国。

> 骞既至乌孙，乌孙王昆莫见汉使如单于礼，骞大惭，知蛮夷贪，乃曰："天子致赐，王不拜，则还赐。"昆莫起拜赐，其他如故。骞谕使指曰："乌孙能东居浑邪地，则汉遣翁主为昆莫夫人。"①

然由于乌孙王年老，对汉了解不多，内部又分裂，其王不能专断，故交涉未有结果。但张骞在乌孙期间另遣副使至大宛、康居诸国展开政治外交颇有成效。并与乌孙奠定了外交基础。据《汉书·乌孙》载：

> 昆莫年老国分，不能专制，乃发使送骞，因献马数十匹报谢。其使见汉人众富厚，归其国，其国后乃益重汉。

> 匈奴闻其与汉通，怒欲击之。又汉使乌孙，乃出其南，抵大宛、月氏，相属不绝。乌孙于是恐，使使献马，愿得尚汉公主，为昆弟。天子问群臣，议许，曰："必先内（即纳）聘，然后遣女。"乌孙以马千匹聘。汉元封中，遣江都王建女细君为公主，以妻焉。赐乘舆服御物，为备官属宦官侍御数百人，赠送甚盛。乌孙昆莫以为右夫人。匈奴亦遣女妻昆莫，昆莫以为左夫人。

> 公主至其国，自治宫室居，岁时一再与昆莫会，置酒饮食，以币帛赐王左右贵人。昆莫年老，言语不通。公主悲愁，自为作歌曰："吾家嫁我兮天一方，远托异国兮乌孙王。

---

① 《史记》卷123《大宛列传》。

穹卢为室兮旃为墙。以肉为食兮酪为浆。居常土思兮心内伤，愿为黄鹄兮归故乡。"天子闻而怜之，间岁遣使者持帷帐锦绣给遗焉。

昆莫年老，欲使其孙岑陬尚公主。公主不听，上书言状，天子报曰："从其国俗，欲与乌孙共灭胡。"岑陬遂妻公主。昆莫死，岑陬代立。……公主死，汉复以楚王戊之孙解忧为公主，妻岑陬。岑陬胡妇子泥靡尚小，岑陬且死。以国与季父大禄子翁归靡，曰："泥靡大，以国归之。"

翁归靡既立，号肥王，复尚楚主解忧，生三男两女：长男曰元贵靡；次曰万年，为莎车王；次曰大乐，为左大将。长女弟史为龟兹王绛宾妻；小女素光为若呼翕侯妻。

……翁归靡死，乌孙贵人共从本约，立岑陬子泥靡代为昆弥，号狂王。……

狂王复尚楚主解忧，生一男鸱靡……

初，肥王翁归靡胡妇子乌就屠……后遂袭杀狂王，自立为昆弥。[1]

由上记载知道细君公主在乌孙四五年先后妻昆弥猎骄靡、岑陬军须靡（生少夫）两代王而死。太初中（前 104 年—前 101 年）汉廷复以楚王戊之孙女解忧为公主妻岑陬军须靡，岑陬死解忧公主又嫁肥王翁归靡，生三男两女，长男元贵靡，后立为乌孙大昆弥。次子万年，为莎车国人迎立为王。三子大乐，为乌孙左大将。长女弟史，为龟兹王绛宾妻。小女素光，为若呼翕侯之妻。[2] 肥王死公主又嫁狂王泥靡，生鸱靡。后狂王为翁归靡胡妇子乌就屠所害自立为昆弥。[3]

在上述汉、乌和亲关系中，据载，双方表现了军事同盟和汉

---

① 《汉书》卷96《乌孙》。
② 《汉书》卷96《乌孙》。
③ 《汉书》卷96《乌孙》。

朝赏赐的事实。《汉书·乌孙》在此方面载：

> （昭帝时）公主上书，言"匈奴发骑田车师，车师与匈奴为
> 一，共侵乌孙，唯天子幸救之"！汉养士马，议欲击匈奴。会昭
> 帝崩，宣帝初即位……公主及昆弥皆遣使上书，言"匈奴复连
> 发大兵侵击乌孙，取车延、恶师地，收人民去，使使谓乌孙趣
> 持公主来，欲隔绝汉。昆弥愿发国半精兵，自给人马五万骑，
> 尽力击匈奴。唯天子出兵以救公主、昆弥"。汉兵大发十五万
> 骑，五将军分道并出……遣校尉常惠使持节护乌孙兵，昆弥自
> 将翕侯以下五万骑从西方入，至右谷蠡王庭，获单于父行及嫂、
> 居次、名王、犁汙都尉、千长、骑将以下四万级，马牛羊驴橐
> 驼七十余万头，乌孙皆自取所虏获。还，封惠为长罗侯。是岁，
> 本始三年也。汉遣惠持金币赐乌孙贵人有功者。①

初解忧公主嫁至乌孙时，有侍女冯嫽同行，冯氏能史书、习
事，尝持汉节为公主使，行赏赐于西域城郭诸国颇受敬信，号为
"冯夫人"。冯嫽后嫁乌孙右大将，而右大将与乌就屠相善，西域
都护郑吉乃请冯氏游说乌就屠归降汉朝。甘露元年（前53年），
汉朝册立翁归靡与解忧公主所生长男元贵靡为大昆弥（大乌孙
王），乌就屠为小昆弥（小乌孙王），并遣长罗侯常惠将兵三校，
驻屯赤谷城，以监视乌孙动静。② 此事《汉书·乌孙》载：

> 初，楚主侍者冯嫽能史书，习事，尝持汉节为公主使，
> 行赏赐于城郭诸国，敬信之，号曰冯夫人。为乌孙右大将
> 妻，右大将与乌就屠相爱，都护郑吉使冯夫人说乌就屠，以
> 汉兵方出，必见灭，不如降。乌就屠恐，曰："愿得小号。"
> 宣帝征冯夫人，自问状。遣谒者竺次、期门甘延寿为副，送
> 冯夫人。冯夫人锦车持节，诏乌就屠诣长罗侯赤谷城，立元

---

① 《汉书》卷96《乌孙》。
② 《汉书》卷96《乌孙》。

贵靡为大昆弥，乌就屠为小昆弥，皆赐印绶。破羌将军不出塞还。后乌就屠不尽归诸翕侯民众，汉复遣长罗侯惠将三校屯赤谷……

元贵靡子星靡代为大昆弥，弱，冯夫人上书，愿使乌孙镇抚星靡。汉遣之，卒百人送焉。都护韩宣奏乌孙大吏、大禄、太监皆可以赐金印紫绶，以尊辅大昆弥，汉许之。①

其后元贵靡、鸱靡均病死，解忧公主上书表示年老思土，愿归骸骨，葬汉地。宣帝悯而迎之，甘露三年（前51年），解忧公主与孙男女三人俱到京城，时年七十。汉朝赐以田宅奴婢奉养甚厚，朝见礼仪比照公主，后二年卒。② 元贵靡子星靡代为乌孙大昆弥，弱（尚幼小），冯夫人上书愿使乌孙镇抚星靡，汉廷遣之，以卒百人送至乌孙。③ 汉与乌孙继续维持良好关系。《汉书·乌孙》载：

元贵靡、鸱靡皆病死，公主上书言年老土思，愿得归骸骨，葬汉地。天子闵而迎之，公主与乌孙男女三人俱来至京师。是岁，甘露三年也。时年且七十，赐以公主田宅、奴婢，奉养甚厚，朝见仪比公主。后二岁卒，三孙因留守坟墓云。④

宣帝时，解忧公主遣其乌孙长女弟史来京城学习鼓琴。当她返乌孙时，汉朝遣侍郎乐奉一路护送，将道经西域龟兹国。龟兹王先遣使至乌孙，求娶解忧公主之女，使者未还，会公主女过龟兹，王留不遣，复遣使报解忧公主，公主应允婚事，弟史于是成为龟兹王绛宾夫人，龟兹遂成为汉之外孙女婿。后解忧公主上书，愿令其女此照宗室入朝，而龟兹王绛宾亦爱其夫人，上书表示得尚汉外孙女为昆弟，愿

---

① 《汉书》卷96《乌孙》。
② 《汉书》卷96《乌孙》。
③ 《汉书》卷96《乌孙》。
④ 《汉书》卷96《乌孙》。

与公主俱入朝，汉廷许之。元康元年（前65年），龟兹王与弟史至长安朝贺。《汉书·乌孙》云：

> 王及夫人皆赐印绶。夫人号称公主，赐以车骑旗鼓，歌吹数十人，绮绣杂缯琦珍凡数千万。留且一年，厚赠送之。①

此后龟兹王绛宾数来朝贺，乐汉衣服制度，归其国治宫室，作徼道周卫，出入传呼，撞钟鼓，如汉家仪。绛宾死，其子承德自称汉外孙。成哀帝时，龟兹与中原往来频繁密切。②

西汉的和亲宫女，除上述解忧公主侍女冯嫽在武帝时嫁乌孙右大将外，尚有昭帝时嫁宫女为西域鄯善王尉屠耆夫人，和元帝竟宁元年（前33年）王昭君（嫱）嫁匈奴呼韩邪单于。③

《后汉书·南匈奴》载：

> 昭君字嫱，南郡人也。初，元帝时，以良家子选入掖庭。时呼韩邪来朝，帝敕以宫女五人赐之。昭君入宫数岁，不得见御，积悲怨，乃请掖庭令求行。呼韩邪临辞大会，帝召五女以示之，昭君丰容靓饰，光明汉宫，顾景裴回，竦动左右。帝见大惊，意欲留之，而难于失信，遂与匈奴。生二子。及呼韩邪死，其前阏氏子代立，欲妻之，昭君上书求归，成帝敕令从胡俗，遂复为后单于阏氏焉。④

汉末兴平中天下丧乱，蔡邕之女琰（字文姬）为胡骑所获，没于南匈奴左贤王，在胡中十二年，生二子。⑤ 建安初冀州牧袁绍，与前将军公孙瓒相持不决，乌桓蹋顿单于遣使诣绍，求和亲，袁绍以"家人子为己女"嫁蹋顿，遂遣兵助击瓒破之。⑥

---

① 《汉书》卷96《渠犁》。
② 《汉书》卷96《渠犁》。
③ 《后汉书》卷119《南匈奴》。
④ 《后汉书》卷119《南匈奴》。
⑤ 《后汉书》卷114《蔡文姬》。
⑥ 《后汉书》卷120《乌桓》。

另汉代时，同少数民族王朝之间也有和亲事例：西汉时匈奴曾先后以女嫁乌孙昆弥猎骄靡、军须靡、翁归靡和西域车师王乌贵。西域焉耆王曾以女嫁车师王。[①] 东汉时西域莎车王曾以女嫁于阗王[②]，结为昆弟。

① 《汉书》卷96《车师》。
② 《后汉书》卷118《莎车》。

附表 5 - 1

汉代与边族的和亲简表

顺序	纪年	公主名	公主出身	和亲对象	在蕃地位	参与婚礼人士	聘礼或赏赐	和亲成效	出典
1	汉高帝九年(前198年)	公主	家人子(宗室女)	匈奴冒顿单于	阏氏	刘敬	岁奉絮缯、酒米、食物各有数	约为昆弟，冒顿乃少止	《史记·刘敬列传》《史记·匈奴列传》
2	惠帝三年(前192年)	公主	宗室女	匈奴冒顿单于	阏氏				《汉书·惠帝刘盈》《汉书·匈奴》
3	文帝六年(前174年)	翁主	宗室女	匈奴老上稽粥单于	阏氏				《史记·匈奴列传》《汉书·匈奴》
4	景帝年间(前156年—前141年)	翁主		匈奴军臣单于	阏氏		通关市，给遗单于	景帝之世，时小入盗边，无大寇	《史记·匈奴列传》
5	武帝元封年间(前110年—前105年)	细君	江都王建之女	乌孙王昆莫猎骄靡、岑陬军须靡	王妻(右夫人)	官属、宦官、侍御数百人	赐乘舆服御物，赠送甚盛	言语不通，公主悲愁，后嫁王孙岑陬	《汉书·乌孙》

续附表 5－1（1）

顺序	纪年	公主名	公主出身	和亲对象	在蕃地位	参与婚礼人士	聘礼或赏赐	和亲成效	出典
6	武帝太初中（前104年—前101年）	解忧	楚王戊之孙女	乌孙王岑须殿、肥王翁归靡、狂王泥靡	王妻			前后下嫁三代君主，操纵数十年政柄，常与汉朝联络打击匈奴	《汉书·乌孙》
7	武帝年间	冯嫽	解忧公主侍女	乌孙右大将	大将妻			对西域诸国外交及乌汉关系贡献大	《汉书·乌孙》
8	昭帝年间	公主	昭帝宫女	鄯善王尉屠耆	王妻				《汉书·鄯善》
9	宣帝元康元年（前65年）	弟史	解忧公主女，宗室女待遇	龟兹王绛宾	王妻			龟兹成为汉外孙女婿，汉外孙女入朝，并汉化	《汉书·龟兹》

续附表 5－1（2）

顺序	纪年	公主名	公主出身	和亲对象	在蕃地位	参与婚礼人士	聘礼或赏赐	和亲成效	出典
10	元帝竟宁元年（前33年）	王昭君（嫱）（不称公主）	元帝后宫良家女子（宫女）	匈奴呼韩邪、复株累若鞮单于	阏氏		嫁妆有锦绣缯帛杂帛八千匹，絮六千斤	汉与匈奴间有五十年左右的和平	《汉书·匈奴》
11	汉末兴平中	蔡琰	蔡邕女	南匈奴左贤王	王妻				《后汉书·蔡文姬》
12	汉末建安初（袁绍政权）		家人子（宫女）	乌桓蹋顿单于	阏氏				《后汉书·乌桓》

从以上汉代和亲事实分析不难了解，西汉初年和匈奴的和亲是处理敌对国家间的关系，含有被迫忍让情形；汉朝中叶和乌孙的和亲是处理友好国家间的关系，偏重政治外交同盟联合的意义，且颇有成效；西汉末叶对已经内属于汉朝的匈奴和亲是处理国内民族间关系的一种安抚政策。（敬东：《西汉时期三种不同性质的和亲》）汉朝和匈奴的态势，由"汉弱匈强"，而逐渐逆转成"汉强匈弱"的情势，双方的和亲性质、作用也有所差异矣。

三、汉代和亲之得失及其影响

（一）和亲之得失

和亲政策始自汉代，盛行于隋、唐两代，为当时重要的绥靖边疆之政策。其是非、得失意见，归纳起来当时赞成者多，后世却批评者众。赞成汉朝和亲者，如汉代博士狄山谓：

"和亲便。……兵，凶器，未易数动。高帝欲伐匈奴，大困平城，乃遂结和亲。孝惠、高后时，天下安乐。及文帝欲事匈奴，北边萧然苦兵。孝景时……吴、楚已破，竟景帝不言兵，天下富实。今自陛下兴兵击匈奴，中国以空虚，边大困贫。由是观之，不如和亲。"①

唐代张仲素在《王昭君》中谓："仙娥今下嫁，骄子自同和。剑戟归田尽，牛羊绕塞多。"（《全唐诗》卷367）王钦若在其《册府元龟》中说："建和亲之仪，岁用絮缯酒食奉之，非惟解兵息民，亦欲渐而臣之，为羁縻长久之策耳。"② 元代吴师道其《昭君出塞图》云："平城围后几和亲，不断边烽与战尘，一出宁胡终汉世，论功端合胜前人。"清代陆次云云："安危大计在和亲，

① 《汉书》卷59《张汤》。
② 《册府元龟》卷978《外臣部·和亲一》。

巾帼应推社稷臣，但得妄行烽火熄，汉朝谁敢说无人。"（《澄江集》）现代史学者翦伯赞在《从西汉的和亲政策说到昭君出塞》中说："和亲政策……在古代封建社会时期是维持民族友好关系的一种最好的办法。"①并表示："和亲政策比战争政策总要好得多。"（翦伯赞：《内蒙访古》）郭沫若在其《中国史稿》中谓："昭君出塞成为汉和匈奴和好的历史佳话。"今人张春树曾归纳赞成汉代和亲意见为：（1）在军事上，匈奴因其特殊之地理位置与生活习惯而举国皆骑兵，不定居，故汉不能以军力胜之；（2）在文化上，中原王朝当以教化怀服远人，不应以武力征服之；（3）在政治经济上，匈奴亦不可击，如强击之，必至动员并耗尽全国人力物力，最后亦必引起内部骚动与叛乱，使汉廷自身不保而蹈"亡秦"之覆辙；（4）和亲为高祖所立之传统，后人不可轻易更改。②

至于反对汉朝和亲者，如班固在其《汉书·匈奴》赞论其得失谓："久矣夷狄之为患也……曷当不运筹策……缙绅之儒则守和亲，介胄之士则言征伐……和亲（而匈奴仍不免相盗）……此则和亲无益，已然之明效也。"③

汉代贾谊于汉文帝六年（前174年）上奏疏（《治安策》）详和亲约谓："天下之势方倒县。凡天子者，天下之首，何也？上也。蛮夷者，天下之足，何也？下也。今匈奴嫚娒侵掠，至不敬也，为天下患，至亡已也，而汉岁致金絮采缯以奉之。夷狄征令，是主上之操也；天子共贡，是臣下之礼也。足反居上，首顾居下，倒县如此，莫之能解，犹为国有人乎？……可为流涕者此也。"④

汉代萧望之也认为："万里结婚，非长策也。""（解忧公主）

---

① 《光明日报》，1961～02～05。
② 张春树：《汉代边疆史论集》导言，2页，台北，食货出版社，1977。
③ 《汉书》卷94《匈奴》。
④ 《汉书》卷48《贾谊》。

在乌孙四十余年，恩爱不亲密，边境未以安……"①

唐右补阙卢俌上疏唐中宗称："汉高帝纳娄敬之议，与匈奴和亲，妻以宗女，赂以巨万，冒顿益骄，边寇不止。则远荒之地，凶悍之俗，难以德绥，可以威制，而降自三代，无闻上策。"②

唐代白居易在其《过昭君村》云："不取往者戒，恐贻来者冤。至今村女面，烧灼成瘢痕。"③ 李中在其《王昭君》诗谓："谁贡和亲策，千秋污简编。"④

刘贶在《新唐书·突厥》中谓："皇室淑女，嫔于穹庐；掖庭良人，降于沙漠。……帝女之号，与胡媪并御；蒸母报子，从其污俗？中国异于蛮夷者，有父子男女之别也。婉冶之姿，毁节异类，垢辱甚矣。汉之君臣，莫之耻也。"⑤

宋代朱熹在其《楚辞后语·乌孙公主歌》云："中国结婚夷狄"是"自取羞辱"。宋代朱新仲在《咏昭君》诗曰："当时夫死若求归，凛然义动单于府。不知出此肯随俗，颜色如花心粪土。"（王应麟：《困学纪闻》卷18）

张春树归纳汉代反对和亲政策理由为：（1）以汉帝国之大而以和亲奉事"野蛮"之匈奴，实为奇耻大辱；（2）匈奴从不履行和亲条件，和约虽在而仍照常犯边掠夺，故和亲于汉无益；（3）匈奴人少，军力实远不及汉帝国，如汉朝决定倾力以战，必可尽征服之；（4）历史与文化传统都证明匈奴一类之"野蛮人"只可以武力征服，难以用教化归化。⑥

综上所述，赞成者多以汉朝和亲系面对游牧民族难于力服，

---

① 《汉书》卷78《萧望之》。
② 《旧唐书》卷194《突厥》。
③ 《全唐诗》卷434《过昭君村》。
④ 《全唐诗》卷749《王昭君》。
⑤ 《新唐书》卷215《突厥》。
⑥ 《后汉书》卷119《南匈奴》。

且远征耗力，和亲解兵息民，缓和局势保持国力，并使边族渐臣的羁縻长策。反对者，多认为和亲无法完全避免寇边而无益。并以民族偏见歧视和大汉伦理观点，无法容忍游牧民族的婚俗，而断言"夷狄难于德绥"。

（二）和亲之影响

和亲的影响是多方面的，现代学者张正明认为和亲的历史作用有：削弱民族偏见、促进经济文化交流、推动民族同化。（张正明：《和亲论》）而梁多俊、刘先照、韦世明三人则强调：和亲在客观上起到了进步作用，这种作用主要表现在和亲促进了民族间的和平友好。和亲促进了民族间经济文化的交流和联系，中原与边疆各族开放了关市，中原大量的先进生产技术和生产工具源源不断传入边疆少数民族地区，边疆少数民族地区的马、牛、羊大量输入中原，对各自的生产发展都起到一定的推动作用。（梁多俊：《关于我国历史上的和亲问题》）另翟宛华以为西汉与乌孙的和亲作用有：汉乌和亲实现了断匈奴右臂和通西域的目的，进一步加强和发展了各民族之间的联系，促进了双方经济文化的交流和发展。（翟宛华：《论西汉与乌孙的和亲》）刘光胜也认为：汉匈和亲的结果导致了汉朝和匈奴主政权之间、汉民族和匈奴民族之间的友好往来，有利于汉匈民族间的生产恢复和发展，有利于民族间经济和文化的交流，有利于民族的逐渐融洽，有利于人民群众的安定生活，也有利于社会的进步。其后几十年文景之治的出现，虽然原因甚多，但是和亲免战，便于发展生产、活跃经济，总算是个有利的因素。（刘光胜：《试说刘邦"白登之围"与汉匈和亲的开始》）

笔者认为和亲的影响，就短程来说其缺点在养成屈辱、苟安的心态。其优点使中原增添和平，朝廷得以减少灾难而延长年祚。就长程来说，足以增进民族之感情与融合、文化之交流及交通经济之繁荣等，颇具积极意义，影响深远。

四、结　语

汉朝在与边疆民族的关系中，首采和亲政策，其意义在"和睦相亲爱"，包含下嫁公主、名分、互赠礼物、互市等和好亲善同盟的意思。而和亲所下嫁的公主，依汉制帝女谓"公主"。帝姊妹谓"长公主"，帝姑谓"大长公主"（邝平樟：《唐代公主和亲考》）。然历代多数封宗室女、外戚女或宫女为"公主"下嫁，此外另有"县（郡）主"，地位较"公主"为低。

汉朝对匈奴和亲六次，对乌孙三次，对西域鄯善、龟兹各一次，分别于高帝、惠帝、文帝、景帝、武帝、宣帝、元帝及昭帝各朝，可见汉朝采用和亲政策相当长久，和亲对象也相当广泛。然其性质颇多差异，西汉初年在"汉弱匈强"下与匈奴的和亲是处理敌对国家间的关系，含有被迫忍让的意味；汉中叶为断匈奴右臂，与西域乌孙的和亲则为处理友好国家间的关系，属政治外交联合的意义；汉末在"汉强匈弱"下对南匈奴的和亲为处理国内民族间的关系，属安抚性质。

综评汉代的和亲政策，对匈奴方面，虽难以完全达到不寇边和绝对和平的目的，但亦改善了双方的关系，减少了战争，使汉朝的国力得以休养。在西域乌孙、龟兹等国方面，更达到了长期亲善结盟的境地，而断绝匈奴的右臂，孤立匈奴的发展，在汉匈对峙情势中，使汉朝奠定了胜利的基础。再从长远的角度来看，和亲政策对中原农业民族和边疆民族的民族感情与融合、文化交流、交通与经济繁荣均产生了相当深远的影响。

第六章 魏晋南北朝时期的联姻

□ 魏晋南北朝时期是个动乱和分裂的历史时期，北方已成多民族聚会的舞台，民族间有大冲突，也有大融合，是个多民族角逐中原政权的时代。在这个民族文化大融合的时期，联姻也扮演了重要角色，此期间的和亲多属不同少数民族王朝间的联姻。

盛乐博物馆前拓跋珪塑像

第六章　魏晋南北朝时期的联姻

一、魏晋南北朝简史

东汉献帝（190 年—220 年）时，有董卓、曹操弄权，挟天子以令诸侯，汉朝帝国分崩离析，各州牧郡守相继据地称雄，终成魏、蜀、吴三国鼎力之势。嗣后司马懿父子相继专擅魏政，至司马昭卒，子炎逼魏主曹奂禅位改国号曰晋，视为晋武帝。晋武帝太康元年（280 年），吴主孙皓乞降，中原遂又统一。武帝崩，子惠帝嗣立，五胡遂乘机烽起，终迫晋室南迁，中原为边疆民族所占据，是为"五胡乱华"。建立的国家前后凡十六个，若以其族别数之，除汉族外，边族则有匈奴、羯、氐、羌、鲜卑五部族，故号称"五胡"。

五胡十六国相互攻伐百余年之久，继之兴起者有鲜卑拓跋氏。拓跋珪崛起于盛乐，攻灭后燕后，自即帝位于平城，是为元魏（或作北魏、后魏）道武帝（386 年—409 年），元魏经道武、明元、太武三帝，破灭北燕、北凉、夏诸国后，黄河流域于是统一。其时，南方则有刘裕之篡晋，建立宋朝，雄踞于长江流域，于是北方之元魏与南方之刘宋，形成对峙之势，遂开南北朝之局。此后，南方则刘宋而齐（萧道成建），而梁（萧衍建），而陈（陈霸先建）；北朝元魏，旋即分为东魏、西魏，高氏篡东魏而建北齐，宇文氏篡西魏而为北周。南方之陈，与北方之北齐、北周，成三足鼎立之势。北周武帝于577年灭北齐，遂并合江北。至武帝之孙静帝，年幼，太后之父杨坚辅政，于581年杨坚受北周帝禅，建立隋朝。隋军南下，先灭江陵之后梁，次又灭陈。至589年，隋朝建立统一的国家，遂结束南北分裂之局。[1]

附表6-1　　　　　　　　　　五胡十六国表[2]

国名	族系	建国者	都　城	年　代	附　注
前凉	汉	张祚	姑臧（甘肃武威）	301年—376年	
前赵	匈奴	刘渊	平阳（山西临汾）、长安	307年—329年	刘渊国号汉，至刘曜改为赵
成汉	氐	李雄	成都	304年—347年	即后蜀
代	鲜卑	拓跋猗卢	盛乐（和林格尔）	307年—376年	不在十六国内
后赵	羯	石勒	襄国（河北邢台县西南）邺（河北监漳县西）	319年—351年	
前燕	鲜卑	慕容皝	龙城（原热河朝阳）、邺	337年—370年	
魏	汉	冉闵	邺	350年—352年	不在十六国内
前秦	氐	苻健	长安	351年—394年	385年后，国都不定
后燕	鲜卑	慕容垂	中山（河北定县）龙城	384年—409年	
后秦	羌	姚苌	长安	384年—417年	
西燕	鲜卑	慕容冲	阿房（陕西咸阳县西）长子（山西长子县）	385年—394年	不在十六国内

① 刘义棠：《中国边疆民族史》，161～162页，台北，中华书局，1971；刘学铫：《历代胡族王朝之民族政策》，119～190页，台北，知书房出版社，2005。
② 刘义棠：《中国边疆民族史》，163～164页，台北，中华书局，1971。

续附表 6－1

国名	族系	建国者	都　城	年　代	附　注
西秦	鲜卑	乞伏国仁	苑川（甘肃靖远西南）	385 年—431 年	
北魏	鲜卑	拓跋珪	平城、洛阳	386 年—557 年	不 在 十 六 国内
后凉	氐	吕光	姑臧	386 年—403 年	
南凉	鲜卑	秃发乌孤	乐都（青海乐都县）	397 年—414 年	
南燕	鲜卑	慕容德	滑台（河南滑县） 广固（山东益都县西北）	398 年—410 年	
西凉	汉	李暠	敦煌	400 年—420 年	
北凉	匈奴	沮渠蒙逊	张掖、姑臧	401 年—439 年	初 为 段 业 所建
夏	匈奴	赫连勃勃	统万（陕西横山县西）	407 年—431 年	
北燕	汉	冯跋	龙城	409 年—436 年	

二、魏晋南北朝联姻实例[①]

附表 6－2　　　　　　　魏晋南北朝联姻实例表

纪年	公主名	公主出身	和亲对象	在蕃地位	参与典礼人士	聘礼或赏赐	和亲年限	和亲成效	出　典
北魏平帝七年（293年）	拓跋魏公主	拓跋猗女（拓跋魏平帝女）	匈奴宇文部大人普拨子宇文丘不勤						《魏书·序纪》《北史·宇文莫廆》

---

① 崔明德：《汉唐和亲史稿》，54～82 页，青岛，青岛海洋大学出版社，1992。

续附表 6－2（1）

纪 年	公主名	公主出身	和亲对象	在蕃地位	参与典礼人士	聘礼或赏赐	和亲年限	和亲成效	出 典
北魏昭成帝五年（298年）	拓跋魏公主	拓跋禄官女（拓跋魏昭帝长女）	匈奴大人宇文莫廆子宇文逊昵延						《魏书·序纪》《北史·宇文莫廆》
北魏昭成帝建国二年（339年）	前燕公主	前燕慕容妹	北魏昭成帝代拓跋什翼犍	皇后					《北史·后妃》《资治通鉴》
北魏昭成帝建国四年（341年）	北魏公主	北魏代拓跋什翼犍女	匈奴乌桓（铁弗刘卫辰）						《魏书·昭成帝拓跋什翼犍》
北魏昭成帝建国七年（344年）	前燕公主	前燕慕容皝女	北魏昭成帝代拓跋什翼犍	皇后	什翼犍派人到燕、魏边境接公主，皝也亲送公主		360年去世		《北史·后妃》《魏书·昭成帝拓跋什翼犍》

续附表 6-2（2）

纪　年	公主名	公主出身	和亲对象	在蕃地位	参与典礼人士	聘礼或赏赐	和亲年限	和亲成效	出　典
北魏昭成帝建国七年（344年）	北魏公主	北魏列帝女代拓跋什翼犍侄女	前燕慕容皝		遣重臣带重礼				《魏书·序纪》
北魏昭成帝建国十九年（356年）	北魏公主	北魏宗室女代拓跋什翼犍女	前燕慕容儁						《魏书·序纪》
北魏昭成帝建国二十三年（360年）	北魏公主	北魏昭成帝女代拓跋什翼犍女	匈奴铁弗刘卫辰						《魏书·序纪》《资治通鉴》

续附表 6-2（3）

纪　年	公主名	公主出身	和亲对象	在蕃地位	参与典礼人士	聘礼或赏赐	和亲年限	和亲成效	出　典
北魏昭成帝建国二十五年（362年）	前燕公主	前燕慕容暐女	北魏昭成帝代拓跋什翼犍	以备后宫					《魏书·序纪》《资治通鉴》
东晋太元十四年之后（389年之后）	前秦东平长公主	前秦苻登妹	西秦乞伏乾归	作梁王后					《晋书·乞伏乾归》
北魏永兴三年（411年）	北燕乐浪公主	北燕冯跋女	柔然蔼苦盖可汗						《晋书·冯跋》《北史·蠕蠕》
北魏神瑞元年（414年）	柔然公主	柔然蔼苦盖可斛律女	北燕冯跋	妻					《晋书·冯跋》《北史·蠕蠕》
北魏神瑞二年（415年）	后秦西平长公主	后秦姚兴女	北魏太宗明元帝	夫人，嗣赠昭哀皇后	派散骑常侍、东武侯姚敞、尚书姚泰送公主		447年被赐死	加强双方的隶属关系（北魏控制北凉）	《晋书·姚兴》《魏书·太宗拓跋嗣》《北史·后妃》《北史·姚兴》
北魏太武帝延和二年（433年）	北凉兴平公主	北凉沮渠蒙逊女	北魏太武帝	右昭仪				北魏承认北凉在政治上的独立地位	《北史·沮渠蒙逊》《魏书·沮渠蒙逊》

续附表 6 - 2 (4)

纪　年	公主名	公主出身	和亲对象	在蕃地位	参与典礼人士	聘礼或赏赐	和亲年限	和亲成效	出　典
北魏太武帝延和二年（433年）	北魏武威公主	北魏太武帝妹	北凉沮渠牧犍	王后		班赐甚厚		双向和亲暂停战争，柔然向北魏朝贡，献马两千匹，北魏也赐物多	《魏书·沮渠蒙逊》
北魏太武帝延和三年（434年）	北魏西海公主	北魏太武帝女	柔然敕连可汗吴提	可汗妻	派颍川王拓跋提到柔然接公主到北魏平城				《北史·蠕蠕》《资治通鉴》《魏书·蠕蠕》
北魏太武帝延和三年（434年）	柔然公主	柔然敕连可汗吴提妹	北魏太武帝	夫人、左昭仪					《魏书·蠕蠕》
具体年份不详	大秦公主	大秦氏王杨难当女	北魏太武帝						《宋书·索虏》
439年	北魏公主	北魏太武帝女	氐王杨保宗						《魏书·氐》《魏书·世祖纪》
兴和年间	东魏广乐公主	东魏孝静帝女（齐南王匡孙女）	吐谷浑可汗夸吕						《北史·吐谷浑》

续附表 6 - 2（5）

纪　年	公主名	公主出身	和亲对象	在蕃地位	参与典礼人士	聘礼或赏赐	和亲年限	和亲成效	出　典
西魏文帝大统元年（535年）	北齐兰陵郡长公主	东魏孝静帝公主（常山王元鹭妹安乐公主）	柔然敕连头兵伐可汗阿那瓌庵罗辰子	可汗妻	诏宗正元寿送公主	柔然遣奉马千匹为聘礼		自是朝贡相寻	《北史·蠕蠕》《北史·后妃》《魏书·蠕蠕》《齐书·祖珽》《资治通鉴》
（具体年代不详）	吐谷浑公主	吐谷浑汗夸吕从妹	东魏孝静帝						《魏书·孝静帝元善见》
西魏文帝大统四年（538年）	西魏化政公主	西魏文帝公主（孝武帝时舍人元翌女）	柔然敕连头兵伐可汗阿那瓌弟塔塞	可汗妻					《资治通鉴》《北史·蠕蠕》《北史·后妃》
西魏文帝大统四年（538年）	柔然（郁久闾）公主	柔然敕连头兵伐可汗阿那瓌女	西魏文帝	皇后	迎亲使扶风王元孚	随车七百辆，马一万匹，骆驼一千头陪嫁	二年	柔然、西魏均极重视此项双边和亲关系	《北史·蠕蠕》《北史·后妃》
北齐武成帝时	柔然邻和公主	柔然敕连头兵伐可汗庵罗辰女	东魏相高欢子高湛（北齐武成帝）						《北齐书·武成帝高湛》《北史·蠕蠕》

续附表 6 - 2（6）

纪　年	公主名	公主出身	和亲对象	在蕃地位	参与典礼人士	聘礼或赏赐	和亲年限	和亲成效	出　典
武定东魏三年（545年）	柔然公主	柔然敕连头伐可汗爱女	东魏相高欢		慕容俨迎娶公主，高欢至下馆亲迎			柔然政治地位提高，高欢去世后子文襄和公主结为夫妻，生一女	《北史·蠕蠕》
西魏文帝大统十七年（551年）	西魏长乐公主	西魏文帝女	突厥酋师土门（伊利可汗）	可汗妻		土门献马两百匹			《北史·突厥》《册府元龟·外臣部·和亲》
北周武帝天和三年（568年）	突厥阿史那公主	突厥木杆可汗女	北周武帝	皇后	陈公纯大司徒宇文贵、神武公宝毅、南安公杨荐等	岁给缯絮锦彩十万段			《资治通鉴》《周书·突厥》《周书·武帝宇文邕》《北史·后妃》《北史·突厥》
北周宣帝大象元年（579年）	北周千金公主	周帝宗室赵王招之女	突厥他钵可汗、沙钵略可汗	可敦	汝南公宇文神举、司卫上士长孙晟往送之	岁赐缯絮锦采十万段	约共十六年	突厥助北周对吐谷浑及北齐	《周书·宣帝宇文赟》《周书·突厥》
具体年份不详		晋都督并幽冀三州诸军事刘琨	鲜卑酋帅幽州刺史段匹磾						《晋书·刘琨》

三、魏晋南北朝联姻特色

三国时代几无和亲可言。晋朝也不与边疆少数民族王朝和亲。晋朝南渡后，留在北方的刘琨都督并冀幽三州诸军事，曾与鲜卑酋帅署幽州刺史段匹磾联姻，属地方政权间的联姻。至十六国、南北朝时期是个动乱和分裂的历史时代，北方已成民族大会舞台，民族间有大冲突，也有大融合，其和亲联姻主要特色如下。[①]

1. 主要发生在不同少数民族王朝间

在将近290年间，除北燕皇族为冯氏，东魏的高氏属胡化的汉人，且不代表中原朝廷，仅属汉族地方政权外，其他和亲多属不同少数民族王朝间的联姻。

2. 以鲜卑族为主角

在各少数民族王朝间的联姻中，又多数涉及鲜卑，包括双方均为鲜卑，或一方是鲜卑。鲜卑中，尤以拓跋部为最多，连同期所建立的代国、北魏、西魏、东魏在内。

3. 中原分裂时联姻多，统一时少

以拓跋部在建立北魏前，及北魏前期六十余年间两时期为多，北魏后八十余年间则无，西魏与东魏也有联姻。分裂时因需要结盟故联姻多。

4. 和亲大致出于两相情愿，且重视

当事双方均为少数民族，无贵贱、体面问题，且游牧民族族外婚俗习惯容易促成。此时期的通婚既然双方都情愿，且有利结盟，故双方均甚重视其仪礼和地位。

5. 双向交换婚（双向互婚）者多

此时其在代国与前燕、北魏与柔然、北魏与北凉、北魏与

---

① 张正明：《和亲论》，《中国古代边疆政策研究》，436～439页，北京，中国社会科学出版社，1990。

氏、北燕与柔然、西魏与柔然，东魏与吐谷浑、北周与突厥之间，均有交换婚，同时也有先后的交换婚。交换婚也是双向的联姻，比单向的更对等，双方均有人质在对方。

6. 公主身份与出嫁后地位均高

历代和亲公主，尤其中原朝廷多封宗室女为公主，而此时期则多封帝王女或妹为公主。出嫁后也多为王后或可敦，身份地位均高，颇受重视。

7. 仅图近利，少有远谋，易生变故

此时期民族舞台上的角逐者多，变化也大。因此联姻和亲双方仅有短浅眼光，多功利主义，反复无常，少有长期战略方针。

四、结　语

魏晋南北朝是个汉族分裂，多民族角逐中原政权的时期，尤其北方游牧民族分据中原建立汉化王朝，特别在北魏中期后，在北方民族与西部民族之间，产生了地位上升降的变化。北方民族以鲜卑为主，因进入中原较久，立国时间较长，汉化较深，地位大体与汉族等同。西部民族以氐、羌为主，被认为地位较低。因此西魏、东魏和北周仅与北方民族通婚和亲，不与西部民族联姻。吐谷浑是西迁的北方民族，地位高于氐、羌，仍可与北方民族联姻。此种状况延续到从北周脱胎而来的隋朝。可见此时期的民族关系影响联姻实况。

至于联姻的影响，在政治上，借和亲促进联盟关系，发展隋朝统一基础。在经济、文化上，从使节、礼仪地位与携带礼物的互送，增进民族间经济文化的交流和发展。在民族上，可减少民族偏见，增进亲近及血缘融合。故魏晋南北朝在政治上虽系纷扰时代，但在民族文化上却是大融合时期，而且联姻也扮演了重要角色。

第七章 隋、唐两代对突厥的和亲政策

□ 和亲政策始自汉代，盛行于隋、唐两代，历史上隋、唐两代之盛世，多赖其对北方诸王朝政策上的成功。隋、唐两代与突厥和亲之影响，主要可以归纳为：民族融合、文化交流及经济繁荣等方面。

昭陵北司马门遗址出土的十四蕃君长石刻像之二

第七章　隋、唐两代对突厥的和亲政策

一、前　　言

历史上隋、唐两代系我国之盛世，其版图之广及对邻国影响之大，向有"世界帝国"之称①。考其帝国之成立，多赖其对北方与西方诸国政策上之成功，特别是对北方游牧强敌——"突厥"的和亲分化政策尤以致之。

"突厥"一词，初见于西魏大统十一年（545 年）。② 其所以称之为"突厥"者，据一般史籍记载，均谓其所居金山（Altai），

---

① 日本东京大学文学部东洋史学教授护雅夫在《隋、唐とチュルク国家——隋、唐"世界帝国"性格究明にょせて》一文中认为，隋、唐通过"册封体制"遍及周围诸国，而成立了它的"世界帝国"性格。
② 安马弥一郎：《西突厥の起源に就ぃて》，12～82 页；伯希和 Pelliot 著，冯承钧译《突厥名称之起源》，见《西域南海史地考证译丛续编》，55～60 页。所考证突厥名词，出现于印度的时间亦大致在 6 世纪中叶。

形似"兜鍪"（钢盔之意）其俗[1]语称"兜鍪"为"突厥"，遂以为部族之名。至于西洋方面学者之研究，则多主张系蒙古语，言 Türk 的复数型 Türk‑üt 的音译[2]。

约 5 世纪时，经五胡十六国后，南北分裂，天下纷扰。时突厥为北凉匈奴沮渠（Chü‑chü）氏（今甘肃张掖一带）属下一小部落。至宋文帝元嘉十六年（439 年），北魏太武帝灭沮渠牧犍，突厥首领阿史那[3]率部落五百人投蠕蠕（柔然）而为其铁工，

---

[1] 依台湾大学文学院历史学教授傅乐成著《突厥的文化和它对邻国的关系》（《边疆文化论集（二）》，189 页）认为，"其俗"系指柔然俗而言。

　　在"突厥"名词来源方面，另有一说谓，突厥为狄历、敕勒、铁勒之音转，其意义为"联盟"，并或与土拉（Tula）河有关。丁谦曰："突厥者，亦狄历、敕勒、铁勒之转音也。"（《蓬莱轩地理学》丛书；《新唐书》卷 215《突厥》地理考证，20 页）。胡秋原曰："按土拉河（Tula）古名 Til。草原地带游牧民族，又相信 Volga 河或 Kama 河与土拉河有关，因其水为黑色，故称 Atel；Atel 著名匈奴领袖阿提拉（Attila）显然是以地为名的，即黑铁勒之意。大概'铁勒'（Til）是匈奴时代以河为氏之称。"（胡秋原：《丁零、突厥、回纥》，第 8 页）。Theophylacte 所志 Til 为 til，itil 一字之转，其义为"河"。经马迦特（Merguart）之考证，此水即为 Tola，亦即为土拉（Tula）河，或称为独逐水。丁谦所称突厥为铁勒之转音，或指为 Til 之音转而言。张星烺考证 Atelor Idil（阿得耳或亦得耳）即为伏尔加河。（张星烺：《中西交通史料汇编》）

[2] 据伯希和 Pelliot．P．所著 L'originede l'ou‑Kine，nom Chinoisdcs Turcs，主张"突厥"一词系蒙古语言 Turk 复数型 Türk‑üt 之译音，是柔然人遗留下来的。其意义是"强有力""盛大""气力"或"刚毅"等。

　　而 Türk 应译为"铁勒"。此说为日本一般北亚史学者所采信。而根据鄂尔浑（Orkhon）碑文及叶尼塞（Yenisei）碑文等突厥族人自己的称呼则以 Türk 表示"东突厥"，以 OnOg（十箭、十姓之意）表示"西突厥"，以 Toguz Oghuz 表示"九姓铁勒"等。所以 Barthold 与 Marguart 均认为 Oghuz 是种族名称；而"突厥"是由 Oghuz 种族所建立的游牧国家的名称即政治性名称。请参阅日本小野川秀美著：《铁勒的一考察》，见《东洋史研究》，512 页，1940；羽田亨著：《九姓回鹘との Toguz Oghuz 关系を论ず》。

[3] 据 Boodberg，P．A．的 The Language of the T'o‑Ta Wei，"阿史那"为突厥可汗姓，系由突厥语 as‑asin（to cross a mountain）而来的。日本白鸟库吉认为，"阿史那"音近于"跳跃"意义的土耳其语 Ašin，所以有阿史那在其部族当中跳跃得最高，并成为部族君长之传说（参见《周书》卷 50《突厥》）。白鸟库吉又认为，"阿史那"（Asina）是乌孙（Asn，Asän）的同音异译。请参阅白鸟库吉：《史学杂志》四九，114、115、941 页；《东西交涉史论丛》上，7 页。

　　关于突厥先世来源问题，至今仍有多种学说，未获结论。在正史最早记载突厥部落之起源者，有《周书》《隋书》《北史》等书。稍后，《新唐书》亦有记载。综上诸史所述，可归纳为两点：（1）匈奴之别种；（2）平凉杂胡。而伊斯兰教学者则多主张突厥起于欧亚间之大草原地带。欧洲学者亦有主张突厥起于匈奴者，有些学者认为突厥起于鲜卑者。唯一般以匈奴别种说较为可靠，并认为秦汉时代居于匈奴北方之丁零是突厥之祖先。（刘义棠：《中国边疆民族史》，213～223 页）。

定居金山之下。代代相传至领袖吐务时，突厥渐形强大，自号大叶护（Yabghu）[1]。吐务卒后，遗有二子，长子土门（Tümän）立，号伊利可汗（Illig–Khaghan）[2]，突厥称"汗"实自此始[3]，土门居东；另次子室点密（Istämi）在西，虽未分裂，但各自为治。室点密死后子玷厥立，号达头可汗（Tardou–Khaghan）。但在东方的土门亡后，五子之中的三子相继就任汗位，曰科罗（乙息记可汗）、俟斤（木杆可汗）、佗钵可汗（Tabar–Khaghan）。佗钵卒后虽遗命立木杆可汗之子大逻便，但以其母出身下贱为国人所反对，乃改立庵罗（An–lo，Âm–lâ），然他无法制服大逻便，故让位长兄科罗之子摄图为沙钵略（罗）可汗（Ïšbara–Khaghan，又称伊利俱卢设莫何始波罗可汗），称大逻便为阿波可汗（Apa–Khaghan）。由于此一汗位的纷争，与隋朝的离间[4]，摄图遂袭阿波，并杀其母[5]。隋开皇三年（583年），阿波可汗西奔于西面玷厥达头可汗之处，达头可汗助阿波与沙钵略（罗）可汗战斗，东、西突厥因此正式分裂[6]。此后东、西两突厥雄羁于北方，为隋、唐两朝最大的外患。

　　隋朝对突厥离间政策主持人长孙晟，于突厥雍（虞）间（都

---

[1] 突厥的"叶护"官位，因时代而有所不同。请参阅小野川秀美著《突厥碑文译注》，见《满蒙史论丛四》，103页。护雅夫著：《古代トルコ民族史》，281页，注21。突厥（阿史那氏）的祖先是由设（Šad）到（大）叶护（Yabghu），再到可汗（Khaghan）的过程。

[2] 参照护雅夫《东突厥官称号序说》《隋、唐とチュルク国家》本论，认为"土门"（Tumän）是"万""万人长"之意。"伊利可汗"（Illig–Khaghan）是"持有国家之可汗"之意。安马弥一郎《西突厥の起源に就いて》一文中，认为"土门"（Tumen）为"万"之意。

[3] 时土门随蠕蠕破铁勒，更形强大，曾求婚于蠕蠕，被拒，遂率众破蠕蠕，于天保三年（552年）告独立。

[4] 参阅安马弥一郎：《西突厥の起源に就いて》；沙畹（E. Chavannes）著，冯承钧译：《西突厥史料》，155、156页；《隋书·长孙晟》等均载有隋利用突厥内部之隙，加以分化离间之内容。

[5] 《隋书》卷51《长孙晟》。

[6] 关于东、西突厥之分裂原因，有几种说法，但以此说为正确。参阅安马弥一郎：《西突厥の起源に就いて》，12、84页。

蓝可汗）求婚时上奏反对，他认为雍间反复无信，与玷厥（达头可汗）有隙，为了依靠隋朝的帮忙而求婚。今如得尚公主，承藉隋朝威灵，玷厥、染干（Zamqan，突利可汗 Tölis‑Khaghan）必受其驱使征发，如此雍间强而更反，将来恐难制服。而染干是处罗侯之子，父子两代向有诚意，今可以许婚，令其南徙，兵少力弱，易于抚驯，"使敌雍（虞）间，以为边捍"①。因此隋朝把安义公主下嫁突利，一方面使得突利受宠若惊，对隋朝唯命是从；另一方面令都蓝气得断绝朝贡。于是突厥内部分裂发生战事。这就是利用和亲下嫁公主，以发挥拉拢、排挤，进而离间、分化敌国作用的一种手段。

突厥的可敦，权威甚大，向有左右军国大事的力量。《资治通鉴》卷182 谓："突厥之俗，可贺敦预知军谋"，是为明证。此外从隋文帝篡周，周千金公主曾劝沙钵略入寇复仇，发生了效果。从始毕可汗叛隋，围炀帝于雁门，事先隋义成公主曾遣使告变于前；其后又遣使诈告始毕北边有急，才解雁门之围②等史实知道，突厥的可敦颇能左右可汗。所以隋、唐对突厥的和亲政策，一则以中原可敦左右可汗，使之勿侵扰中原；二则以中原可敦监视可汗，一旦边界战争爆发，可敦可以为中原的内应。而且也许可以先期告变，使中原获得可靠的敌情。可见和亲下嫁公主具有极大的政治作用。（傅乐成：《突厥的文化和它对邻国的关系》）

唐武德五年（或八年）冬，西突厥统叶护可汗遣使请婚，封德彝（一曰裴矩）上奏称："当今之务，莫若远交而近攻，正可权许其婚，以威北狄。待之数年后，中国盛全，徐思其宜。"高祖遂

---

① 《隋书》卷51《长孙晟》。
② 《资治通鉴》卷182《隋纪六》："（大业十一年）戊辰，始毕帅骑数十万谋袭乘，义成公主先遣使告变。""帝遣间使求救于义成公主，公主遣告始毕云：'北边有急。'东部及诸郡援兵亦至忻口，九月，甲辰，始毕解围去。"

许之婚。① 此乃以和亲为远交近攻，缓和战争，准备防御的手段在政治外交上的运用。

在突厥方面，一般可以归纳为两个主要的目的：其一为"名誉"方面的，亦是政治外交策略上，是想借中原"大国"之"威灵"，以统奉北方游牧诸族。如默棘连（毗伽可汗 Bilga - Khaghan，小杀）屡请公主不得，曾抱怨地说道："屡请不得，为诸国笑。"② 及上述长孙晟所奏称的，雍闾（都蓝可汗）之所以求婚是为了"依倚国家"，如得尚公主将"承藉威灵"，则玷厥、染干两小可汗必定受到他的征发。从上面两件事可以知道，一般北方游牧民族首领，都认为能娶到中原皇室公主为妻是无上的光荣，可以傲视群伦，其同类对之也常刮目相看，都加以敬服。③ 其二为"利益"方面的，亦是经济财富上。北方游牧诸族首领，常利用和亲关系，在经济贸易上确保广大中原的优厚市场与丰富的赐予，特别是用以补救游牧民族在食粮与衣物上的不足。

至于和亲的内容，归纳史籍的记载，大约包括下列几点：（1）名分的确定。所谓"名分""正名"是人们所重视的。在历史上中原王朝与边疆民族往来之际，中原王朝往往宁愿取"名"而舍"利"，隋、唐与突厥之和亲亦复如此。就隋、唐与东突厥关系来说，隋开皇四年（584 年）至大业十一年（615 年）是"舅婿、君臣"关系。大业十一年（615 年）年至唐贞观三年（629 年）是"敌国"（即对等国家）关系。贞观三年（629 年）至永隆元年（680 年）是"舅婿、君臣"关系。永淳元年（682 年）至景云二年（711 年）是"敌国"关系。景云二年（711

① 《旧唐书》卷 194《突厥》，《册府元龟》卷 978《外臣部·和亲一》载："（侍中裴矩）曰……当今之计，须远交而近攻，权可许婚，以近颉利且羁縻之，待一二年后中国完实足抗北夷，然后徐思其宜，此盖一时之策也。"
② 《新唐书》卷 215《突厥》，《旧唐书》卷 194《突厥》则云："……频请不得，实亦羞见诸蕃。"
③ 《册府元龟》卷 978《外臣部·和亲一》："今若以女妻之，大国子婿增崇其礼，深结党援，杂姓部落屈膝低首更遵服之。"

年）至开元二年（714 年）是"府君皇帝驸马"关系。开元八年
（720 年）至开元二十八年（740 年）是"父子、君臣"关系。
（参阅附表 7-2）。而双方名分关系之变化，与双方国内政情有密
切的关系① （2）下嫁公主。如远溯西魏、北周与突厥之和亲下嫁
公主算起，则共有：突厥阿史那公主两名、西魏公主一名、北周
公主一名、隋公主五名（向氏似非官方下嫁者，不算）、郑公主
一名、唐公主五名，合计十五名（参阅附表 7-1）。（3）赐予。
如：北周静帝嫁千金公主，岁赐突厥缯絮锦、彩十万段。隋炀帝
嫁信义公主，赐锦彩袍千（或曰十）具、彩万疋。唐武德九年颉
利率兵入寇，李世民曾谓："吾与汝可汗面结和亲，赠遗金帛，
前后无算。"② 玄宗时，封突厥火拔颉利发石阿失毕妻为唐金山公
主，并赐宅一区、奴婢十人、马十匹、物千段等（参阅附表7-1），
均为赐予例证。（4）互市。中原王朝与游牧民族互市，一般以中
原丝绢布、金银器饰、农产食粮为大宗，与游牧民族的家畜、方
物交易为主。③

关于隋、唐与突厥和亲双方的权利与义务，主要有两项：其
一为军事同盟，沙钵略可汗立，娶先可汗佗（他）钵妻北周千金
公主，至隋统一中原时，公主"自伤宗祀绝灭，每怀复隋之志，
日夜言之于沙钵略"（《隋书·突厥》）。沙钵略谓："我周家亲
也，今隋公自立而不能制，复何面目见可贺敦（即千金公主）
乎？"（《隋书·长孙晟》）于是联结北齐残党，于开皇三年（583
年）领大军入侵隋北，为其一例。又启民可汗因尚公主关系，

---

① 参考护雅夫：《隋、唐とチュルク国家》一文，102~104 页。
② "赐予"可包括公主嫁妆及赐可汗、大臣之礼物等。
③ 《资治通鉴》卷212《唐纪二十八》，《册府元龟》卷999《外臣部·互市》载：
"则互市之设，其怀柔羁縻之旨与，爰自汉初始建斯议，繇是择走集之地，行关
市之法，通彼货贿，敦其信义，历代遵守，斯亦和戎之一术也。……文帝时匈奴
和亲与通关市。景帝时复与匈奴和亲通关市……"为"互市"之宗旨及其渊源
也。"国立"政治大学边政研究所教授兼主任札奇斯钦（S. Jagchid），于最近研
究心得认为，中原王朝与边疆民族的关系，从历史上看，凡有互市则有和平，否
则就会发生战争。

"畏天子之威"与妻家吐谷浑断绝关系（《隋书·西突厥》），并随从隋韦云起征讨契丹，"发骑二万，受其处分"（《旧唐书·韦云起》），所谓云起以突厥兵平定契丹也。接着突厥又奉诏拟参加隋征讨伊吾之役（《隋书·薛世雄》）等，均系和亲后军事同盟的义务行动。其二为互市，以唐开元九年（721年）二月丙戌，突厥毗伽可汗复使求和，上赐书谓："曩昔国家与突厥和亲，华、夷安逸，甲兵休息；国家买突厥羊马，突厥受国家缯帛，彼此丰给"①，就是一个好例子。

总之，"和亲"不完全只指公主下嫁的婚姻关系②，更非仅限于中原公主的远嫁异域，它往往包含着双方名分、赐予、互市等和好亲善同盟的意义。

二、隋、唐与突厥和亲之时代背景

为了实际了解隋、唐两代与突厥和亲背景，现在就其富有代表性的几次公主下嫁史实分析如下。

（一）隋朝与突厥和亲背景

581年分裂的华北，经隋文帝的经略复告统一。而相反的，强大的突厥却分裂了③，这个情势的转变，在隋、突关系上，使隋居于有利的地位。隋开皇四年（584年），文帝应北周千金公主之请，赐公主隋姓杨氏，并改封为大义公主（《隋书·长孙晟》）。因此沙钵略于同年上书称："皇帝是妇父，即是翁，此是

---

① 《资治通鉴》卷212《唐纪二十八》。
② 《旧唐书》卷194《突厥》："（贞观）三年（629年），薛延陀自称可汗于漠北，遣使来贡方物。颉利始称臣，尚公主，请修婿礼。"《唐会要》亦载："（贞观）三年十一月，颉利因薛延陀之封，大惧，始遣使称臣，请尚公主。"当时颉利可汗虽实际上未得唐公主，但是已修婿礼，"舅婿关系"已告成立。
③ 当时的突厥内部情势，除大可汗沙钵略以外，尚有小可汗达头、阿波等及封建诸侯诸设割据，故谓分裂。参阅《隋书》卷51《长孙晟》。

女夫，即是儿例。两境虽殊，情义是一。……此国所有羊马，都是皇帝畜生，彼有缯彩，都是此物，彼此有何异也！"而隋文帝则报谓"既是沙钵略妇翁，今日看沙钵略共（与）儿子不异"① 等内容文书往来，可以知道文帝与沙钵略、隋与突厥之间，已成立了"舅婿关系"。而此关系一成立，在中原方面因统一朝代初创，在突厥方面则系内部不和之故也。

至都蓝可汗（雍闾）时代，突厥内部除大可汗都蓝以外，还有达头（玷厥）、突利（染干）两小可汗，可谓三者鼎立情势。这时正逢都蓝求婚于隋，长孙晟上奏谓："臣观雍闾，反覆无信，特共（与）玷厥（达头）有隙，所以依倚国家。纵与为婚，终当必叛。今若得尚公主，承藉威灵，玷厥、染干必又受其征发。强而更反，后恐难图。且染干者，处罗侯之子也，素有诚款，于今两代。臣前与相见，亦乞通婚，不如许之，招令南徙，兵少力弱，易可抚驯，使敌雍（虞）间，以为边捍。"② 于是隋将安义公主下嫁突利，突利遂遵命南迁。而都蓝怒谓："我大可汗也，反不如染干（突利）。"因此断绝朝贡，数为边患。时在开皇十七年（597 年）事也。突厥自沙钵略于 584 年结"舅婿关系"，585 年进入"舅婿、君臣关系"以来，十余年的隋、突正统友好关系遂告断绝，而代之以小可汗失利荣娶公主，隋、突另建旁线"舅婿关系"。由上述长孙晟的奏语，知道都蓝可汗希望娶公主，借中原王朝的威灵，以抑制对立势力，便利自己掌握国家实权，巩固地位。而隋朝则宁愿嫁公主给"兵少力弱"的对立势力，以利抚驯分化，冀能充当边捍。总之，由于公主的下嫁所成立的"舅婿"关系，非单是"形式"上的名誉，而且双方均具有其现实性的收获及其国内外必然的情势。

---

① 《隋书》卷 84 《突厥》。
② 《隋书》卷 51 《长孙晟》。

（二）唐朝与突厥和亲背景

唐初中原大乱初定，东、西突厥有颉利与统叶护两可汗雄立于漠北。时西突厥统叶护可汗遣使请婚，封德彝（一曰裴矩）奏称：当今急务莫若"远交而近攻"，正好许婚，"以威北狄（即东突厥）"，等数年之后，中原安定强盛，再想办法。帝于是答应下嫁公主，然后因"西蕃路梗"未能成婚（《旧唐书·突厥》）。分析这一次同意下嫁和亲公主，在中原方面是正当唐朝初得天下，需要"息战安民"，故贵在运用政治交外手段，于是"远交近攻""以夷制夷"的方法被采用；在西突厥方面则希望在东、西突厥竞争中，联合大唐以孤立东突厥，甚至于可以夹攻东突厥，以取得整个突厥的主导权，雄视漠北。

至于不仅善于内治，且擅长于外交，素被边疆（特别是西北）民族尊称为"天可汗（Tängri‐Khaghan）"① 的名帝唐太宗，对和亲下嫁公主的看法如何，请看他中止薛延陀真珠毗伽可汗（Inǒü‐bilgä‐Khaghaghan）求婚时所表示的意见："君等进计皆非也，君等知古而不知今。昔汉家匈奴强而中国弱，所以厚饰子女嫁与单于。今时中国强而北狄弱，汉兵一千，堪击其数万，延陀所以匍匐稽颡恣我所为不敢骄慢者，以新得立为长，杂姓本非其属，将倚大国，用服其众，彼同罗（Tongra）、仆固（Boqut?）等十余部落，兵数万，并力足制延陀。所以不敢发者，延陀为我所立，惧中国也。今若以女妻之，大国子婿增崇其礼，深结党

① 《资治通鉴》："（贞观四年，三月）戊辰，以突厥夹毕特勤阿史那思摩为右武侯大将军。四夷君长诣阙请上为天可汗，上曰：'我为大唐天子，又下行可汗事乎！'群臣及四夷皆称万岁。是后以玺书赐西北君长，皆称天可汗。"《通典》卷 200 亦载："群臣及诸蕃咸称万岁，是后以玺书赐西域、北荒之君长，皆称皇帝天可汗，诸蕃渠帅死亡者，必诏册立其后嗣焉。"《唐会要》卷 100《杂录》亦有类似记载。按"天可汗"系由突厥古语 T‐ngri‐Khaghan 而来，"T‐ngri"是"天""神"之意。天可汗不仅为中原王朝之君主，而且是可汗之君长，诸国、诸族共同的君主也。——参见日本田坂兴道教授著《中唐に于ける西北边疆の情势に就いて》。

援，杂姓部落屈膝低眉，更遵服之。夷狄之人岂知礼义，微不得意，勒兵南下，如君所言，可谓养兽自噬也。吾今不与其女，颇简。使命诸姓部落，知吾弃之，其争击延陀必矣。于是遂绝其婚。"① 唐太宗这一段话表明了下嫁公主的目的及视双方背景而定可否的标准。亦就是说和亲下嫁公主，其目的在缓和强敌的入侵。至于下嫁公主与否标准，则应视双方国势的强弱，而应"和弱抗强"，切勿"和强灭弱"，否则强而更强，进而统一漠北，岂不"养兽自噬"威胁中原吗？

三、隋、唐与突厥和亲之实况及其比较

中原王朝与突厥之正式婚姻关系，将溯至西魏大统十七年（551 年），文帝下嫁长乐公主给土门伊利可汗始。其后木杆可汗于天和三年（568 年），亦嫁女给北周武帝为后。接着北周于大象元年（579 年），周宣帝嫁宗女千金公主给佗（他）钵可汗为可贺敦，为隋、唐两代与突厥和亲下嫁公主开了序幕。

入隋代以后，文帝于开皇四年（584 年）以千金公主为帝女，改封为大义公主（公主时为沙钵略可贺敦）。同年沙钵略嫁从妹给隋尚书右仆射虞庆则。开皇十七年（597 年）下嫁宗女安义公主给染干（突利可汗）。开皇十九年（599 年）又二嫁宗女义成公主为启民可汗（染干）可贺敦。其后隋又下嫁淮南公主给泥步设什钵苾。炀帝大业十年（614 年）下嫁信义公主给突厥曷萨那可汗。

唐朝建国初期，天下未定，群雄残存，武德三年（620 年），郑王世充下嫁公主给突厥。贞观三年（629 年），或贞观十三年（639 年），太宗嫁宗女给左贤王阿史那泥孰（唐赐名忠）。贞观十年（636 年）嫁皇妹南阳长公主（一曰衡阳长公主）给阿史那

① 《册府元龟》卷 978《外臣部·和亲一》。

社尔。开元元年（713 年）玄宗嫁宗女南和县主给杨我支。开元二年（714 年）册突厥火拔颉利发（Iltäbär）石阿失毕妻为唐金山公主。开元五年（717 年），或开元十年（722 年）以交河公主（一曰金河公主）下嫁突厥车鼻施可汗苏禄。

现在依照史籍所载，将隋、唐两代对突厥和亲下嫁公主实况分述如下（请参照附表 7-1）。

（一）大义公主

隋开皇四年（584 年），北周千金公主（沙钵略可贺敦）上书隋文帝，请"为一子之例"，文帝派开府徐平和使于沙钵略，其后沙钵略亦遣使致书称：皇帝是妇父，就是翁。我是女夫，就是儿。虽然彼此两境不同，但是情义是一致的。……我国所有羊马，都是皇帝畜生；贵地有缯彩，都是我物。彼此没有什么分别。隋文帝亦答道：既然是沙钵略的妇翁，今日看沙钵略，与儿子相同。其后文帝改封周"千金公主为大义公主，赐姓杨氏"，"编之属籍"①。隋文帝与突厥沙钵略之"舅婿关系"遂告成立。

（二）阿史那公主②

开皇四年（584 年），尚书右仆射虞庆则奉命出使突厥。沙钵略喜曰："得作大隋天子奴，虞仆射之力也。"于是赠送庆则马千匹，并且下嫁从妹给他。当时沙钵略为达头所困，又东畏契丹，于是遣使告急，请准部落南渡漠南，寄居白道川（山西大同）内，文帝许之。

---

① 参见《隋书》卷 84《突厥》，《隋书》卷 51《长孙晟》，《隋书》卷 67《裴矩》，《册府元龟》卷 978《外臣部·和亲一》。

② 从《隋书》卷 84《突厥》仅知道沙钵略可汗从妹下嫁虞庆则，至于其从妹何名未详，故以可汗姓"阿史那氏"代之。

（三）安义公主

开皇十七年（597 年），突厥突利可汗染干遣使来迎公主，文帝令舍于太常（注），教习婚姻六礼（即纳采、问名、纳吉、纳征、请期、亲迎）后，妻以宗女安义公主。当时文帝欲离间都蓝，所以特别优厚染干，遣太常卿牛弘、纳言苏威、民部尚书斛律孝卿等相继为使。突利（染干）亦前后遣使入朝多达 370 人，并率部落南徙度斤旧镇。

（四）义成公主

开皇十九年（599 年），高颎、杨素击突厥玷厥，大破之。文帝于是封突利可汗染干为意利珍豆（华言意"智健"）启民可汗。突厥族人归启民者，男女有万余人，上命长孙晟领五万人于朔州，筑大利城给启民处之。当时安义公主已死，帝再以宗女义成公主赐嫁，并使长孙晟持节送之。结果义成公主在突厥前后为启民、始毕、处罗、颉利四可汗的可贺敦，于贞观四年（630年）二月被李靖所杀。

（五）淮南公主

始毕于什钵苾年数岁，始毕派他领突厥东方之兵，号称泥（尼）步设，隋嫁以淮南公主为妻。颉利嗣立，什钵苾遂为突利可汗。

（六）信义公主

西突厥泥撅处罗可汗（达漫）在隋，从炀帝出征高丽，赐号曷萨那可汗，赏赐甚厚。于大业十年（614 年）正月，上妻以宗女信义公主，赐锦彩袍千（十）具，彩万疋。曷萨那遂一心事隋，常从帝巡幸。

（七）郑公主①

唐初天下未定，群雄割据，武德三年（620 年）五月辛卯，突厥遣阿史那揭多，献马千匹于郑王世充求婚。王世充以宗女妻之，并且与之互市。

（八）唐公主②

太宗对突厥右贤王阿史那泥孰甚厚，于贞观三年（或十三年639 年）妻以宗女，赐名忠③。后从阿史那思摩出塞，常怀慕中原，每见中原使者，必泣涕，请入侍，上许之。

（九）南阳长公主

贞观十年（636 年），阿史那社尔被逼来降，太宗令其部落居于灵州之北，留阿史那社尔于长安，尚皇妹南阳长公主（《新唐书》《旧唐书》作衡阳长公主），典屯兵于苑内。

（十）南和县主

开元元年（713 年）八月丙辰，突厥可汗默啜遣王子杨我支入宿卫，并请婚。丁巳，帝以蜀王女南和县主下嫁杨我支，降书谓可汗曰："朕于可汗恩义稠叠，故与王子更重结亲，想可汗远

---

① 《资治通鉴》卷 188《唐纪四》，仅载王世充以宗女下嫁突厥，至于公主何名，突厥夫婿何名均未详，故以王世充国号"郑"为公主代名。
② 《新唐书》卷 215《突厥》，《资治通鉴》卷 195《唐纪十一》。未详下嫁公主名，故以唐公主代之。
③ 《新唐书》卷 215《突厥》载："右贤王阿史那泥孰，苏尼失子也。始归国，妻以宗女，赐名忠。"知道下嫁对象官名为"右贤王"，本名为"阿史那泥孰"，赐名为"阿史那忠"。然《资治通鉴》卷 195《唐纪十一》却载："又以左屯卫将军阿史那忠为左贤王，左武卫将军阿失那泥孰为右贤王。忠，苏尼史之子也，上遇之甚厚，妻以宗女。"表示"阿史那忠"与"阿史那泥孰"为两人，且前者官名为"左贤王"，后者为"右贤王"。依照突厥一般习惯，史料前后内容及《新唐书》与《资治通鉴》之正确性判断，应以"阿史那泥孰"为其本名，"忠"为赐名，官称"右贤王"为正确。

闻，当喜慰也。"①

（十一）金山公主

开元二年（714 年），默啜遣其子移涅可汗（Inäl – Khaghan）同俄特勤（Tonga – tigin）妹婿火拔颉利发（Iltäbär）石阿失毕率精骑围逼北庭，都护郭虔瓘击之，斩同俄特勤于城下。火拔不敢归，携其妻来奔。上授左武卫大将军，封燕山（一曰燕北）郡王，封其妻为金山公主。赐宅一区、奴婢十人、马十匹、物千段。

（十二）交河公主

突厥施别种车鼻施部可汗苏禄雄于西域，遣使来朝。开元五年（717 年）或开元十年（722 年），帝授苏禄为左羽林军大将军，金方道经略大使进为特勤（Teg – in），遣侍御史解忠顺赍玺书册立为忠顺可汗，自是每年遣使朝献，上乃立史怀道（在唐之十姓可汗阿史那怀道）女为金河公主以妻之②。

分析以上较明确的十二位隋、唐与突厥和亲之公主情形，约可归纳、比较出如下几点特色：其一，隋朝与东突厥有五次公主下嫁和亲（包括名义上的大义公主在内。唐公主四次、突厥公主一次）系属"五行婚"型。隋朝与西突厥则有一次公主和亲（唯系在唐成婚者）。其二，唐朝与东突厥有三次正式公主和亲。另有以来附外族公主下嫁突厥别种车鼻施可汗及以名义上加封了一位来归的突厥高官之妻为唐公主。这表现了唐朝"世界帝国"不分种族，天下一家的特色。其三，隋、唐两代下嫁公主和亲次数，以隋开皇年间最多，公主在"蕃"时间亦最长。其四，千金

---

① 《册府元龟》卷 979《外臣部·和亲二》。
② 《新唐书》卷 215《突厥》，《旧唐书》卷 194《突厥》，《册府元龟》卷 979《外臣部·和亲二》。以上史籍中"交河公主"或载"金河公主"，似以前者较为可靠。

（大义）公主相继下嫁突厥佗钵、沙钵略、莫何、都蓝，叔祖、父、叔、子四代可汗为可贺敦；义成公主亦相继下嫁启民、始毕、处罗、颉利父子四代可汗为可贺敦，为标准"夫兄弟婚（levirate）"或其扩大类型。其五，突利可汗染干先后娶安义、义成两公主（虽非姊妹关系，但同为隋公主）为准"妻姊妹婚（sororate）"类型（详情请见附表7－3）。其六，隋、唐两代下嫁公主和亲，因地理上的关系，与东突厥为多，西突厥则较少。

四、隋、唐与突厥和亲之礼仪及其有关习俗

（一）和亲礼仪

和亲系两国间的外交友好同盟，其礼仪向为双方所重视。然当时的礼仪手续如何？可由下面记载加以推定。其一，事当突厥突利可汗染干，于开皇十七年（597年）来迎安义公主时，"上舍之太常，教习六礼（即纳采、问名、纳吉、纳征、请期、亲迎）"[1]。其二，唐太宗许婚薛延陀夷男，结果"太宗乃发使受其羊马，然夷男先无府藏，调敛其国，往返且万里，既涉沙碛，无水草，羊马多死，遂后期。太宗于是停幸灵州。既而其聘羊马来至，所耗将半。议者以为夷狄不可礼义畜，若聘财未备而与之婚，或轻中国，当须要其备礼，于是下诏绝其婚"。（《旧唐书·铁勒》）其三，唐玄宗开元十二年（724年）七月，突厥默啜可汗遣使哥解颉利发（Iltäbär Eltäbär）来献方物，求婚。然帝以"婚姻将传永久，契约须重，礼数宜周，今来人既轻，礼亦未足"[2]，所以未许婚姻。开元二十二年（734年）四月，突厥遣使来朝谢婚，表谓："谨使可解粟必谢婚，他满达干请期，献马四

① 《资治通鉴》卷178《隋纪二》，《册府元龟》卷978《外臣部·和亲一》。
② 《资治通鉴》卷210《唐纪二十六》，《册府元龟》卷979《外臣部·和亲二》。

十疋, 充押亟。"① 其四, 西突厥统叶护可汗（Jabgou－Khaghan）②来朝请婚, 上许之, 并遣高平王道立至其国。统叶护可汗遣真珠统俟斤（Irkin）③, 来"献万钉宝钿金带、马五千匹, 以籍约"④。由上述四件事件加以综合, 可推定当时对突厥和亲下嫁公主之礼仪相当隆重繁杂, 其项目不外乎六礼, 即纳采、问名、纳吉、纳征、请期、亲迎也。⑤

（二）和亲有关突厥习俗

关于隋、唐与突厥和亲之研究, 除了分析其意义、渊源、背景、实况及其比较、得失影响外, 也须了解突厥和亲有关之习俗, 才不至于以我们的观念习俗来解释或判断突厥之事物, 以求较为正确的答案。

1. 突厥之建国及其国家之性格

突厥可汗姓阿史那氏（Asina）⑥, 阿史那氏族为突厥统治氏族, 一如匈奴的挛提（虚连题）氏、回纥的药罗葛氏（Yaghla-kha）, 及蒙古的黄金氏族（Altun Urukh）一样。而可汗氏族阿史那氏的姻亲氏族（外戚氏族）为阿史德氏等, 犹如匈奴的呼衍、须卜氏族, 蒙古的弘吉剌（Qonggirat）氏族。初期突厥系由可汗氏族及其姻亲氏族等组成的"贵族氏族群"。当时之突厥系居于金山（Altai）西南, 为蠕蠕（柔然）锻铁。后传至土门（Tümän）首领时, 部落稍盛, 始至塞上市缯絮, 愿通中原。大统

---

① 《册府元龟》卷979《外臣部·和亲二》。
② 林恩显:《统叶护可汗时代的西突厥研究》,《"国立"政治大学学报》, 1970（21）。
③ 护雅夫:《东突厥官称号考——铁勒诸部俟利发俟斤》,《东洋学报》, 1963（46）。
④ 《玉海》卷6《朝贡》。
⑤ 中原王朝与突厥和亲礼仪, 大致与回纥和亲礼仪相同。请参阅林恩显:《唐朝对回鹘的和亲政策研究》第四项,《"国立"政治大学边政研究所年报》, 1970（1）。
⑥ 护雅夫:《东突厥官称号考——铁勒诸部俟利发俟斤》,《东洋学报》, 1963（46）。

十一年（545 年），北周太祖遣酒泉胡（Soghd）人安诺盘陀使焉。这个时候的突厥，已由"贵族氏族群"联合了邻近其他的突厥诸族，而形成"突厥部族国家"。大统十二年（546 年）土门遂遣使献方物，时铁勒将伐蠕蠕，土门率所部邀击，破之，尽降铁勒部五万余人，为突厥发展的基础。从此突厥更进一步，由金山地方的部族国向"突厥帝国"迈进。其过程有：552 年土门攻击蠕蠕，自称为伊利可汗（Illig‑Khaghan），555 年蠕蠕灭亡；接着突厥向中亚发展，并吞了若干邻国（护雅夫：《古代トルコ民族史》）。在阿史那氏的"家产国家"，即突厥第一帝国时期，始毕可汗以前可谓"分权的封建国家"，以后是"集权的封建国家"。论"突厥帝国"的成员，除了以"突厥部族国家"为核心外，还常包括了铁勒诸部、黠戛斯、葛逻禄、薛延陀、契丹、奚、靺鞨、霤、斛薛、室韦等族（详见附表 7‑4）。

2. 突厥可敦之权威

《周书》卷 50《突厥》云："土门遂自号伊利可汗，犹古之单于也。号其妻为可贺敦，亦犹古之阏氏也。"可见可贺敦乃突厥可汗之妻的官称也。[1] 至于可贺敦的人数，由史籍记载观之，多不止一人，如《旧唐书·突厥》下云："苏禄者，突骑施别种也。……寻遣使来朝。开元三年……上乃立史怀道女为金河公主以妻之。……又遣使南通吐蕃，东附突厥。突厥及吐蕃亦嫁女与苏禄。即以三国女为可敦"[2]。

至于突厥可敦之权威，可谓甚大，有左右军国大事的力量。《资治通鉴》卷 182《隋纪六》称，"突厥之俗，可贺敦预知军

---

[1] 参阅日本白鸟库吉：《可汗及可敦称号考》，《东洋学报十一》，352 页。文中认为"阏氏"系与可汗（Khaghan）的女性形态可敦同一称号。

[2] 鄂尔浑（Orkhon）河岸所发掘的古突厥文"毗伽可汗（Bilga‑khaghan）"碑中亦载："于突骑施可汗（苏禄），朕（默棘连）已用极隆重之典礼，遣亲女嫁之。突（骑施可汗）之女，朕以极隆重之典礼，为吾子娶之。"证明苏禄除嫁唐立金河公主外，亦尚突厥毗伽可汗之女。

谋"可以为证。此外再看下面三个事件：其一，当隋文帝篡周，周千金公主即曾劝沙钵略入寇以复仇，且影响了沙钵略。其二，始毕可汗叛隋，围炀帝于雁门，事先隋义成公主曾遣使告变，其后又遣使诈告始毕谓北边有急，才解雁门之围。其三，当处罗可汗病死，隋义成公主"以子奥射设陋弱，弃不立，更取其弟咄苾嗣，是为颉利可汗"，"颉利又妻义成"。[①] 可见可敦权威之大，可以影响立汗、军事等突厥重大政事。

3. 突厥婚俗

婚俗为生活习俗的一部分，常被生活环境所影响，特别是生存于我国北方沙漠广被、高原无边的民族，其生活方式多为游牧，故来往移动性大，接触频繁，婚俗亦大同小异。《隋书·突厥》载："其俗畜牧为事，随逐水草，不恒厥处。……斗伤人目者偿之以女，无女则输妇财，折支体者输马，盗者则偿赃十倍。……父兄死，子弟妻其群母及嫂。……大抵与匈奴同俗。"这一段记载前段说明其生活方式，中段表示了突厥族人视"女如财"之观念，后段表明了他们的婚俗——"父兄死，子弟妻其群母及嫂"。一如匈奴、柔然、契丹、吐谷浑、乌桓、西羌、夫余、蒙古、女真等族的"妻后母，纳寡嫂""烝母报嫂"等风俗。从民族学的立场而言，突厥是盛行"夫兄弟婚"与"妻姊妹婚"制，[②] 且综观史料记载，突厥系父系（patrilineal family）社会，婚姻制度以"嫁娶制（patrilocal）"为主，但亦有

---

① 《新唐书》卷 215《突厥》及《旧唐书》卷 194《突厥》，均载此事。

② 林恩显：《统叶护可汗时代的西突厥研究》"三、隋唐与突厥和亲实况及其比较"（"国立"政治大学学报第 21 期）。又《隋书》卷 83《高昌》亦云："其大母（祖母）本突厥可汗女，其父死，突厥令依其（突厥）俗，伯雅不从者久之。突厥逼之，不得已而从。"表示麹伯雅依突厥俗收祖母为妻。《册府元龟》卷 961《外臣部·土风》："父兄伯叔死者，子弟及侄等妻其后母、世母、母嫂，惟尊者不得下淫。"

"交换婚（marriage by exchange）"现象，① 就婚姻人数上言，似盛行"一夫多妻制（polygyny）"，但对贞操观念颇为严格。

　　按"夫兄弟婚"与"妻姊妹婚"均为"优先婚配（preferential mating）"的两种习俗。前者是兄死弟娶寡嫂，或弟亡兄收弟妇，甚至于扩大到叔死娶叔母，父亡收庶母（或后母）；后者是妻死继娶大姨或小姨，甚至于扩大到继娶其侄女。此种"逆缘婚"被优先采用的理由是，该社会在观念上以为"婚姻"在意义上，不仅是男女个人（当事人）之间的结合，而更重要的是氏族（clan）间或所属集团间的社会性结合（亦即不仅是个人行为，乃是社会行为）。因此当配偶的任何一方死亡时，很自然地由死者家族里提供其代替人，这一方面是尽义务，另一方面亦是享受权利，以维持氏族间或集团间的既存婚姻关系。

　　突厥不仅在其族内盛行上述逆缘婚俗，就是与隋、唐和亲的实例中亦可发现这样的例子。如上述千金（大义）公主相继下嫁佗钵、沙钵略、莫何、都蓝叔祖、父、叔、子四代可汗，及义成公主先后下嫁启民、始毕、处罗、颉利父子四代可汗。而突利可汗染干先后娶安义、义成两隋公主均为例证。②

　　至于婚域方面，似以"氏族外婚制（clan exogamy）"为原则，如"阿史德氏"即为可汗"阿史那氏"族的姻亲（affinity外戚）氏族。而同一部落或氏族内的人不准有性行为，且与外族多有姻亲关系。突厥文毗伽可汗（Bilgä‒khaghan）碑载："于突骑施可汗（苏禄），朕（默棘连）已用极隆重之典礼，遣亲女嫁之。突（骑施可汗）之女，朕以极隆重之典礼，为吾子娶之。朕

① 　见《旧唐书》卷194《突厥》注云：突厥毗伽可汗默棘连之女，嫁突骑可汗苏禄；而苏禄之女，则嫁默棘连之子，为"交换婚"之实例。又据《周书》卷99《突厥》载："讷都六有十妻，所生子皆以母族为姓，阿史那是其小妻之子也。"盖其初期行母系制，后变为父系制社会也。

② 　见《北史》卷99《突厥》载："其刑法：反叛、杀人及奸人之妇、盗马绊者，皆死；淫者，割势而腰斩之；奸人女者，重责财物，即以其女妻之……"

之幼妹，朕（以极）隆重之典礼使适（于黠戛斯可汗）。（民众在世界）四（方者，朕已使之共保和平），垂（首）屈膝。"①"本拔塞匐，吾人于此给之以可汗封号，且以余女弟公主妻之。"②《资治通鉴·唐纪十三》亦载："（贞观十八年九月）焉耆贰于西突厥，西突厥大臣屈利啜为其弟娶焉耆王女，由是朝贡多阙。"③是为明证。

谈及"聘礼（聘财 bride – price）"。因突厥系一游牧民族，所以以家畜（如马、羊等）为主，以方物为副。聘礼在突厥等北方游牧民族里所包含的意义，可以解释为"支付从对（女）方氏族或所属集团里，夺走了一份劳动力的补偿"④，亦是对于婚姻的永久性之保证。因此一如上述情形，当配偶的任何一方死亡时，就采用逆缘婚方式以为补充，而不能以我们农业社会的观念乱加物议。

五、隋、唐与突厥和亲之得失及其影响

（一）隋、唐与突厥和亲政策之得失

和亲政策始自汉代，盛行于隋、唐两代，为当时重要的绥靖边疆之政策。此项政策的是非、得失，历代有人批评。一般归纳

---

① 突厥婚俗有如上述，与回纥大致相同。关于"妻姊妹婚制"，在回纥与唐和亲的实例中，就有仆固怀恩两女光亲可敦与崇徽公主相续下嫁牟羽可汗为"妻姊妹婚"最好的例证。请参阅林恩显《唐朝对回纥的和亲政策研究》一文。

② 见突厥文毗伽可汗（Bilga – khaghan）碑北面第九、十行。

③ 同右碑文东面第十七行。关于该古碑的发现与人物介绍；请参阅林恩显《突厥文古碑简介》，见《"国立"政治大学边政学报》，1970～05～05。

④ 参考日本前东京大学文化人类学教授石田英一郎等著：《人类学概说》，208页，东京，日本评论新社出版，1955年。按游牧社会常视妇女为财物，故用以偿罪，得"收寡嫂庶母"均由此观念而生。《北史》卷99《突厥》云："其刑法……奸人女者，重责财物，即以其女妻之；斗伤人者，随轻重输物，伤目者偿以女，无女则输妇财"，就是一个例子。

起来，当时赞成者多，认为"以狄制夷""分化离间""远交近攻"，以缓和局势，保持国力，求得最后的胜利也。诸如：和亲政策的提案人汉代的刘（娄）敬、隋代的长孙晟及裴矩、唐代的房玄龄等人为其代表。而后人却反对者居众，咸认为"夷狄难于德绥"，和亲无以安边，非久安计，故称"消极""苟安"，甚至于"下策""无策"的措施。其代表人物为刘贶和唐代的卢俌等人。至于专对隋、唐与突厥和亲之赞否表示意见的有如下代表人物。

隋长孙晟对雍（虞）间（都蓝可汗）之求婚，上奏表示反对，希望利用雍间与玷厥（达头可汗）有隙之际，许婚于"兵少力弱，易可抚驯"的染干（突利可汗），"使敌雍间，以为边捍"。①

唐夏州都督窦静奏谓："……莫若因其（突厥）破亡之余，施以望外之恩，假之王侯之号，妻以宗室之女，分其土地，析其部落，使其权弱势分，易为羁制，可使常为藩臣，永保边塞。"②

西突厥酋长射匮遣使来求婚，裴矩奏谓："处罗不朝，恃强大耳。臣请以计弱之，分裂其国，即易制也。射匮者，都六之子，达头之孙，世为可汗，君临西面。今闻其失职，附隶于处罗，故遣使来，以结援耳。愿厚礼其使，拜为大可汗，则突厥势分，两从我矣。""……令发兵诛处罗，然后当为婚也。"③

唐封德彝对西突厥统叶护可汗求婚事奏称："当今之务，莫若远交而近攻，正可权许其婚，以威北狄。待之数年后，中国盛全，徐思其宜。"④

① 《隋书》卷51《长孙晟》，《资治通鉴》卷178《隋纪二》。
② 《资治通鉴》卷193《唐纪九》。
③ 《隋书》卷84《西突厥》。
④ 《旧唐书》卷194《突厥》，《新唐书》卷215《突厥》均载封德彝所奏。而《资治通鉴》卷191《唐纪七》及《册府元龟》卷978《外臣部·和亲一》，则载裴矩所云。

唐阎知微对默啜求婚事"以为和亲必可保"①。唯唐田归道则表示反对意见,"以为默啜必负约,不可恃和亲,宜为之备"②。

总之,和亲在当时不失为一权宜之策,虽其效果常因思想观念、社会习俗之异而难尽如人意,然而这不能尽怪对方"反覆无信",难以"德绥"。有时边将、使节之失措,朝廷之误解,亦有责焉。就隋、唐与突厥下嫁公主和亲而言,实发挥了分化离间敌国、缓和边患、培养国力的作用,奠定了隋、唐"世界帝国"的基础。至于其长期性的影响,更值得赞扬矣。

(二)隋、唐与突厥和亲之影响

隋、唐两代与突厥和亲之影响,主要可以归纳为:民族之融合、文化之交流及经济之繁荣等方面。

1. 民族之融合

所谓民族融合,包括血统的混合与感情之交流两方面。中原民族与外族在血统上之混合,为时甚早,在魏晋南北朝时,尤为司空见惯。至于隋、唐两代在和亲友好关系基础上,双方(中原—突厥)通过下嫁公主及已往民间的通婚,致使血统交融。而经过双方使节、商人及军人的频繁来往,有意无意中促进了两民族(甚至于影响及"突厥帝国"属下的其他小部族)间的了解,进而和好,从长期性的观点上言,对两民族的融合颇有贡献。下面诸例就是最好的说明。

《周书·突厥》载:"朝廷(北周)既与和亲,岁给缯絮锦彩十万段。突厥在京师者,又待以优礼,衣锦食肉者,常以千数。"说明了和亲后,不仅赐大量丝绢给突厥,且有大批的突厥族人在中原过着优裕生活。彼此岂能不发生影响?

《周书·突厥》载:"周武帝聘突厥女为后,西域诸国来媵。"

---

① 《资治通鉴》卷206《唐纪二十二》。
② 《资治通鉴》卷206《唐纪二十二》。

此乃北周武帝天和三年（568 年），武帝娶木杆可汗之女为后时，以西域诸国女陪嫁（中原公主下嫁时亦常有许多陪嫁媵女），并在边地成婚。可知和亲在民族融合上，尚不止双方两民族而已。

《隋书·突厥》："（开皇）十七年（597 年），突利遣使来逆女，上舍之太常，教习六礼，妻以宗女安义公主。……突厥前后遣使入朝三百七十辈。突利本居北方，以尚主之故，南徙度斤旧镇，锡赉优厚。"① 说明了和亲后突厥遣使入朝人数颇多，且有部族南移的情形。这就是民族融合的最好机会与媒介。

《资治通鉴》卷193《唐纪九》："（贞观五年四月）隋末，中国人多没于突厥，及突厥降，上遣使以金帛赎之。五月，乙丑，有司奏，凡得男女八万口。"可见不仅突厥族人来中原者多，就是中原人，在隋末大乱逃亡或避难于突厥的亦很多，八万中原人在突厥所发生的影响，不能不谓大矣。

贞观四年（630 年）太宗用温彦博的建议，将约十万突厥的大部分人安置于东自幽州，西至灵州的边塞地区，并留一部分于京师。《资治通鉴》卷193《唐纪九》谓："（突厥诸酋长拜官）五品以上者百余人，殆与朝士相半，因而入居长安者近万家。"突厥人在唐朝为官和入居长安的既有这么多，唐太宗本人又好与突厥人接近，所以当时的朝廷和长安城，可谓"华番杂处"，彼此影响，"华夷融合"莫此为盛。

2. 文化之交流

"文化"系包括多方面的，一般而言可分为物质文化与精神文化两部分。诸如：食、衣、住、行、育、乐、语言、宗教、文物制度及思想习俗等均是。

---

① 参阅《隋书》卷51《长孙晟》。此地所谓"度斤旧镇"，胡三省在《资治通鉴》卷178《隋纪二》中注："度斤旧镇盖即都斤山，突厥沙钵略旧所居也"，开始认为这是都斤山地方，为一般通说。小野川秀美亦同调此说。但是护雅夫认为度斤旧镇应在漠南一带。请参阅小野川秀美：《铁勒の考察》，17 页，《蒙古史中世》，357 页；护雅夫：《度斤旧镇小考——北魏の北边》（《北大史学三》）。

上述《周书·突厥》所载北周与突厥和亲后，"岁给缯絮锦彩十万段"及《隋书·突厥》："大业三年（607 年）四月，炀帝幸榆林，启民及义成公主来朝行宫，前后献马三千匹。帝大悦，赐物万二千段。启民上表曰：'……臣今非是旧日边地突厥可汗，臣既是至尊臣民，至尊怜臣时，乞依大国服饰、法用，一同华夏。臣今率部落，敢以上闻伏愿天慈不违所请。'……帝以为不可，乃下诏曰：'……以为碛北未静，犹须征战，但使好心孝顺，何必改变衣服也。'"以上两段记载，表明了隋朝赐给突厥的物品甚多，对突厥文化之影响当不在小。且由启民可汗"乞依大国服饰、法用，一同华夏"一语，可以知道启民对中原文化的向往与倾慕之深。

《周书·突厥》："周武帝聘突厥女为后，西域诸国来媵，于是龟兹、疏勒、安国、康国谱乐，大聚于长安，历隋到唐而大盛。"说明了由西域女的陪嫁，将西域诸国的音乐、乐器传入了中原，且大盛于隋、唐两代。

突厥等文化影响中原是多方面的，除上述西域音乐之传入、北方与长安城之"胡化"外，任朝廷方面由东突厥诸酋长拜官在五品以上的有一百多人，且不乏位居高官者。如《旧唐书》卷 106《李林甫》："国家武德、贞观已来，蕃将如阿史那社尔、契苾何力，忠孝有才略，亦不专委大将之任，多以重臣领使以制之。开元中，张嘉贞、王晙、张说、萧嵩、杜暹皆以节度使入知政事，林甫固位，志欲杜出将入相之源。尝奏曰：'文士为将，怯当矢石，不如用寒族、蕃人，蕃人善战有勇，寒族即无党援。'帝以为然，乃用（安）思顺代林甫领使。自是高仙芝、哥舒翰皆专任大将，林甫利其不识文字，无入相由，然而（安）禄山竟为乱阶，由专得大将之任故也。"安禄山、哥舒翰皆有突厥血统（安母为突厥、哥舒父为突厥），史思明则系纯粹突厥人，故朝廷亦相当"胡化"。甚至于连生长于深宫的太子承乾亦沾染突厥习俗。《资治通鉴》卷 196《唐纪十二》载："（贞观十七年，三月）（太子）作八尺铜炉，六隔大鼎，募亡奴盗民间马牛，亲临烹煮，与所幸厮役共食之。又好效突厥语及其服饰，选左右貌类突厥者五人为一落，辫发羊裘而牧羊，作五狼头纛及幡旗，设穹庐，太子自处其中，敛羊而烹之，抽佩刀割肉相啖。又尝谓左右曰：'我试作可汗死，汝曹效其丧仪。'因僵卧于地，众悉号哭，跨马环走，临其身，劙面。良久，太子欻起，曰：'一朝有天下，当帅数万骑猎于金城西，然后解发为突厥，委身思摩，若当一设，不居人后矣。'"① 这虽然是对某种事物的好奇及模仿的表现，但身为太子，深居宫中，如不常在宫中与突厥人接近，何从模仿其俗？由此可知突厥人之能出入掖庭者，必不在少数，而"胡俗"竟亦因此深入宫廷之中。（傅乐成：《突厥的文化和它对邻国的关系》）

贞观四年（630 年）突厥第一帝国既亡，"其降唐者尚十万口"（《资治通鉴》卷 193《唐纪九》），南徙边塞地区。至贞观十三年（639 年）七月诏："今岁月已积，年谷屡登，众种增多，畜牧蕃息，缯絮无乏，咸弃其毡裘，菽粟有余，靡资于狐兔。"② 可知道突厥移入边境的十万人，在不到十年之间，不但生活改善，且颇有华化。

《资治通鉴》卷 206《唐纪二十二》："（神功元年，697 年，三月）初，咸亨中，突厥有降者，皆处之丰、胜、灵、夏、朔、代六州。至是，默啜求六州降户及单于都护府之地，并谷种、缯帛、农器、铁……（姚）璹、（杨）再思固请与之，乃悉驱六州降户数千帐以与默啜，并给谷种四万斛，杂彩五万段，农器三千事，铁四万斤，并许其昏。默啜由是益强。"③ 这里表明了默啜时代的东突厥受了中原王朝的影响，已从事部分农耕生活。又同上书载："默啜移书数朝廷曰：'与我蒸谷种，种之不生，一也；金银器皆行滥，非真物，二也；我与使者绯紫皆夺之，三也；缯帛

① 《新唐书》卷 80《常山王李承乾》。
② 《册府元龟》卷 964《册封二》。
③ 《通典》卷 198《边防十四》，《新唐书》卷 215《突厥》，《旧唐书》卷 194《突厥》。

皆疏恶，四也。……'"等语，虽系关系恶化时之骂语，其真假莫辨。然由此可以明了当时唐朝送与、卖换给突厥之物系以谷种、金银器、缯帛为主无疑。

《旧唐书·突厥》载："小杀（毗伽可汗）又欲修筑城壁，造立寺观，暾欲谷（Tonjukuk）曰：'不可。……若筑城而居，改变旧俗，一朝失利，必将为唐所并。且寺观之法，教人仁弱，本非用武争强之道，不可置也。'"突厥"修筑城壁，造立寺观"虽未成功，但是毗伽可汗有此拟议，充分表示突厥可汗对中原文化（特别是城壁、寺观方面）有所羡慕也。

至于西突厥方面，唐朝与统叶护可汗有过婚约，故借和亲友好关系，贞观元年（627 年）八月，玄奘由长安出发[①]，经过秦州、兰州、凉州潜至瓜州，过玉门关。二年由伊吾辗转达高昌[②]，时高昌附庸于西突厥，故高昌王送玄奘至西突厥王庭素叶城（Sui-āb）[③]。统叶护可汗见玄奘甚为厚待，并护送他历十三国，至北印度（《大唐大慈恩寺三藏法师传》卷 2），可见此一和亲关系，直接、间接又对宗教、文化、交通之发展作了贡献。（E. Chavannes 著、冯承钧译：《西突厥史料》）

3. 经济之繁荣

和亲的促成在游牧民族而言，经济上之需要或胜过其他因素。因此，一如上述和亲下嫁公主时之互市、赐予（包括嫁奁）及此项和好关系基础上所进行的许多交通往来，对于双方经济交

---

① 关于玄奘由长安出发年代有多种说法。由于与贞观二年死亡之统叶护可汗相会见于素叶城（西突厥南庭），所以以贞观一年由长安出发较为合理。请参照梁启超：《中国历史研究法》，140～144 页，北京，中华书局，2009。

② 依照日本中央大学岛崎昌教授《唐的高昌国征讨的原因ニへつぃて》（《中央大学文学学部纪要史学科四号》80 页，注三二）中认为由伊吾赴高昌年代应在贞观二年初。

③ 参考岛崎昌《可汗浮图城考》（上）四六，《东洋学报》1963（2），20 页；《可汗浮图城考》（下）四六，《东洋学报》1963（3），45～47 页；日本早稻田大学教授松田寿男《古代天山的历史地理的研究》及林恩显《统叶护可汗时代的西突厥研究》载《"国立"政治大学学报》1970（21），282 页。

流，特别是在突厥而言，实有利于生活必需品①之补充与经济的繁荣。以下所引各点足为例证。

《册府元龟·外臣部·和亲一》载："（开元）二十二年（734 年）四月，突厥遣使来朝谢婚，表曰：'自遣使入朝已来，甚好和同一，无虚诳，蕃汉百姓，皆得一处，养畜资生，种田未（耕）作……'"这表明了和亲和好，无相残杀，民得安宁乐业。

《隋书·突厥》载："（开皇四年）九月十日沙钵略遣使致书曰：'……皇帝是妇父，即是翁，此是女夫，即是儿例。……此国所有羊马，都是皇帝畜生，彼有缯彩，都是此物，彼此有何异也！'……（开皇八年）突厥部落大人相率遣使贡马万匹，羊二万口，驼、牛各五百头。寻遣使请缘边置市，与中国贸易，诏许之。"前段沙钵略之言，虽系表示彼此和好无异，而非已达彼此不分之境。然彼此既有如此诚意，则互易所需当无问题。至于后段，则知当时突厥朝贡家畜数目之多，而隋赐虽未记明，但是其数目绝不少于朝贡之数，且标明了彼此同意互市。

《册府元龟·外臣部·和亲一》载："炀帝大业三年（607年），幸榆林，启民及义成公主来朝行宫，前后献马三千疋。帝大悦，赐物万三千段。启民上表曰：'……赐臣安义公主种种无少短……还养活臣及突厥百姓，实无少短。'……帝赐启民及公主金瓮各一及衣服被褥锦彩，特勤以下各有差。""（大业）十年（614 年）正月，以信义公主嫁焉，赐锦彩袍千具，彩万疋。"（《隋书·西突厥》）此两段记载告诉我们隋朝与突厥双方的贡赐数目之大及启民可汗感激隋养活可汗夫妇、百姓"无少短"之恩。

至于唐朝，《资治通鉴》卷212《唐纪二十八》："（开元九

---

① 突厥文毗伽可汗碑："（其黄金、及）白银、绢疋及粟（？）乘马及牝马、黑貂及青松鼠，朕已为吾突厥民千众取得之，朕已携之来，故（吾）民众得生活无忧。"（北面第十一、十二行）可见黄金、白银、绢、粟、乘马、牝马、黑貂、青松鼠等物，是当时突厥人的主要生活必需品。

年，二月）丙戌，突厥毗伽复使来求和。上赐书，谕以'曩昔国家与突厥和亲，华、夷安逸，甲兵休息；国家买突厥羊马，突厥受国家缯帛，彼此丰给。……'"①此乃唐玄宗对于双方和亲后，彼此贸易丰给的说明。此外上述《资治通鉴·唐纪二十二》所载唐给默啜谷种、农器等，默啜于是强盛事，在繁荣突厥经济方面贡献颇大。

　　再看突厥族人有关这一方面的记载如何。突厥文阙特勤（Kul–tegin）碑载："唐人富有金、银、粟（？）、帛（？），往往用其甜言，且拥有致人衰弱之财富，供其挥霍。彼等方迷惑于其甜言及致弱之财富，又招引远方民族，与之接近。迨至近彼等住落，遂亦习为奸猾。……噫，吾突厥民众，尔辈彼甜言及致弱之财富所迷惑者，数在不少。……""愚者惑其言，乃南迁与之为邻，由是而尔辈沦亡于彼者不少。"②由这一段话我们可以分析出：其一，唐为突厥提供了许多财富。其二，突厥人接受唐财富者为数不少。其三，突厥人南移唐边者，多被华化等事实。

六、结　　语

　　中原绥靖边疆之政策，虽有城御、怀柔、隔离、牵制、兵威、离间、利诱、羁縻等方法，然以长期性眼光加以评论的话，当推和亲政策最富有意义。它不仅缓和了农业社会与北方游牧社会的矛盾，而且进一步增加了民族的融合、文化的交流及经济的繁荣，为今日的大中华民族奠定了基础。

---

① 《册府元龟》卷999《外臣部·互市》载："（玄宗开元）十五年，吐蕃与突厥小杀（设）书将计议同时入寇，小杀（设）并献其书，帝嘉其诚，引梅录啜宴于紫宸殿，厚加赏赉，仍许于朔方军西受降城为互市之所。"可见毗伽可汗时代唐与突厥之互市场所在之西受降城（宋祁曰：西受降城东南渡河至丰州八十里，西南至定远城七百里，东北至迹口三百里）。其交通路亦当在此矣。又请参阅日本岩佐精一郎：《突厥的复兴に就いて》。
② 突厥文阙特勤（Kul–tegin）碑南面第五、六行及七行。

　　突厥强大于 6 世纪中叶，时值魏分东西，齐、周相并之际，这种局势给予突厥一个极有利于强大、南进的机会，齐、周两朝均不惜代价争取这个北方强国为外援。至隋文帝篡周以后，在长孙晟策划主持之下，对北方强敌的突厥采取分化及和亲的政策，才避免了隋初的厄运，并使突厥多次分裂及内讧，隋朝亦因此改变了劣势。至隋末唐初，中原纷乱，突厥势力复振于北方。唐朝仍采用分化及和亲政策，且收到了良好的效果。突厥终于天宝四年（745 年），结束了为期 160 余年的北方霸权。而隋、唐两朝由于对突厥和亲政策之成功，才建立了世界性的大帝国。

附表 7 - 1

西魏、北周、隋、唐等朝与突厥和亲表

顺序	纪年	公主名	公主出身	和亲对象	公主地位	参与婚典人士	聘礼或赏赐	和亲期间	和亲成效	据典
1	西魏文帝大统十七年（551年）	（西魏）长乐公主		土门伊利可汗			土门献马二百匹			《册府元龟·外臣部·和亲一》
2	北周武帝天和三年（568年）	（突厥）阿史那公主	木杆可汗之女	北周武帝	皇后	陈公纯大司徒宇文贵、神武公宝毅、南安公杨荐等迎女	岁给缯絮锦彩十万段			《周书·武帝宇文邕》《周书·突厥》《册府元龟·外臣部·和亲一》
3	北周宣帝大象元年（579年）	（北周）千金公主	北周宗室赵王招之女	佗钵可汗（叔）、沙钵略可汗（任）、摄图	可敦	汝南公宇文神庆、司卫上士长孙晟送之	岁赐缯絮锦彩十万段	约共十六年	突厥助北周讨吐谷浑及北齐	《周书·突厥》《周书·武帝宇文邕》《隋书·长孙晟》《册府元龟·外臣部·和亲一》《资治通鉴》

续附表 7-1(1)

顺序	纪 年	公主名	公主出身	和亲对象	公主地位	参与婚典人士	聘礼或赏赐	和亲期间	和亲成效	据 典
4	隋文帝开皇四年（584年）	（隋）大义公主	以千金为公主为改帝女改封者	沙钵略可汗（父），莫何可汗（叔），都蓝可汗（子）	可敦	正使长孙晟，副使虞庆则		开皇十六年被杀，共十二年	隋、突遂成舅甥关系	《隋书·突厥》《隋书·长孙晟》《隋书·裴矩》《册府元龟·外臣部·和亲一》
5	隋文帝开皇四年（584年）	（突厥）阿史那公主	沙钵略可汗从妹	（隋尚书右仆射）虞庆则			突厥赠庆则马千匹			《隋书·突厥》
6	隋文帝开皇间（约十五年）（595年）	向氏	中原人	（西突厥）泥利可汗（兄），婆实特勤（弟）				开皇末年入朝		《隋书·西突厥》《资治通鉴·隋纪》

续附表 7 - 1（2）

顺序	纪　年	公主名	公主出身	和亲对象	公主地位	参与婚典人士	聘礼或赏赐	和亲期间	和亲成效	据　典
7	隋文帝开皇十七年（597年）	（隋）安义公主	宗女	染干（突利可汗，后改称启民可汗）		太常卿牛弘、纳言苏威、民部尚书斛律孝卿等	礼节馈遗均极丰厚	开皇十九年（599年）止	离间了突厥	《隋书·突厥》《资治通鉴·隋纪》《册府元龟·外臣部·和亲一》
8	隋文帝开皇十九年（599年）	（隋）义成公主	宗室杨谐之女	启民可汗（父）、始毕可汗（子）、处罗可汗（子）、颉利可汗（子）	可敦	长孙晟持节送之		四代，于贞观四年被李靖所杀	解围炀帝之雁门之围，助平契丹。上表求华化。	《隋书·突厥》《隋书·长孙晟》《旧唐书·突厥》《新唐书·突厥》《隋唐嘉话·韦云起》《资治通鉴·隋纪》《册府元龟·外臣部·和亲一》

续附表 7-1（3）

顺序	纪年	公主名	公主出身	和亲对象	公主地位	参与婚典人士	聘礼或赏赐	和亲期间	和亲成效	据典
9	隋文帝开皇年间（末年）	（隋）准南公主		泥步设什钵苾（后为突利可汗）						《旧唐书·突厥》《新唐书·突厥》《通典》
10	隋炀帝大业十年（614年）正月	（隋）信义公主	宗女	葛萨（婆）那可汗（原西突厥处罗可汗）			赐锦彩袍千（十）具，彩万疋		葛萨那遂一心事隋，常从巡幸	《隋书·西突厥》《新唐书·西突厥》《册府元龟·外臣部·和亲一》
11	唐武德三年（620年）	（王世充郑）郑公主	王世充朝宗女			突厥遣阿史那揭多求婚	献马千匹于王世充			《资治通鉴·唐纪四》
12	唐太宗贞观三年（629年）或十三年（639年）	（唐）	宗女	左贤王阿史那泥孰（一名忠）					怀慕中国，见中国使者必立请侍，诏许之	《新唐书·突厥》《资治通鉴·唐纪十》

续附表 7－1（4）

顺序	纪 年	公主名	公主出身	和亲对象	公主地位	参与婚典人士	聘礼或赏赐	和亲期间	和亲成效	据 典
13	唐太宗贞观十年（636年）	（唐）南阳长公主（衡阳公主）	皇妹	阿史那社尔						《新唐书·突厥》《旧唐书·突厥》《资治通鉴·唐纪十》
14	唐玄宗开元元年（713年）	（唐）南和县主	宗室蜀王之女	杨我支特勤（默啜子）				714年杨我支死		《新唐书·突厥》《旧唐书·突厥》《册府元龟·外臣部·和亲二》《资治通鉴·唐纪二十六》
15	唐玄宗开元二年（714年）	（唐）金山公主	册突厥拔颉利发石阿失毕为唐婿金山公主	石阿失毕（唐册左武卫大将军燕山（北）郡王）			赐宅一区，奴婢十人、马十匹、物千段			《旧唐书·突厥》《新唐书·突厥》《资治通鉴·唐纪二十六》
16	唐玄宗开元五年（717年）或十年（722年）	（唐）交河公主（金河公主）	在唐十姓可汗阿史那怀道斛瑟罗之子（三女）	苏禄（突厥车鼻施可汗，唐册忠顺可汗）				开元二十七年唐收还		《旧唐书·突厥》

附表 7 – 2　　　　　　　　　隋、唐与东突厥之关系表

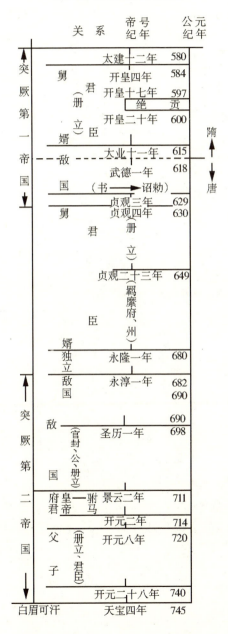

附表 7 – 3　　　　　　　　　**隋、唐与突厥和亲婚姻图表**

（一）夫兄弟婚者

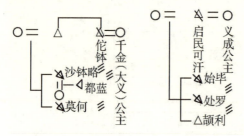

（二）准妻姊妹婚者

（三）突厥公主嫁中原者

注：△男

　　○女

　　◭男死亡或离开记号

　　◮女死亡或离开记号

　　＝原有婚姻关系

　　≡夫兄弟或妻姊妹婚姻关系

附表 7 - 4 　　　　　　　　突厥国家构造表

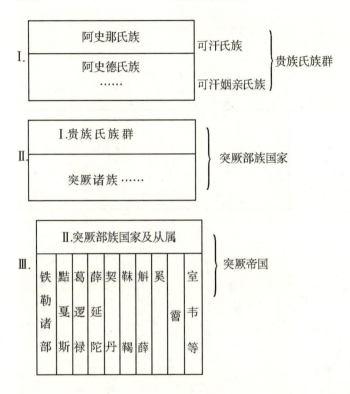

附表 7 – 5　　　　　　　　　　突厥可汗世系表

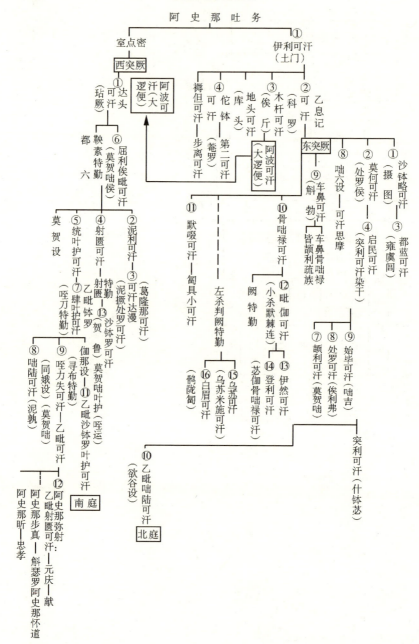

第八章 隋、唐两代对吐谷浑的和亲政策

吐谷浑王朝于西晋愍帝建兴元年(313 年)出现于青海一带,至唐高宗龙朔三年(663 年)为吐蕃所亡。其屡处于强国之间,凭借两面外交手法,经常向中原朝廷要求建立和亲关系。除隋炀帝、唐太宗采取挞伐政策之外,吐谷浑长期维持着对隋、唐朝廷的朝贡,这不能不归功于和亲政策。

唐朝和亲吐谷浑的弘化公主墓志

第八章　隋、唐两代对吐谷浑的和亲政策

一、吐谷浑的建国及其社会文化类型

吐谷浑（Tuyuhun）本系人名，而非族称，为东胡族系鲜卑（Sibe）族人。其先世居辽东徒河（今称图尔根河，一作土河）。吐谷浑之父名涉归，又名弈洛韩，有二子，庶长子即吐谷浑，少子名若洛廆。晋武帝太康四年（283 年）涉归死，若洛廆代统部落，是为慕容氏。吐谷浑与若洛廆二部因牧马相斗，兄弟失和，吐谷浑遂率众而走，初附于阴山。永嘉之乱始度陇西以西。其后子孙据有洮水之西，甘松之界，极于白兰（山名，在今青海西南）数千里。其本族虽为鲜卑人，而其当地民众则多为藏族系的氐、羌族人。

5 世纪前半叶，中国为南北朝对峙之局面。吐谷浑立国于西陲，而介于两强之间，为求民族生存，乃有使北魏与刘宋相互牵制国策，此即两面外交之运用，从而使吐谷浑延长国运，直至隋朝统一乃止。

吐谷浑系以游牧为主的民族，故其主要食物为肉类与奶酪，以毡庐为居所。《晋书》卷97《吐谷浑》载："然有城郭而不居，随逐水草，庐帐为屋，以肉酪为粮。"《南齐书》卷 59《河南》

载："多畜，逐水草，无城郭。后稍为宫屋，而人民犹以毡庐百子帐为行屋。"可见城郭之筑，乃后来之事。

至于衣饰，浑主服饰为椎髻眊珠，戴皂黑帽。一般男子的衣服，因受汉文化的影响，大致与汉人相同，唯多以幂罗（罩头面巾）为冠。至于女子，主要是饰袍织裙，金花饰首，一般妇女则惯以珠具束发①，穿短衣着裙。

据《魏书》《周书》《北史》等载，吐谷浑主要系游牧为主，亦事狩猎，略知农耕，兼营贸易。其中农耕系西迁青海以后所为，贸易也受青海北面近河西走廊，其东南为中原的益州等地环境促成。而被统治的氐、羌早知耕稼之事，故利用氐、羌人从事农作无疑。

吐谷浑的社会组织，一方面有其传统游牧社会的体制，另一方面也有部分模仿中原官称。从其传统鲜卑、乌桓民族来看，《三国志·魏志·乌桓》引《魏书》云："常推募勇健能理决斗讼相侵犯者为大人，邑落各有小帅，不世继也。数百千落自为一部，大人有所召呼，刻木为信，邑落传行，无文字，而部众莫敢违犯。氏姓无常，以大人健者名字为姓。大人已下，各自畜牧治产，不相徭役。"

可见吐谷浑部族首领即为"大人"，树洛干时，曾自称为"戊寅可汗"（另《魏书》《周书》载："夸吕立，始自称为可汗"），有时亦称"大单于"。可汗（khan）为世袭职。原则上是实行长子继承法，但亦有兄终弟及、次子继承以及叔侄相承情形。部族首领大人之下，似又有若干亚部族，即"邑落"（部落），而亚部族的首领称为"小帅"或"王公"，出则为将，入则为相，自有其人民、牧群与税收等。王公的职责，主要是掌管自己亚部族（部落）以内的事物，对外有捍御国家的责任，并有

---

① 《北史》卷96《吐谷浑》；《魏书》卷101《吐谷浑》，上海，汉语大辞典出版社，2004（本书所引《魏书》均为此版本，下同）。

为国家征缴税的义务。这些王公从部落中推选，浑主再给以"王""公"的封号。除部落的酋长可以被推封为王公外，浑主的兄弟叔伯侄等亲属似亦可以为之。[①] 此等人员即形成该国的贵族阶层。除了鲜卑族外，羌族首领也在分封之列（如夸吕时所置河西总管定城王钟利房）。此外，受中原官称影响的文武官号有王公、大将（或将）、将军、司马、长史、都尉、侍郎、别驾、仆射、总管、郎将、郎中等。

吐谷浑之文字，据前引《三国志·乌桓》引《魏书》云："刻木为信，邑落传行，无文字。"《晋书·吐谷浑》仅记其"颇识文字"。而《梁书》卷54《河南》载："……拾寅立，乃用书契。"《新唐书·吐谷浑》载："俗识文字。"依吐谷浑国情推论，当无自己的文字，其后大臣、王公等贵族，因汉化深，也许"颇识"中原文字。

吐谷浑行妻后母的烝报婚及纳嫠嫂、妻寡弟妇的夫兄弟婚（levirate）制。此乃北亚游牧民族通行的优先婚配（preferential mating）习俗。《晋书》卷97《吐谷浑》记："其婚姻，富家厚出聘（聘财），窃女而去。父卒，妻其群母；兄亡，妻其诸嫂。"《魏书》卷101《吐谷浑》也载："父兄死，妻后母及嫂等，与突厥俗同。至于婚，贫不能备财者，辄盗女去。"此种夫兄弟婚不仅在族内盛行，就是与中原朝廷的和亲实例中亦常见。吐谷浑的婚姻重视支付聘财给女方，也有"抢婚"习俗的存在。

至于吐谷浑的丧制，大体行土葬，葬毕葬服即除。《周书》卷50《吐谷浑》载："死者亦皆埋殡。其服制，葬讫则除之。"可得明证。

吐谷浑部族的原有宗教信仰，当与其他北亚游牧民族相同，系崇奉泛灵信仰的萨满（Shamanism）。吐谷浑与若洛虒二部牧马相斗，而吐谷浑扬长西去时曾告来人云："先公之世，卜筮之言，

---

① 王民信：《从吐谷浑的汉化论其社会制度》（下），《大陆杂志》1961, 22（2）。

云有二子，当享福祚，并流子孙。"言中之"卜筮"即萨满巫无疑。至于氐、羌民众初当以泛灵信仰的巫为主，吐谷浑又有信仰佛教情形，《梁书·河南王》载："国中有佛法。"同书又谓："天监十三年（514 年）遣使献金装马脑钟二口，又表于益州立九层佛寺，诏许焉"，均可证明其国有信仰佛教情事。

二、隋、唐两代与吐谷浑和亲政策分析

（一）隋、唐两代与吐谷浑的和亲内容

吐谷浑与中原王朝的和亲始于晋安帝隆安二年（398 年）。6 世纪，夸吕即位之后，与南朝关系不明。当时北魏已东西分裂，夸吕首先即通聘于东魏，魏主静帝并曾于武定三年（545 年）纳其从妹为容华嫔，夸吕又请婚以济南王匡孙女为广乐公主妻之。①

隋文帝开皇初，吐谷浑夸吕以兵侵弘州，文帝遣上柱国元谐率步骑数万击之，破吐谷浑于丰利山（今青海东境），又败其太子可博汗于青海，俘斩万计。吐谷浑震惊，其王侯十三人率部来降，夸吕则率亲兵远遁。开皇十一年（591 年），吕夸死，子伏立。据《隋书·吐谷浑》：

> 十一年……（吐谷浑主伏）使其兄子无素奉表称藩，并献方物，请以女备后庭。上谓滕王曰："此非至诚，但急计耳。"乃谓无素曰："朕知浑主欲令女事朕，若依来请，他国闻之，便当相学。一许一塞，是谓不平。若并许之，又非好法。朕情存安养，欲令遂性，岂可聚敛子女以实后宫乎？"竟不许。……十六年，以光化公主妻伏，伏上表称公主为天后，上不许。
>
> 明年，其国大乱，国人杀伏，立其弟伏允为主。使使陈

---

① 《册府元龟》卷 978《外臣部·和亲一》。

废立之事，并谢专命之罪，且请依俗尚主，上从之。自是朝
贡岁至……

以上可知文帝在位安抚吐谷浑相当成功，故自开皇三年以
后，西疆无事长达二十余年之久。

文帝死，其子广立，是为炀帝。伏允即遣子顺朝隋，以讨好
炀帝，帝留顺不遣。后吐谷浑为炀帝所败，故地皆为隋所占有，
隋并置西海、河源、鄯善、且末四郡，且谪天下罪人为戍卒以守
之，大开屯田捍御吐谷浑，以通西域之路。伏允率数千骑客于党
项，于是吐谷浑国中无主，炀帝立顺为可汗，遣人送出玉门，并
以其大宝王尼洛周为辅，顺至西平，其部下杀洛周，顺不得入而
还。至大业末年，炀帝失政天下大乱，群雄相继割据，吐谷浑伏
允遂得复收其故地。

唐高祖李渊受隋禅，顺自江都来归长安。当时李轨尚据凉州，
渊遣使与伏允通和，令击轨以自效，当放顺返国。伏允闻之大喜，引
兵与轨战于库门，交绥而退，频遣使朝贡，并求放服，渊即遣返，同
时立顺为大宁王①，伏允虽朝贡，但又屡寇唐边。武德九年（626 年）
八月，世民即位是为唐太宗，伏允与唐的关系仍未改善。

《旧唐书》卷 198《吐谷浑》：

> 太宗即位，伏允遣其洛阳公来朝，使未返，大掠鄯州而
> 去。太宗遣使责让之，征伏允入朝，称疾不至。仍为其子尊
> 王求婚，于是责其亲迎以羁縻之。尊王又称疾不肯入朝，有
> 诏停婚，遣中郎将康处直谕以祸福。

此时西疆之吐蕃已逐渐兴起，吐谷浑于是形成夹于唐朝、吐
蕃两强之间。自贞观二年至八年初，唐与吐谷浑的关系相安无
事，但刘师立在岐州总管任内，曾做过分化工作。② 至太宗贞观
八年（634 年），吐蕃与吐谷浑争相求婚于唐而争执。据《册府

① 《旧唐书》卷 198《吐谷浑》。
② 《册府元龟》卷 426《将帅部·招降》。

元龟》卷978《外臣部·和亲一》载：

> 太宗贞观八年，吐蕃赞普弄赞嗣位。帝遣行人冯德遐往
> 抚慰之，弄赞见德遐大悦，闻突厥及吐谷浑皆尚公主，乃遣
> 使随德遐入朝，多赍金宝，奉表求婚，帝未之许。使者既反
> （返），言于弄赞曰："初至大国，待我甚厚，许嫁公主，会
> 吐谷浑王入朝，有相离间，由是礼薄，遂不许嫁。"弄赞遂
> 与羊同连发兵以击吐谷浑。吐谷浑不能支，遁于青海之北，
> 以避其锋，其国人畜并为吐蕃所掠，于是进兵攻破党项及白
> 兰诸羌，率其众二千余顿于松州西境，遣使贡金甲云来迎公
> 主。又谓其属曰："若大国不嫁公主于我，即当入寇。"遂进
> 攻松州，都督韩威轻骑觇贼，反为所败，边人大扰。

翌年太宗派兵征讨，并合突厥、契苾之众击吐谷浑。吐谷浑
被破，伏允为左右所杀，国人立大宁王顺为可汗，称臣内附。然
而因顺长自中土，为国人所不愿附，故未几遂为其臣下所杀。国
人立其子燕王诺曷钵为可汗。太宗封为阿源郡王，仍授乌地也拔
勒豆可汗（一作乌地也拔勤豆可汗），遣淮阳王（一作睢阳王）
道明持节赐以鼓纛。十年，因入朝谢并请婚。太宗以宗室女为弘
化公主妻之。吐谷浑请颁历，遣子入侍（《唐会要》卷94）。十
三年十二月，吐谷浑河源郡王慕容诺曷钵来逆女。[1] 十四年（640
年）二月以左骁卫将军、淮阳王道明送弘化公主归于吐谷浑，
"资送甚厚"[2]。

高宗嗣位，以诺曷钵尚公主故，遂拜为驸马都尉，而诺曷钵
仍岁时来朝。永徽三年（652年）八月，吐谷浑弘化长公主表请
入朝，遣左骁卫将军鲜于济往迎之。高宗并以宗室女金城县主妻
其长子苏度摸末，拜左领卫大将军。后苏度摸末死，又应请婚，

① 《旧唐书》卷2《太宗李世民》，《资治通鉴》卷195《唐纪十一》。
② 《旧唐书》卷198《吐谷浑》。

以宗室女金明县主妻其次子闼卢摸末。① 唐高宗希望争取支持一个随附唐廷的部族于西疆：一方面维持西疆的安宁，另一方面建立对付吐蕃的屏障。至龙朔三年（663 年）吐谷浑与吐蕃相攻伐，两皆遣使向唐兵救援，高宗均不许，吐蕃击吐谷浑，诺曷钵不能御，遂与弘化公主率数千帐走投凉州，请徙居内地，其国遂亡。

（二）隋、唐两代与吐谷浑的和亲特色

隋朝与吐谷浑和亲有三例，唐朝嫁公（县）主给吐谷浑和亲亦有三次实例，从中可归纳出下列特色。

1. 和亲多出自吐谷浑的要求，且均为单向婚

如上所述，隋开皇十一年吐谷浑主伏允使其兄子无素表称藩，并献方物，请以女备后庭，结果文帝不许。十二、十五年伏屡遣使入贡请婚，至开皇十六年（596 年）文帝以宗女光化公主妻伏。翌年弟伏允立，请依俗尚（光化）公主，文帝从之。

唐太宗即位，贞观元年（627 年）吐谷浑伏允又为子尊王求婚，帝责其亲迎，尊王不敢入朝而罢。诺曷钵立，于贞观十年（636 年）入朝请婚，太宗以宗室女为弘化公主以妻之。高宗立，又以宗室女金城县主妻其长子苏度摸末。久之摸末死，次子闼卢摸末来请婚，帝以宗室女金明县主妻之。可见公主下嫁多出自吐谷浑的要求，且均为隋、唐朝单向出嫁公主到吐谷浑，而未接受吐谷浑的公主嫁入。

2. 皆以宗室女下嫁吐谷浑

以上隋、唐朝下嫁吐谷浑的公主，不论隋朝的光化公主或唐朝的弘化公主、金城县主、金明县主等，均出身宗室女，在历代和亲下嫁公主中属第三等身份，其中金城与金明两位，因出嫁对

---

① 《新唐书》卷 221 《吐谷浑》。

象为浑主之长、次子（即王子），而非边疆可汗或部族首领，故封以"县主"，位在公主（内又有大长公主、长公主、公主之分）、郡主以下，以合体制。吐谷浑以其力量和地位，能获隋唐嫁以宗室女和亲，其在当时所扮演的角色似在契丹、奚等部族之上。

3. 有"夫兄弟婚"婚俗

由于唐朝公主所嫁对象诺曷钵和苏度摸末、闼卢摸末父子，为吐谷浑末代首领及王子，故无法得知弘化公主、金城与金明县主于其丈夫去世后是否再嫁。不过隋朝光化公主依史载依当地习俗先后嫁给世伏、伏允可汗兄弟，成为"纳嫠嫂"之"夫兄弟婚"成例。

4. 聘礼与嫁妆不少

隋、唐两代与吐谷浑的四次公主下嫁和亲中，因史料记载不全，仅唐太宗贞观十四年嫁弘化公主给诺曷钵时记载了吐谷浑"献马牛羊万匹"，当系聘礼的意义。而唐朝"资送甚厚"，表示嫁妆赏赐不少。至于实际嫁妆项目内容及数量不得而知，无法利用牟斯的"全面性报称体系"理论及参考何翠萍、汪珍宜两位有关传统台湾社会对理想联姻关系的研究加以分析。

附表 8-1

隋唐两代与吐谷浑的和亲表

顺序	纪年	公主名	公主出身	和亲对象	在蕃地位	参与婚礼人士	聘礼或赏赐	和亲期间	和亲成效	出典
1	隋文帝开皇十六年(596年)	光化公主	宗室女	吐谷浑可汗世伏、伏允	为可汗天后					《隋书·吐谷浑》
2	唐太宗贞观十四年(640年)	弘化公主	宗室女	吐谷浑诺葛钵	可汗妻	左骁卫将军、淮阳王道明及右武卫将军慕容宝持节送公主	献马牛羊万，唐资送甚厚	永徽三年十一月庚寅，公主至京。朔三年(663年)吐谷浑亡国时和亲仍在，公主在蕃至少有二十余年	高宗龙朔三年(663年)公主投凉州随诺葛钵居中国边境，入居中国。和亲后吐谷浑请颁历，遣子入侍，年年来朝贡方物	《旧唐书·本纪》《册府元龟》《旧唐书·吐谷浑》
3	唐高宗永徽三年(652年)	金城县主	宗室女	吐谷浑主之长子苏度摸末	左领军卫大将妻					《旧唐书·吐谷浑》《册府元龟·外臣部·和亲二》
4	唐高宗永徽三年(652年)或四年(653年)	金明县主	宗室女	吐谷浑主之次子闼卢摸末	左武卫大将军梁汉王妻					《旧唐书·吐谷浑》

三、结　语

　　吐谷浑以一少数东北通古斯族系鲜卑族人西迁，于西晋愍帝建兴元年（313 年）建国于中国西北青海一带，统治氐、羌诸族，至唐高宗龙朔三年（663 年）为吐蕃所亡，享国 350 年，其间屡处于强国之间，凭其两面外交手法，与中原朝廷经常要求建立和亲关系。中原朝廷由于吐谷浑值得拉拢为附随势力，或为缓冲地带，故只要对方有诚意，大体上愿意妻以公主，且尚以宗室女身份之公主或县主。可见吐谷浑于当时在中原朝廷眼里的地位尚高于同一通古斯族系之契丹、奚等部族，而与吐蕃、南诏同等，为隋、唐两代西北边疆重要的王朝。

　　至于隋唐两代对吐谷浑的和亲得失，因吐谷浑为一游牧民族，由于其自然生态环境及传统文化观念，与农业民族有其共相依存的经济关系，故虽约和亲，乃难于完全避免寇边掠夺。唯大体而言，除隋炀帝、唐太宗采取挞伐政策之外，吐谷浑长期维持着对隋、唐朝廷之朝贡，不能不归功于和亲政策的效果，也即牟斯、李维·史陀两位所谓"全面性报称体系"及其在婚姻上所发生之效用表现。就长远角度来看，和亲也对双方的经济、文化、血缘等之交流产生了某种程度的贡献。当然在和亲的正面功能之下，也难免会有其负面的影响。诸如：远嫁公主到异域所面临的恐惧、孤寂和生活文化上的适应困难，中原对和亲成果的过分依赖，甚至于松懈了边防的防守等；相反的，在边族方面，由于过分亲近中原朝廷而被分化国内团结，甚至遭国内其他势力、其他强大边族的不满和讨伐，或导致本身民族文化逐渐汉化所带来的问题等，均是值得重视的课题。

第九章 唐朝对回纥的和亲政策

　　唐回和亲促进了两民族的认识、了解，进而和好；唐回和亲也带来了语言、宗教、生活方式等多方面的文化交流；唐回长期的和亲盟约，特别是联回纥抗吐蕃政策所带来的效果，令边界安宁，互市频繁，使节往来，发展了交通，增进了经济贸易的繁荣。

远嫁回纥的咸安公主画像

第九章　唐朝对回纥的和亲政策

一、唐朝与回纥和亲之时代背景

和亲之促成，无论在中原王朝或北方民族两方面，都具有其需要和亲的国内情况与国外情势存在。一般而言，在中原王朝方面，其一，多于朝代初创之际或内乱发生之时，为了"攘外必先安内"，对外不得不采取和缓、忍耐的政策，以培养国力。诸如汉高祖、隋文帝、唐高祖及唐肃宗、代宗等均是。其二，正逢强敌压境，为了"以夷制夷""离间分化""远交近攻"减少牺牲，而采取和亲政策。诸如汉武帝、隋炀帝及唐太宗等均是。或两者兼而有之，内乱外患之时，更需要和亲政策的救急。正如《旧唐书·回纥》所云："天宝末，奸臣弄权于内，逆臣跋扈于外，内外结衅而车驾遽迁，华夷生心而神器将坠。肃宗诱（和亲中之）回纥以复京畿，代宗诱回纥以平河朔，戡难中兴之功，大即大矣！"至于北方民族方面，可谓任何时期均欢迎和亲，特别是"羽毛未丰"之际或"与敌对立"之时，希望借此和亲机会，一方面抬高自己声威，以率北方诸族；另一方面由和亲形成同盟，依靠帮助，以加强军事力量，并吞邻国，扩充领土；再一方面，由和亲所带来的互市、赠赏，以繁荣经济，增加财富。因此和亲的请求常由北方民族首先提出，而其成立与否，多决定于中原方面的情况。

现就唐回和亲中，几次富有代表性的公主下嫁之时代背景分别分析如下：

玄宗天宝三年（744 年），回纥大酋骨力裴罗自立为骨咄禄毗伽阙可汗，与葛逻禄、拔悉密共杀突厥白眉可汗而灭之，遣使言状，唐册为怀仁可汗。又尽得突厥故地，立牙帐于乌德犍山（今外蒙鄂尔浑河畔）。领地东极室韦，西抵金山（今阿尔泰山），南至黄河河套，为塞外大国。四年怀仁可汗卒，子磨延啜立，号葛勒可汗，适唐有安史之乱，肃宗向回纥借兵（至德元年回纥毗伽公主已嫁唐敦煌郡王承寀和亲）。至德二年（757 年）回纥葛勒可汗派其太子叶护（Yabghu）将兵四千助唐，大败安禄山，收复东西二京。事平，肃宗以亲女宁国公主赐嫁回纥葛勒可汗和亲，岁赐绢二万匹，以酬其劳。且当时担任和亲册命使的汉中郡王瑀到达回纥时，曾面语葛勒可汗谓："唐天子以可汗有功，故将女嫁与可汗结姻好。比者中国与外蕃亲，皆宗室子女，名为公主。今宁国公主，天子真女，又有才貌，万里嫁与可汗。"①从上述史实明了宁国公主之下嫁相亲，一方面是唐朝国内有安史之乱，另一方面是回纥为当时塞外大国，且助唐平乱有功所致。

自天宝之乱后，边戍空虚，吐蕃乘机陷河湟数千里之地且焚掠长安。贞元三年（787 年）宰相李泌提"联回纥抗吐蕃"之策，而德宗初以陕州旧恨不许，后经李泌力争，乃采其策，允与回纥和亲，以咸安公主出降。又中原自河湟陷落后，与西域交通中断，安西、北庭尚为唐守，自与回纥②和亲后，得假道回纥以奏事。且回纥势力深入于西域，西域之三姓葛逻禄（Üδqarluq）

---

① 《旧唐书》卷 195《回纥》。
② "回纥"一词，在唐德宗贞元元年（785 年）自隋唐改为"回鹘"，故文内系依此年代前后之不同，常有两种写法，唯无时间关系者，均充以"回纥"记之。

白眼突厥、沙陀皆附之，以抗吐蕃。此事可参看《资治通鉴》记载："（德宗贞元三年九月）回纥合骨咄禄可汗屡求和亲，且请婚。上未之许。会边将告乏马，无以给之，李泌言于上曰：'陛下诚用臣策，数年之后，马贱于今十倍矣！'上曰：'何故？'对曰：'愿陛下推至公之心，屈已徇人，为社稷大计，臣乃敢言。'上曰：'卿何自疑若是！'对曰：'臣愿陛下北和回纥，南通云南，西结大食、天竺，如此则吐蕃自困，马亦易致矣。'"① 唐朝因边界空虚，吐蕃入侵，为采取联回纥抗吐蕃政策，下嫁咸安公主。

至于太和公主之下嫁和亲，见《旧唐书·回纥》："回纥自咸安公主殁后，屡归款请继前好，久未之许。至元和末，其请弥切，宪宗以北房有勋劳于王室，又西戎比岁为边患，遂许以妻之。"及《资治通鉴》载："（会昌二年）十一月……上遣使赐太和公主冬衣，命李德裕为书赐公主，略曰：'先朝割爱降婚，义宁家国，谓回鹘必能御侮，安静塞垣。'"② 由此知道，一方面由于回纥有功于唐的道义观念；另一方面为吐蕃年年寇边，所以下嫁公主，重申和亲盟约也。

二、唐朝与回纥和亲之实况及其比较

唐回和亲始于肃宗至德元年（756 年），回纥葛勒可汗（磨延啜）以可敦之妹嫁唐敦煌郡王承宷。至肃宗乾元元年（758年），帝以幼女为宁国公主，首次出降回纥葛勒可汗，此后以正式和亲手续下嫁者有：乾元年间（758 年或 759 年）以仆固怀恩③女嫁移地健（后为牟羽可汗），代宗大历四年（769 年）以仆

---

① 《资治通鉴》卷 233《唐纪四十九》。
② 《资治通鉴》卷 246《唐纪六十二》。
③ 仆固怀恩，铁勒部人。仆固，系仆骨之讹也。祖时内属，曾讨安禄山，官尚书左仆射兼中书令，朔方节度使。广德初（763 年）进拜太保，赐铁券，画像凌烟阁。素与回鹘交往甚厚，后因叛唐被杀。

固怀恩幼女为崇徽公主，视同帝第十女嫁牟羽（Bögü）可汗为继室，德宗贞元四年（788 年）以帝第八女为咸安公主嫁天亲可汗，穆宗长庆元年（821 年）以第十妹太和公主嫁崇德可汗等五次。而非正式的有：宁国公主之媵女，后嫁葛勒可汗及牟羽可汗的荣王女小宁国公主，与怀恩孙女叶公主嫁天亲可汗两人合计七人。其实况如下列史籍所载。

（一）毗伽公主

"肃宗即位，使者来请助讨禄山，帝诏敦煌郡王承寀与约，而令仆固怀恩送王，因召其兵。可汗喜，以可敦妹为女，妻承寀，遣渠领来请和亲，帝欲固其心，即封虏女为毗伽公主。……帝因册毗伽公主为王妃，擢承寀宗正卿；可汗亦封承寀为叶护，给四节，令与其叶护共将。帝命广平王见叶护，约为昆弟，叶护大喜，使首领达干（tarkhan）等先到扶风见子仪，子仪犒饮三日。"[1]

（二）宁国公主

"（肃宗）乾元元年（758 年）六月，回纥使达亥阿波刺史入朝迎公主，诏授开府仪同三司。七月丁亥，诏曰：'朕闻，古之圣王，临御天下，功懋受赏，道无隔于华夷，义存有孚，信必全于终始，故能德被寰宇，化延殊俗，是以周称柔远，克著济时之图；汉结和亲，式弘长久之策，繇来尚矣。朕抵。若元命永惟稽古，内申九命，勉膺嗣夏之期，外接百蛮，庶广怀荒之泽，顷自凶渠作乱，宗社阽危，回纥特表忠诚，载怀奉国，所以兵逾绝漠，力徇中原，亟除青犊之妖，实赖乌孙之助，而先有情款，固求姻好，今两京抵定，百度惟贞，奉皇舆而载宁，缵鸿业而攸重，斯言可复，厥德难忘，爰申降主之礼，用答勤王之志。且骨肉之爱，人情所钟，离远之怀，天属尤切，况将适异域，宁忘轸

---

[1] 《新唐书》卷 217《回鹘》。

念。但上缘社稷，下为黎元，遂抑沐慈，为国大计，是用筑慈外馆，割白中阃，将成万里之婚，奠定四方之业，以其诚信所立，家国攸宁，义以制名，饰崇宠号，宜以幼女封为宁国公主，应缘礼会，所司准式。其降蕃日，仍令堂弟银青光禄大夫殿中监汉中郡王瑀，充册命英武威远毗伽可汗使，以堂侄正议大夫行右司郎中上柱国上邽县公赐紫金鱼袋巽为副特差，重臣开府仪同三司尚书左仆射冀国公裴冕送至界首，凡百姓、臣庶，宜悉朕怀。'戊子，汉中郡王瑀，加特进太尝卿摄御史大夫、右司郎中巽改尚书兵部郎中兼御史中丞鸿胪少卿兼充宁国公主礼会使。癸巳，以册立回纥英武威远毗伽可汗。帝御宣政殿汉中王瑀受命。甲子，帝送宁国公主咸阳磁门驿。"①

"甲午（子），肃宗送宁国公主至咸阳磁门驿，公主泣而言曰：'国家事重，死且无恨。'上流涕而还。""（乾元二年，即759 年，四月）毗伽阙可汗死……竟以无子得归，秋八月，宁国公主自回纥还，诏百官于明凤门外迎之。"②

（三）光亲公主

"先是，毗伽阙可汗请以子婚，肃宗以仆固怀恩女嫁之。及是为可敦，与可汗（移地健）同来，请怀恩及怀恩母相见。"③ "大历三年（768 年），光亲可敦卒。"④

（四）小宁国公主

"俄以律支达干来告少宁国公主之丧。主，荣王女也。始宁国下嫁，又以媵之。宁国后归，因留回纥中为可敦，号少宁国，历配英武、英义二可汗。至天亲可汗时，始居外。其配英义生二

① 《册府元龟》卷 979《外臣部·和亲二》。
② 《旧唐书》卷 195《回纥》。
③ 《旧唐书》卷 195《回纥》。
④ 《新唐书》卷 217《回鹘》。

子皆为天亲所杀。"①

（五）崇徽公主

"大历四年……初，仆固怀恩死，上怜其有功，置其女宫中，养以为女。回纥请以为可敦。夏，五月，辛卯，册为崇徽公主，嫁回纥可汗。壬辰，遣兵部侍郎李涵送之，涵奏祠部郎中虞乡董晋为判官。六月，丁酉，公主辞行，至回纥牙帐。"②

"代宗大历四年（769 年）五月，册仆固怀恩小女为崇徽公主，视同第十女下嫁回纥可汗为可敦，遣兵部侍郎李涵兼御史大夫持节于回纥册可敦，以缯帛二万匹，遣之。""六月丁酉，崇徽公主辞赴回纥，宰臣已下百僚送至中渭桥。"③

（六）咸安公主

"德宗贞元三年（787 年）八月丁酉，回纥可汗遣首领墨啜达干多览将军、合关达干等来贡方物，且请和亲。帝许以咸安公主嫁之，命见于麟德殿，且令赍公主画图就示可汗，以马价绢五万还之，许互市而去。四年十月戊子，回纥宁国（骨咄禄毗伽公主之误？）公主及使至，帝御延喜门观之，禁妇人及车舆观者。时回纥可汗喜于和亲，其礼甚恭，上言：昔为兄弟，今为子辈（婿？），子辈（婿？）半子也。此犹父，彼犹子，若患西戎，子当除之。又骂辱吐蕃使者，及使宰相等率众千余及其妹骨咄禄毗伽公主、姨妹迷外骨咄禄公主及职使大首领等妻妾，凡五十六妇人来迎可敦，凡遣人千余，纳聘马三（或云二）千匹。帝令朔州及太原分留七百匹，其宰相首领皆至分馆鸿胪将作。癸巳，使见于宣政殿。乙未，帝召回纥公主及使者，对于麟德殿，各有颁赐。

---

① 《新唐书》卷 217《回鹘》。
② 《资治通鉴》卷 224《唐纪四十》。
③ 《册府元龟》卷 979《外臣部·和亲二》。

庚子，诏以咸安公主出降，回纥可汗仍特置官属视亲王。壬寅，以殿中监嗣滕王湛然，为咸安公主婚礼使。十一月乙巳，加嗣滕王湛然为检校礼部尚书兼御史大夫。丁未，加送咸安公主及册回纥可汗使，关播检校右仆射。公主，帝第八女也。……今使册可汗为勇猛分相智惠长寿天亲可汗，册公主为孝顺端正智慧长寿可敦，御制诗送之。天亲可汗卒，子忠身（贞）可汗立，忠身（贞）卒，奉诚可汗立，奉诚卒，国人立其相是为怀信可汗，皆从胡法继尚公主。"① "来告咸安公主丧，主历四可汗，居回纥凡二十一岁。"②

（七）叶公主

"是岁，可汗为少可敦叶公主所毒死，可敦亦仆固怀恩之孙，怀恩子为回纥叶护，故女号叶公主云。"③

（八）太和公主

"回纥自咸安公主殁后，屡归款请继前好，久未之许。至元和末，其请弥切，宪宗以北虏有勋劳于王室，又西戎比岁为边患，遂许以妻之。既许而宪宗崩。穆宗即位，逾年乃封第十妹为太和公主，将出降，回纥登逻骨没密施合毗伽可汗遣使伊难珠、句录都督思结并外宰相、驸马、梅录司马，兼公主一人、叶护公主一人，及达干并驼马千余来迎。太和公主发赴回纥国，穆宗御通化门左个临送，使百僚章敬寺前立班，仪卫其盛，士女倾城观焉。……五月，命使册立登逻骨没密施合毗伽昭礼可汗，遣品官田务丰领国信十二车使回鹘，赐可汗及太和公主。"④

"甲子，以左金吾卫大将军胡证检校户部尚书持节充送公主

① 《册府元龟》卷979《外臣部·和亲二》。
② 《新唐书》卷217《回鹘》。
③ 《新唐书》卷217《回鹘》。
④ 《旧唐书》卷195《回纥》。

入回鹘，及加册可汗，使光禄寺卿李宪加兼御史中丞充副使，太常博士殷侑改殿中侍御史充判官，以前曹州刺史李锐为太府卿兼御史大夫持节赴回鹘充婚礼使，宗正少卿嗣宁王子鸿兼御史中丞充副使，以虞部员外郎陈鸿为判官。六月乙亥，加李宪御史大夫。戊寅，回纥奏以一万骑出北庭，一万骑出安西，柘吐蕃以迎太和长公主归国。丙戌，太和长公主出降回鹘，宜特置府其官属宜准亲王府例。七月乙卯，正衙册太和长公主为回鹘可敦。辛酉，长公主发赴回鹘国，帝以半仗御通化门临送，百僚章敬寺前立班，仪卫颇盛，士女倾城观焉"。①

　　分析上述唐回和亲下嫁公主，其特色可归纳为下列四点：其一，有宁国、咸安及太和三位皇帝亲生女儿之公主下嫁。其二，光亲与崇徽两位同胞姊妹（均为仆固怀恩之女）先后下嫁牟羽可汗，为一"妻姊妹婚"和亲的典型例子。其三，唐回和亲非"单行婚"，而系"互行婚"。不仅唐公主下嫁回纥，回纥公主亦配与唐朝。其四，唐回和亲与其他和亲不同，不限于政治外交上或军事上的运用手段，且富有报恩赏功的感情因素存在。

---

① 《册府元龟》卷 979《外臣部・和亲二》。

附表 9 - 1　　　　　　　　　　唐回和亲时间表

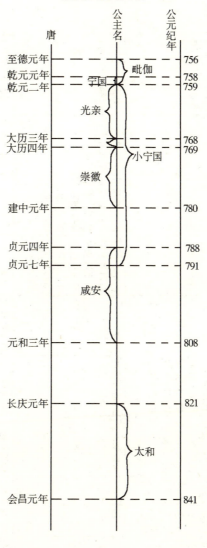

唐 / 公主名 / 公元纪年

唐	公主名	公元纪年
至德元年		756
乾元元年	宁国　毗伽	758
乾元二年		759
	光亲	
大历三年		768
大历四年	小宁国	769
	崇徽	
建中元年		780
贞元四年		788
贞元七年		791
	咸安	
元和三年		808
长庆元年		821
	太和	
会昌元年		841

附表 9-2

唐回和亲主要内容表

顺序	纪年	公主名	公主出身	和亲对象	地位	会礼使节	聘礼赏赐	在回期间	据典
1	肃宗至德元年(756年)	毗伽公主	葛勒可汗可敦之妹	唐敦煌郡王承寀(婚后正为宗,回纥封为叶面则封为叶护)	王妃				《新唐书》《旧唐书》《资治通鉴》《册府元龟》
2	肃宗乾元元年(758年)秋	宁国公主	肃宗幼女	磨延啜葛勒可汗	可敦	汉中郡瑀子右司郎中李巽兼御史中丞为礼会使,并以副使尚书右仆射裴冕送诸境	回纥献马五百匹,貂裘、白氎等。唐赐国信彩衣服、缯彩、金银、器皿。岁赐绢二万匹	一年,乾元二年八月归国(759年)	《新唐书》《旧唐书》《资治通鉴》《册府元龟》
3	肃宗乾元元年(758年)或二年(759年)	后封为婆墨光亲丽华毗伽可敦	仆固怀恩之女	移地健(后继汗位为牟羽可汗)	初为可汗次子妻,后为可敦			十年,在大历三年死(768年)	《新唐书》《旧唐书》

续附表 9-2(1)

顺序	纪年	公主名	公主出身	和亲对象	地位	会礼使节	聘礼赏赐	在回期间	据典
4	肃宗乾元二年(759年)	小宁国公主(宁国公主之媵女,宁国归,因留回纥中为可敦)	荣王之女	磨延啜英武可汗和移地健英义(牟羽)可汗	初为媵女后为可敦			三十二年,在贞元七年(791年)死	《新唐书》《旧唐书》《册府元龟》
5	代宗大历四年(769年)	崇徽公主	仆固怀恩幼女(视同代宗第十女)	移地健牟羽可汗(继室)	可敦	兵部侍郎李涵持节拜可敦。祠部郎中崔昭晋为判官	赐缯彩二万疋	十一年(?)约在建中元年(780年)死	《新唐书》《资治通鉴》《册府元龟》
6	德宗贞元四年(788年)	咸安公主	德宗之八女	顿莫贺天亲可汗,多逻斯,阿史多可汗,啜奉诚可汗,骨咄禄毗伽可汗四人	可敦	殿中监嗣滕王湛然为婚礼使,右仆射关播护送且册拜可汗,可敦使	回纥纳聘马二千	二十一年,在元和三年二月(808年)死	《新唐书》《资治通鉴》《册府元龟》
7	德宗贞元五年(789年)?	叶公主(怀恩子为回纥叶护,故其女为叶公主云)	仆固怀恩之孙女	顿莫贺天亲可汗	少可敦				《新唐书》

续附表 9 – 2(2)

顺序	纪年	公主名	公主出身	和亲对象	地位	会礼使节	聘礼赏赐	在回期间	据典
8	穆宗长庆元年(821年)	太和公主	宪宗之女穆宗之第十妹	崇德可汗	可敦	左金吾卫大将军胡证、光禄卿李宪持节护送,太府卿李说为婚礼使册拜可汗可敦,宗正少卿嗣宁王李王子鸿胪卿兼御史中丞充副使,虞部员外郎陈鸿为判官	回纥纳聘马二万、橐驼千匹	二十年,在会昌元年离开回纥,二年二月回朝	《新唐书》《旧唐书》《资治通鉴》《册府元龟》

三、唐朝与回纥和亲之礼仪及其有关习俗

（一）和亲的礼仪

和亲系两国间的外交同盟行为，其礼仪（ritual）向来为双方所重视。隋朝开皇十七年（597 年）曾有这样一段记载："戊戌，突厥突利可汗来逆女，上舍之太常，教习六礼（即纳采、问名、纳吉、纳征、请期、亲迎），妻以宗女安义公主。"①

唐太宗许婚薛延陀夷男，夷男于是税诸部羊马，以为聘财，结果是："太宗乃发使受其羊马，然夷男先无府藏，调敛其国，往返且万里，既涉沙碛，无水草，羊马多死，遂后期。太宗于是停幸灵州。既而其聘羊马来至，所耗将半。议者以为夷狄不可礼义畜，若聘财未备而与之婚，或轻中国，当须要其备礼，于是下诏绝其婚。"②

从这些资料知道和亲"须要其备礼"，而所谓"礼"，虽在唐回和亲的事例中没有明白地表示出来，不过由史籍上零星的记载，不难想象其"礼"，大致沿用隋代的"六礼"。今就：请婚、纳采、迎亲、指名、使节加官、受命、出嫁、可汗受册、可敦受册、赐唐使归、谢婚等项列表说明（如后附表9－3）。

---

① 《资治通鉴》卷178 《隋纪二》，《册府元龟》卷978 《外臣部·和亲一》。
② 《旧唐书》卷199 《铁勒》。

附表 9－3

唐回和亲礼仪内容表

公主名 / 礼别	宁　国	崇　徽	咸　安	大　和
1. 请婚	乾元元年,回纥使者多彦阿波与黑衣大食酋阁之等俱朝,争长,有司使旱门并进。又使请婚,许之	大历三年,光亲可敦(怀恩女)卒,回纥请以怀恩幼女为可敦(继室)。许之	德宗贞元三年八月丁酉,回纥可汗遣道领墨啜达干多览将军,合阙达干等来朝,且请和亲。许之	穆宗立,回纥使合阙达干等来固求婚。许之
2. 纳采、迎亲	乾元元年六月,回纥使人朝迎送达亥阿波剌史人朝迎使。诏授开府仪同三司		四年十月,回纥公主及使至自蕃,德宗御延喜门见之,时回纥可汗请于营于和亲。其礼基恭,上言:"昔为子婿,半子也。"又今为兄弟令等吐蕃使者。及派大首领等妻妾凡五十六妇人来,纳司敦。遣送人千余,纳聘马二千匹	长庆元年五月,遣叶护都督思结等、宰相公主、部渠二千人。诏许都督公主,摩尼等五百七十三人入朝迎公主,以十三车,路渠驼马千匹。纳马二万。余留太原。锦白绤绨,鞯头五匹,驼五十头为聘礼。(或谓献骆驼,白马千匹,马千头,王带、玉带,驼五十头为聘礼)
3. 指名	乾元元年七月丁亥,诏以幼女封为宁国公主出降,以荣王女幼女为特进,试太常卿,摄御史大夫,充册命英武威远毗伽可汗使。遣兵部侍郎李岘兼御史大夫持节于回纥。充册使;以堂弟左散骑常侍中丞、鸿胪卿,副之。特差重臣开府仪同三司,行尚书右仆射,冀国公裴冕送至界首	大历四年五月辛卯,册仆固怀恩幼女为崇徽公主,视同第十女下嫁回纥可汗。遣兵部侍郎李涵兼御史大夫持节于回纥	癸亥,诏以帝八女咸安公主出降,仍置府官属视亲王。壬寅,以殿中监嗣滕王湛然为咸安公主使	癸亥,敕大和公主出降,回纥为可敦。宜令中书舍人王起赴鸿胪寺宣示之。丙戌,太和长公主出降准亲王府例

续附表 9 - 3(1)

公主名 礼别	宁　国	崇　徽	咸　安	大　和
4. 使节 加官	戊子,汉中郡王瑀,加特进大尝卿摄御史大夫,右司郎中异改尚书兵部郎中兼御史中丞卿鸿胪少卿兼充宁国公主礼会使		十一月乙巳,加嗣滕王湛然检较礼部尚书兼御史大夫。丁未,加送咸安公主及册回纥可汗使关播检较右仆射	甲子,以左金吾卫大将军胡证检校户部尚书持节充送公主入回纥,及加册可汗使李羲卿兼御史充册使,太常博士殷侑充副使,以前曹州刺史李锐为大府卿兼御史中丞持节充回纥充婚礼使,宗正少卿嗣宁王子陈鸿为判官,回纥充婚礼使,宗正少卿嗣宁王鸿兼御史中丞充副使,以膳部员外郎陈鸿为判官。六月乙亥,加李宪御史大夫
5. 受命	癸巳,以册立回纥英武威远毗伽可汗,帝御宣政殿,汉中王瑀受命	王辰,遣兵部侍郎李涵送之。涵奏祠部郎中虞卿重,晋为判官		
6. 出嫁	甲子(午),帝送公主至咸阳磁门驿。公主泣而言曰:"国家事重,死且无恨。"上流涕而还。唐送国信、缯彩、衣服、金银、器皿等。岁赐绢二万匹	六月丁酉,公主辞行赴回纥,宰相以下百僚送至中渭桥。唐送缯彩二万疋		辛酉,长公主发赴回纥,帝以凌晨伏御通化门临送,百僚章敬寺前立班,仪卫颇盛,士女倾城观焉

续附表 9－3（2）

礼别 ＼ 公主名	宁　国	崇　徽	咸　安	大　和
7. 可汗受册	瑀至虏牙帐，毗伽可汗衣赭黄袍胡帽坐于帐中榻上，仪卫甚盛，引瑀立于帐外，谓瑀曰："王是唐天子何亲？"瑀曰："是唐天子堂弟……"于是引瑀入，瑀不拜，可汗曰："两国主，君臣有礼，何得不拜？"瑀曰："唐天子以可汗有功，以爱女结好，今与宁国为婚。国舅夷狄未有，有懵容，万里来降受诏，天子婿当以礼见，乃趋奉诏，拜受册可汗？"可汗惭，乃起奉诏，拜受册可汗为英武威远毗伽可汗		册拜可汗为勇猛分相智惠长寿天亲可汗	
8. 可敦受册	可汗翌日册公主为可敦		唐册公主为孝顺端正智慧长寿寿可敦	择吉日，册公主为回纥可敦。可汗先升楼东向坐，设毡幄于楼下以居，使群胡教公主以胡法。公主始解唐服而衣胡服，以一姆侍，出楼前，向西拜。可汗坐而视，公主再拜。复出楼中解所披服，通裙大襦，皆茜色金饰，冠后缯如角前负其奥。乃升曲楼，回纥九相俯拜于庭如初礼。已升楼舆升楼，回纥以可敦与可汗俱东向坐，自此臣下朝谒，并拜可敦。可敦自有牙帐，命二相出入帐中。唐册公主为仁孝端丽明智上寿可敦

续附表 9 – 3（3）

公主名\n礼别	宁　国	崇　徽	咸　安	大　和
9. 赐唐使归	及瑀归，可汗献马五百匹，貂裘、白毡等			胡证等将归国，可敦宴之帐中，流连号啼号竟日。可汗因赠汉使以厚赆。长庆二年正月癸卯，驸马都尉郑何送大和公主至回纥还。十月胡证等亦返国
10. 谢婚	十一月甲子，回纥使三妇人谢宁国公主之聘			

（二）和亲有关回纥习俗

我们对唐回和亲的研究，不仅要分析其意义、渊源、背景、实况，及其得失影响，还得充分了解回纥婚俗与可敦的意义，这样才能把握其重点所在，深入了解其全盘。

1. 回纥婚俗

历代生活于我国东北、北，以及西北一带的游牧民族，由于移动性大，彼此接触多，且其生活方式类同，故其婚俗大同小异。诸如：匈奴、柔然、突厥、契丹、吐谷浑、乌桓、西羌、夫余、蒙古、女真等族均有"妻后母，纳寡嫂"的风俗。至于回纥，据史料记载，亦与上述诸族大致相同，盛行"夫兄弟婚"（levirate）与"妻姊妹婚"（sororate）制，同时存在着"一夫多妻制"（polygyny）。据《旧唐书·回纥》载："贞观二十二年（648年），吐迷度为其侄乌纥所杀。初，乌纥蒸其叔母，遂与俱陆莫贺达干俱罗勃潜谋杀吐迷度以归车鼻。"就是一个好例子。

按"夫兄弟婚"与"妻姊妹婚"，均系优先婚配（preferential mating）的两种习俗。前者是兄死弟娶寡嫂，或弟亡兄收弟妇，甚至于扩大到叔死，娶叔母，父亡收庶母；后者是妻死继娶大姨或小姨，甚至于扩大到继娶其侄女。此种"逆缘婚"（levirate）被优先采用的理由是，该社会在观念上以为："婚姻"在意义上，不仅是青年男女"当事人"间的结合，而更重要的是氏族间或所属集团间的社会性结合。因此当配偶的任何一方死亡时，很自然的由死者家族提供其"代替人"，此一方面是尽义务；另一方面亦是享受权利，以此维持氏族间或集团间的既成婚姻关系。

回纥不仅在其族内盛行此项逆缘婚俗，就是在唐回和亲实例当中亦可找到例子。如小宁国公主相继嫁给葛勒、牟羽两父子可汗；咸安公主更相次嫁给天亲、忠贞及奉诚祖孙三代可汗，再续嫁怀信可汗为四代可敦，此等均为"夫兄弟婚"的扩大婚俗。而仆固怀恩两女（光亲、崇徽）先后下嫁牟羽可汗为可敦，乃"妻姊妹婚"的最好说明（参看附表9-4）。

至于"聘礼"方面，因当时回纥系一游牧民族，所以多用"家畜"为主，特别是马、羊、骆驼及兽皮等。聘礼在回纥等北方游牧社会里所包含的意义，可以解释为："支付从对方（女）家族或所属集团里，夺走了一份劳动力的补偿。"亦是对于婚姻永久性的保证。因此一如上述情形，当配偶的任何一方死亡时，就采用逆缘婚以为补充。对比，不能以我们农业社会的观念予以误读。

2. "可敦"的意义

回纥之所谓"可敦"为"koh-tun"之急读，缓读则为"可贺敦"（李学智：《金史语解正误初稿》），系源于突厥语。据《周书》卷50《突厥》云："土门遂自号伊利可汗，犹古之单于也；号其妻为可贺敦，亦犹古之阏氏也。"又《北史》卷99《突厥》所云亦同。按"阏氏"，读音虽有多种说法，然一般以《史记·匈奴列传》阏氏司马贞索隐所云"阏氏，旧音曷氏（ha-ti 或 at-si），匈奴皇后号也"最为妥当。至于其他北方游牧民族，对此一名词亦有类似的发音，如蒙古为"哈屯"或"合敦"（ha-tun），鲜卑（包括吐谷浑）为"可孙"或"恪尊"（kha-sun 或 kha-tsun），女真（金）为"可敦"（koh-tun）等。据 Blanchet 以为可贺敦之"敦"（tun）乃阿尔泰（Altaic）语族表示"女性"主语尾。日本白鸟库吉亦同意此说（白鸟库吉：《可汗及可敦称号考》），谓拓跋语谓皇后曰：可孙（kasun）之孙（sun），与吐谷浑语谓皇后曰：恪尊（kha-tsun）之尊（tsun），皆表示女性之语尾云。所以上述诸语不论其为阏氏、可敦、可贺敦、哈屯、合敦、可孙、恪尊等都同一语源，其意义即为汗之妻也。其人数常不止一人（参看附表9-5）。

附表9－4　　　　唐回和亲婚姻关系表

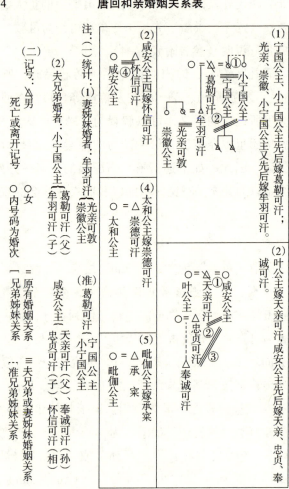

(1) 宁国公主、小宁国公主先后嫁葛勒可汗；光亲、崇徽、小宁国公主又先后嫁牟羽可汗。

(2) 叶公主嫁天亲可汗，咸安公主先后嫁天亲、忠贞、奉诚可汗。

注：(一)统计：(1) 妻姊妹婚者：牟羽可汗〔光亲可敦/崇徽公主〕（准）葛勒可汗〔宁国公主/小宁国公主〕

(2) 夫兄弟婚者：小宁国公主〔葛勒可汗（父）/牟羽可汗（子）〕咸安公主〔天亲可汗（父）、奉诚可汗（孙）、忠贞可汗（子）、怀信可汗（相）〕

(二)记号：
△男　○女
死亡或离开记号
○内号码为婚次
＝原有婚姻关系
一兄弟姊妹关系
二夫兄弟或妻姊妹婚姻关系
‥准兄弟姊妹关系

附表 9 – 5　　　　　　　"可敦"音译比较表

语　别	汉译与读音
匈奴	阏氏 $\begin{pmatrix} ha-ti \\ at-si \end{pmatrix}$
突厥	可敦 $\begin{pmatrix} koh-tun \\ kha-tun \\ ka-tun \end{pmatrix}$　　可贺敦 $\begin{pmatrix} koh-tun \\ khagha-tun \end{pmatrix}$
回纥	可敦 $\begin{pmatrix} koh-tun \\ ka-tun \end{pmatrix}$
鲜卑（吐谷浑）	可孙 $\begin{pmatrix} kha-sun \\ ka-sui \end{pmatrix}$　　恪尊 $\begin{pmatrix} kha-tsun \\ ka-tsun \end{pmatrix}$
女真（金）	可敦（koh – tun）
蒙古	哈屯　合敦 $\begin{pmatrix} ha-tun \end{pmatrix}$

四、和亲政策之得失及其影响

和亲政策始自汉代以至于隋、唐两代，为当时重要的绥靖边疆政策。其政策的是非、得失，历代有人批评。一般说来，当时赞成者多，而后人却反对者居众，以为"消极""苟安"，甚至于认为是"下策""无策"的措施。兹将它的得失及其影响叙述如下。

（一）和亲政策之得失

1. 一般和亲

首先，当推和亲政策的提案人汉代刘（娄）敬，他当时希望以姻亲血缘关系避免战争，求其渐臣于长久。其次，隋代长孙晟、裴矩两人则认为和亲可以离间分化敌国，以夷制夷。《隋书·裴矩》就作如此记载："（裴）矩以始毕可汗部众渐盛，献策分其势，将以宗女嫁其弟叱吉设，拜为南面可汗。叱吉不敢受，始毕闻而渐怨。"唐太宗时，司空房玄龄对突厥请和亲曾奏曰："今大乱之后，疮痍未复，且兵凶战危，圣人所慎，和亲之策，实天下幸甚。""太宗曰：'朕为苍生父母，苟可以利之，岂惜一女！'遂许以新兴公主妻之。"① 可见房玄龄主张国内未定，宜避战和亲。以上乃是当时赞成和亲的一些理由与人士。至于反对者，刘贶以为："……周得上策，秦得其中，汉无策。何以言之？……汉以宗女嫁匈奴，而高祖亦审鲁元不能止赵王之逆谋，谓能息匈奴之叛，非也。且冒顿弑其亲，而冀其不与外祖争强，岂不惑哉？然则知和亲非久安计而为之者，以天下初定，纾岁月之祸耳。"② 表示和亲无以安边，非久安计，是为"无策"。又唐代卢俌向中宗上疏中说："汉高帝纳娄（刘）敬之议，与匈奴和亲，妻以宗女，赂以巨万，冒顿益骄，边寇不止。则远荒之地，凶悍之俗，难以德绥，可以威制，而降自三代，无闻上策。"③ 谓凶悍之俗，难以德绥，和亲令其益骄，是其反对理由。

2. 唐回和亲

对唐回和亲的赞否，代表性的有三个意见。其一，唐代李绛在上奏时说："臣谓宜听其婚，使守蕃礼，所谓三利也。和亲则烽燧不惊，城堞可治，盛兵以畜（蓄）力，积粟以固军，一也。既无北顾忧，可南事淮右，申令于垂尽之寇，二也。北虏恃我戚，则西戎怨愈深，内不得宁，国家坐受其安，寇掠长息，三也。今舍三利，取五忧，甚非计。或曰降主费多，臣谓不然。我

---

① 《旧唐书》卷 199《铁勒》。
② 《新唐书》卷 215《突厥》。
③ 《旧唐书》卷 194《突厥》。

三分天下赋，以一事边。今东南大县赋岁二十万缗，以一县赋为婚赏，非损寡得大乎？今惜婚费不与，假如王师北征，兵非三万、骑五千不能捍且驰也。又如保十全之胜，一岁辄罢，其馈饷供似，岂止一县赋哉？"（《新唐书·回鹘》）以和亲有三利，否则有五忧，以及边战费用多于和亲费用，劝奏宪宗。其二，唐代宰相李泌亦上奏德宗请和亲联回纥抗吐蕃，以夷制夷。其三，认为和亲不暇姑息，此乃刘昫在《旧唐书·回纥》结语谓："肃宗诱回纥以复京畿，代宗诱回纥以平河朔，戡难中兴之功，大即大矣！然生灵之膏血已干，不能供其求取；朝廷之法令并弛，无以抑其凭陵。忍耻和亲，姑息不暇。"表示反对立场。

（二）和亲政策之影响

关于唐朝对回纥和亲的影响，主要的可以从民族融合、文化交流及发展交通、繁荣经济等方面加以说明。

1. 民族融合

由于唐回和亲的关系，双方公主下嫁，民间通婚的血统交流，与双方使节、军人及商人等人的频繁来往，无形中促进了两民族的认识、了解，进而和好。从长远的观点而言，对民族融合颇有贡献。下面就是一些好例子。《资治通鉴》卷225《唐纪四十一》："（大历十四年，779年）先是回纥留京师者常千人，商胡伪服而杂居者又倍之……或衣华服，诱取妻妾，故禁之。"说明回纥族人居留唐京师人数之多，且多穿中原衣服，娶中原妇女，虽然难免发生一些纠纷，而被朝廷禁止，但这些关系无形中对两民族间的融合是相当大的。在《资治通鉴》卷224《唐纪四十》载："回纥待遣继至看，常不绝于鸿胪。"又《新唐书·回鹘》云："俄而可汗死，使者临册所嗣为登罗羽录没蜜施句主毗伽崇德可汗。可汗已立，遣伊难珠、句录、都督思结等以叶护公主来逆女，部渠二千人，纳马二万，橐它千。四夷之使中国，其众未尝多此。诏许五百人至长安，余留太原。诏以太和公主下降。主，宪宗女也。"这充分证明当时唐回两国使节代表往来之频繁众多，似为空前，回纥与唐朔方军人之间的深厚友谊，以及回纥多次助唐平乱之史实。收复京城，大批军事合作，虽部分地区遭受其掠反感丛生，但是对两民族的长期感情而言，仍然是为后人所乐道的。

2. 文化交流

唐回和亲所带来的文化交流是多方面的。最主要的可推下嫁公主所附带的庞大嫁妆、赐予、互市及双方的彼此来往观摩。结果无论对语言、宗教、生活方式、文物制度以至于习俗观念等各方面都增进了双方文化交流的效果（羽田亨：《西域文明史概论》）。下面就是史籍上有关的记载。《资治通鉴》卷226《唐纪四十二》："（德宗建中元年，780年）初，回纥风俗朴厚，君臣之等不甚异，故众志专一，劲健无敌。及有功于唐，唐赐遗甚厚，登里可汗始自尊大，筑宫殿以居，妇人有粉黛文绣之饰；中国为之虚耗，而房俗亦坏。"《资治通鉴》卷225《唐纪四十一》："（大历十四年七月）庚辰，诏回纥诸胡在京师者，各服其服，无得效华人。先是回纥留京师者常千人，商胡伪服而杂居者又倍之，县官日给饔饩，殖赀产，开第舍，市肆美利皆归之，日纵贪横，吏不敢问。或衣华服，诱取妻妾，故禁之。"[1]

《旧唐书·回纥》："（长庆）二年（822年）二月，赐回纥马价绢五万匹。三月，又赐马价绢七万匹。是月，裴度招讨幽、镇之乱，回纥请以兵从度讨伐。朝议以宝应初回纥收复两京，恃功骄恣难制，咸以为不可，遂命中使止回纥令归。会其已上丰州北界，不从止。诏发缯帛七万匹赐之，方还。五月，命使册立登啰骨没密施合毗伽昭礼可汗，遣品官田务丰领国信（赐币）十二车

---

[1] 《新唐书》卷217《回鹘》亦载："始回纥至中国，常参以九姓胡，往往留京师千人，居赀殖产甚厚。"

使回纥，赐可汗及太和公主。"

《旧唐书·回纥》："瑀所送国信缯彩衣服金银器皿，可汗尽分与衙官、酋长等。及瑀回，可汗献马五百匹、貂袭、白氎。"

《旧唐书·回纥》："（乾元二年，夏四月）毗伽阙可汗初死，其牙官、都督等欲以宁国公主殉葬，公主曰：'我中国法，婿死，即持丧，朝夕哭临，三年行服。今回纥娶妇，须慕中国礼。若今依本国（回纥）法，何须万里结婚。'然公主亦依回纥法，劙面大哭，竟以无子得归。"

《旧唐书·回纥》："（……册命回纥英武威远毗伽可汗使，汉中郡王瑀）立于帐外，谓瑀曰：'王是天可汗何亲?'瑀曰：'是唐天子堂弟。'又问：'于王上立者为谁?'瑀曰：'中使雷卢俊。'可汗又报曰：'中使是奴，何得向郎君上立?'雷卢俊竦惧，跳身向下立定。瑀不拜而立，可汗报曰：'两国主君臣有礼，何得不拜?'瑀曰：'唐天子以可汗有功，故将女嫁与可汗结姻好。比者中国与外蕃亲，皆宗室子女，名为公主。今宁国公主，天子真女，又有才貌，万里嫁与可汗。可汗是唐家天子女婿!'合有礼数，岂得坐于榻上受诏命耶!'可汗乃起奉诏，便受册命。"

在宗教方面，摩尼教传入回纥后，深得可汗之信仰，摩尼乃挟回纥政治势力，要挟唐朝为之建寺。于大历三年（768 年）勒回纥奉"末尼"者，建大云光明寺（似仅限于长安、洛阳两京）（《僧史略》，《佛祖统纪》卷41、54）。大历六年（771 年）应请将寺推广，回纥请于荆、扬、洪、越等州，置大云光明寺。其徒白衣白冠（《僧史略》，《佛祖统纪》卷54）。《册府元龟》卷979《外臣部·和亲二》："（唐宪宗元和）十二年（817 年）回纥又遣摩尼僧寺等八人至……从摩尼尝为回纥信奉……长庆元年（821年）五月丙申，回纥都督、宰相、公主、摩尼等五百七十三人入朝迎公主。"

3. 发展交通、繁荣经济

唐回长期的和亲盟约，使西北历肃、代、德、宪、穆、敬、文诸朝，前后数十年减少了边衅，特别是联回纥抗吐蕃政策所带来的效果，令边界安宁、互市频繁、使节往来，发展了交通，增进了经济贸易的繁荣。

五、结　　语

和亲政策始于汉高祖接受刘（娄）敬建议，与匈奴和亲，隋、唐两代继用其策。所谓"和亲"所包含的意义，不仅下嫁公主，且往往包括：名分、赐予及互市等和好亲善同盟关系。而和亲的成立，在中原王朝多于朝代初创、内乱外患之际，或强敌压境，为了"以夷制夷"减少牺牲，所采取的施策。其结果，在消极方面，缓和了边界冲突，积蓄了国力，进而分化削弱敌国；在积极方面，增进了民族融合、文化交流及交通的发达、经济的繁荣，为一富有深远意义的绥靖边疆政策。特别是唐朝，多赖其力以安边境，得能完尽复兴之功，此策不能不谓善也。

第十章 唐蕃和亲及其特色

□ 唐蕃和亲双方属于敌对国关系。和亲目的，在唐朝是缓兵柔远；在吐蕃则为提升地位。唐蕃和亲系透过唐文成、金城两公主的出嫁单向通婚，文成公主入藏；双方始结成甥舅关系；金城公主的续好，更巩固加深了此项关系。

文成公主与松赞干布像

第十章　唐蕃和亲及其特色

一、吐蕃社会文化婚俗

　　"吐蕃"又称"图伯特"，外国人称之为 Tibet。"吐蕃"一词始于唐，五代迄宋，仍沿旧称。元代则称之为"土番"或"吐蕃"，更或以其方位处于中原西方，称为"西番"。明代改称为"乌斯藏"。清代称其为"卫藏"，或"西藏"，以迄于今，系泛指中国西北青藏、康藏高原族群。其人出自羌种，或为西羌种。[①]民族性强悍，以力为雄。

　　吐蕃历史，在其名王松赞干布（Song – tsen – sGam – po）以前的王统记载属神话传说，其民族在上古之世，本分为若干部落（氏族部落联盟），各有其酋长且不相统摄，行君主集权制（贵族官僚及封建混合），其社会行原始部落政治组织。传至松赞干布王时代，削平内乱，征服羊同、苏毗残部，完成西藏统一，接着改革，迁政治中心于逻些，将全国划成四个政区，各有酋长，行军政合一制，成为一个佛教王国，外人称其教为"喇嘛教"。在佛教未传入西藏之前，其人民奉行泛灵信仰之自然灵力崇拜，藏

---

① 刘义棠：《中国边疆民族史》，379 页，台北，中华书局，1971。

语称之为 Bon①。

其生活方式，居今雅鲁藏布江者，略事农业，其余以游牧为主，可谓农牧并行。游牧为生者，以食肉饮乳为主，畜多牦牛、猪、马、犬、羊等；以农耕为业者，主要产小麦与青稞等。衣率毡韦，以赭涂面为好，妇人辫发而萦之。居屋皆平顶，高者数十尺。贵人处于大毡帐，部人处小拂庐，畜牧者逐水草而居。吐蕃人贵壮贱老，重兵死，恶病终，死葬为冢，墼涂之。其人初无文字，结绳、齿木以为约。至松赞干布王时，始仿印度笈多（Gupta）字体以创制西藏文字。四时记时以麦熟为岁首。用刑、兵法严峻焉。②

吐蕃属父系社会单一婚姻与合成式的主干家庭，婚俗王室贵族为一夫多妻，行族外婚，王室有固定结婚世族群。（林冠群：《唐代吐蕃的社会结构》）王室与贵族视婚姻为扩大、结合政治势力或资源的手段之一，必须门当户对，上层社会与下层社会绝不可通婚，因此吐蕃经常以联姻手段，笼络结合外族势力，或利用联姻手段并吞对方等。（林冠群：《唐代吐蕃之对外扩张》）因此，其不但自唐、南诏娶公主，也嫁公主到羊同、勃律、吐谷浑等。吐蕃的婚姻模式介于农业民族与游牧民族之间，具有两种类型的特征，如继承以嫡长子为优先，又有如游牧民族的烝报婚色彩。（林冠群：《吐蕃赞普墀松德赞研究》）但在古代吐蕃"一妻多夫制"似未见载于史册，然不见得不存在。

西藏在解放前，社会变化少，因此吐蕃习俗仍可见于解放前的西藏社会，其婚姻原则简言之：婚姻动机在中上层社会，重在传宗接代，经济次之，爱情更次之；基层则以劳动力的获取为主。婚姻严格阶级内婚，门当户对，血亲禁婚，以夫兄弟婚与妻姐妹婚为优先婚配。婚姻方式以自主婚为多，在历史上有掠夺

① Bon 汉译作"棒""笨""崩薄"等，不但崇拜山岳、木、石、湖水、溪谷等神，而且兼尚镇压妖魔幻术等事。
② 刘义棠：《中国边疆民族史》，417~419 页，台北，中华书局，1971。

婚，并普遍有交换婚。配偶制度有单偶婚的一夫一妻制，多偶婚的一夫多妻、一妻多夫制。近亲、仇家禁婚。嫁娶与招赘婚并存。夫妻在家庭中男主外、女主内。

二、唐蕃关系及其政策

吐蕃在上古出自我国西北羌种，行原始部落政治组织，各有其酋长，不相统摄。松赞干布王于13岁即位后，因其为人慷慨，且雄才大略，开疆拓土，并诸多改革，文治武功均显赫于世。其时疆土，南越喜马拉雅山，到达印度降蓝摩、泥波罗（尼泊尔），北攻西域诸国，兼并吐谷浑，凭临陇右，唐室为之震惊。

（一）唐蕃关系

唐太宗贞观八年（634年），始遣使朝唐，而太宗亦即派行人冯德遐往答礼，此后除太宗、中宗之时有和亲关系，获短期和平外，其余两百多年间唐蕃一直处于战争状态。至松赞干布闻突厥、吐谷浑皆尚唐公主，于是又遣使臣伦布噶（唐史称禄东赞）随同冯德遐前来长安奉表求婚。太宗未准，其使者还妄告吐谷浑王入朝离间，干布闻言大怒，遂发兵击吐谷浑，大破之，尽取其赀畜。又乘胜连破党项、白兰羌，勒兵20万，进屯松州，再遣使者贡金帛，并言来迎公主。公主未至，旋即进攻松州，太宗命吏部尚书侯君集为行军大总管，与执失思力、牛进达、刘兰等率步骑五万对抗。进达自松州乘夜袭击吐蕃，大破之，斩首数千级。干布心惧引兵而去，并派使臣来唐谢罪，又请婚，太宗为息事宁边，故许婚。贞观十四年（640年），干布遣其相伦布噶来献金五千两、珍玩数百，以聘唐公主，唐许以文成公主下嫁。

贞观十五年（641年），太宗命礼部尚书江夏郡王道宗主婚持节送公主于吐蕃，干布亲率其部兵次柏海亲迎于河源，见道宗执子婿之礼甚恭。

　　高宗永徽元年（650 年），松赞干布死，其孙芒松芒赞继位。自文成公主下嫁以来，唐朝与吐蕃一直维持和平关系。芒赞即位年仅 13 岁，政事委由大伦禄东赞（即迦桑赞宇松），禄东赞颇具才识，明毅严重，讲兵训师，雅有节制，吐蕃雄并诸羌。时吐谷浑内附唐为禄东赞所怨，因而起战事，高宗龙朔三年（663 年），吐蕃与吐谷浑各遣使上表求援助，皆不许。双方战争，吐谷浑大败，诸曷钵可汗遂与弘化公主率数千帐走投凉州，请徙居内地。咸亨元年（670 年），吐蕃攻陷西域十八州，罢龟兹、于阗、焉耆、疏勒四镇。高宗以右卫大将军薛仁贵为逻娑道行军大总管，左卫将军郭待封副之，率军进讨吐蕃，并护送吐谷浑还故地。结果唐兵大败，死伤略尽，与吐蕃相伦钦陵约而还。禄东赞死，钦陵代之。

　　吐谷浑亡后，其故地划入吐蕃，大唐西及西北西屏藩尽失，吐蕃从此遂迭扰唐边，致成唐廷四大边患之一（即突厥、吐蕃、回纥、南诏）。高宗仪凤二年（677 年）诏发大兵讨吐蕃，战于青海，唐兵大败。后吐蕃尽收羊同、党项及诸羌之地，东与凉、松、茂、巂等州相接，南临天竺，西陷龟兹等四镇，北抵突厥，地方万余里，国势之盛，自汉魏以来"西戎"所未有。仪凤四年（679 年），芒松芒赞死，子器弩悉弄（一作都松芒薄结）嗣位，年仅 8 岁，国政委于伦钦陵。永隆元年（680 年），文成公主薨，高宗遣使往吊祭，吐蕃与唐关系渐疏。后器弩悉弄年渐长，为图收钦陵、赞婆等专横出兵，钦陵自杀，赞婆则率所部千余人及其兄子莽布支等降唐，武后授辅国大将军行右卫大将军，封归德郡王。武后长安四年（704 年）赞普死，诸子争立，后国人立年仅 7 岁的弃隶蹜赞（一作弃隶缩赞），中宗景龙元年（707 年），赞普祖母禄没氏（没卢氏）遣其大臣前来献方物，并为其孙请婚。中宗以所养雍王守礼女为金城公主妻之。三年（709 年）吐蕃派大臣尚赞咄等千余人来迎公主。睿宗景云元年（710年），命左卫大将军杨矩送公主至吐蕃。赞普别筑城以居之。吐蕃请以河西九曲之地为金城公主汤沐之所，唐许之。此地水草肥美，又与唐境接近，故吐蕃因此势力益强，连年寇唐边。及玄宗即位，虽遣将于陇右、河西，然碍于公主未敢大事攻伐，而时战时和。后唐与吐蕃连年交兵，金城公主所处地位困扰，曾一度计划向西方小国出走，但为玄宗派人所劝阻。开元十八年（730年），吐蕃屡以兵败而惧，乃求和亲。上命皇甫惟明等使吐蕃。同年十月吐蕃遣大臣论名悉猎随同惟明入贡。遂又款附唐朝。明年吐蕃使者称公主求《毛诗》《春秋》《左传》《礼记》《文选》等书。玄宗令各抄送一部，中原文化遂第二次流传于吐蕃。金城公主又为息两国兵争，乃于开元二十一年（733年）二月，表请立界碑于河源附近的赤岭，以分唐与吐蕃之境，玄宗许之，并诏约："自今两国和好，无相侵暴。"后又因吐蕃围攻小勃律国事，连年构兵。天宝十四年（755年），弃隶蹜赞死，其子墀松德赞嗣位，年幼，大权旁落。此时唐朝正逢安史之乱起，玄宗尽征河、陇、朔方之将镇兵回靖国难，因此边境空虚，吐蕃乃乘机而起，数年间，凤翔之西，邠州之北，尽蕃戎之境，埋没者数十州。广德二年（764年）仆固怀恩反，引回纥、吐蕃等联军入寇，郭子仪单骑见回纥，晓以信义说服，回引兵反攻吐蕃，大败之。但终代宗之世，吐蕃与唐冲突岁无宁日。大历十四年（779年）德宗即位，以抚绥政策怀柔吐蕃，明年（780年）墀松长子牟尼赞普嗣位，颇怀唐朝威德，也发使臣入贡，并致赙赠。于是唐蕃关系好转。建中四年（783年）正月，诏陇右节度使张镒与吐蕃次相尚结赞盟于清水。德宗与吐蕃和盟后，初始尚相安无事，后因朱泚据长安叛唐，吐蕃助唐，又起战端。后又因会盟于原州土梨树事争斗，双方关系又趋恶化。贞元五年（789年）沙陀突厥朱邪尽忠降吐蕃，北庭、安西相继入于吐蕃，吐蕃遂威震天山南北。

贞元十二年（796 年）牟尼赞普为其母后所毒杀，翌年（797 年）牟尼赞普之弟牟底赞普继位，对唐关系仍构兵不已。宪宗元和八年（813 年）牟底赞普死，翌年（814 年）其子墀惹巴仅嗣位。穆宗长庆元年（821 年），吐蕃遣使者尚绮力陀思来唐，乞盟，许之。于长安城西会盟，后又盟于糜谷。唐蕃又和好。文宗太和十年（836 年），权臣拔贾朵惹等，乘赞普酒醉弑之，并推朗达玛嗣位，破灭佛教。武宗会昌二年（842 年），朗达玛为喇嘛吉祥金刚所暗杀，全藏遂陷入黑暗时期约百年之久。朗达玛死后，佞臣其妃綝氏兄尚廷力之子乞离胡为赞普，年仅 3 岁，国事由佞臣綝妃共理，大相结都那不服，佞予杀之，并灭其族。国人大愤，吐蕃洛门川讨击使论恐热与青海节度使同盟庠兵，自称国相。宣宗大中五年（851 年）论恐热穷蹙降唐，并请册封，唐不许，遂奔走廓州。懿宗咸通七年（866 年），尚婢婢将拓拔怀光以五百余骑入廓州，生擒论恐热而斩之，传首长安，吐蕃自是衰绝。[①]

（二）唐朝对吐蕃政策

吐蕃的强盛与对外扩张，一般学者认为主要系自然环境所限，即地高贫瘠，气候恶劣，生产困难，资源缺乏。加以抱君权神授观念，即赞普天神下凡来做人主，与中原抗衡，圣神赞普不附属他国。另在政治体制发展的需要，扩张领土可增加采邑与奴隶，也为其国内政教纷争所需。且其攻城略地派兵占领，与北亚游牧民族的寇略夺取财货、粟略奴隶有别，故助长了吐蕃的扩张企图与成果。

唐朝面对吐蕃的强盛与扩张，在太宗时采武力征服、镇压和怀柔、抚纳相结合，恩威并举，和亲联姻。唐初，唐蕃关系和好，贞观时嫁文成公主给松赞干布，此后吐蕃征服青藏、康藏高

---

① 刘义棠：《中国边疆民族史》，401～417 页，台北，中华书局，1971。

原诸羌，又进一步向东、北、西北方向扩展，扩展地区多是唐朝的辖区或属国，这就引起与唐朝的矛盾和争夺。吐蕃灭了唐属国吐谷浑，夺去了西域部分地方，侵占了剑南西部至河西走廊的唐朝大片领土。在这些争夺中，唐处于守势，吐蕃进攻。唐对北方的突厥、东北的渤海、西南的南诏则采取和平方针策略。至安史之乱（755 年）后，吐蕃势力扩大，侵占唐朝西部大片土地，并曾占据过唐都长安，给唐巨大威胁，后因吐蕃争战巨耗和内斗而渐衰。德宗时，中书侍郎平章政事李泌面对当时时局，提出"北和回纥，南通云南（南诏），西结大食、天竺，如此则吐蕃自困"方针策略。并提出"回纥和，则吐蕃已不敢轻犯塞矣。次招云南，则是断吐蕃之右臂也"①。德宗采纳李泌之策，北和回纥，南争取南诏，西孤立吐蕃。吐蕃后因内斗，力量渐衰，与唐订立盟约（龚荫：《中国古代民族政策及其研究概说》）。

至于吐蕃对外经略政策，计有四个高峰期，松赞干布时为第一高峰期，禄氏家族专权时期为第二期，墀德祖赞时期为第三期，墀松德赞时期为第四期。前二期东向发展，重点在吐谷浑及邻近诸羌族地区，进而向中亚发展，并兼寇唐境；后二期则在中亚已有斩获，控制南疆后，向东南臣服南诏，夺取唐大批土地，国势达于顶极。（林冠群：《吐蕃赞普墀松德赞研究》）墀德祖赞主要以两种手段：其一，以联盟——与大食、突骑施、突厥等结合，共谋驱逐唐在中亚的势力。其二，以和亲拉拢与国，加强控制——以王女墀邦嫁吐谷浑伏允之次子尊王，以王妹嫁羊同王做内应，以王姐卓玛嫘嫁突骑施可汗，以王姐墀玛嫘嫁小勃律王，墀德祖赞并娶有南诏女蒋末尺尊。（林冠群：《吐蕃赞普墀松德赞研究》）

---

① 《资治通鉴》卷 233《唐纪四十九》。

三、唐蕃和亲经过

唐朝与吐蕃的和亲共计两件，兹分叙如次：

（一）文成公主

《旧唐书·吐蕃》云：

> 贞观八年，其赞普弃宗弄赞始遣使朝贡。……太宗遣行人冯德遐往抚慰之。见德遐，大悦。闻突厥与吐谷浑皆尚公主，乃遣使随德遐入朝，多赍金宝，奉表求婚。[1]

《资治通鉴》太宗贞观十四年（640年）载：

> （冬闰十月）丙辰，吐蕃赞普遣其相禄东赞献金五千两及珍玩数百，以请婚。上许以文成公主妻之。[2]

《旧唐书·吐蕃》载：

> 贞观十五年（641年），太宗以文成公主妻之，令礼部尚书、江夏郡王道宗主婚，持节送公主于吐蕃。[3]

另《资治通鉴》《册府元龟》《新唐书》有相类似之记载。又刻立于穆宗长庆年间之唐蕃会盟碑东侧碑文也载：

> 初，唐以李氏得国，当其创立大唐之二十三年，王统方一传，圣神赞普弃宗弄赞与唐主太宗文武圣皇帝和叶社稷如一，于贞观之岁，迎娶文成公主……（王尧：《吐蕃金石录》）

王尧、陈践译注《敦煌本吐蕃历史文书》云：

> "赞蒙文成公主由噶尔·东赞域宋迎至吐蕃之地……"

以上明载贞观十四年（640年）的吐蕃献礼，应是纳致聘。

---

[1] 《旧唐书》卷196《吐蕃》。
[2] 《资治通鉴》卷195《唐纪十一》。
[3] 《旧唐书》卷196《吐蕃》。

至十五年值铁牛年（641 年），文成公主由禄东赞、江夏王道宗护送入蕃，下嫁赞普。

文成公主除知其身份为宗室女外，其余不详。至于下嫁吐蕃对象，一般认为是当时的吐蕃赞普松赞干布，但日本名藏学者山口瑞凤却认为公主入藏所嫁者为松赞干布之子贡松贡赞，而贡松贡赞于贞观十七年（643 年）卒，公主于三年后改嫁松赞干布。①

贞观十五年（641 年）春正月，诏以宗室女封文成公主下嫁吐蕃赞普，当时吐蕃迎娶的使节除禄东赞外，尚有大臣百人，名字见载者有：吞朱（吐弥）及娘（雅）二人。唐廷则派礼部尚书江夏王李道宗护送。迎娶送嫁等一行人于贞观十五年正月十五日，自唐京城长安出发西行，同年抵藏地。途中公主曾筑馆于河源（即吐谷浑赤水城），松赞干布带兵马到柏海亲自迎接。见李道宗时，执子婿之礼极为恭谨。② 终于藏历四月十五日到达拉萨，在吐蕃 40 年，于高宗永隆元年（680 年）去世。③

此次和亲吐蕃致送的聘礼为黄金五千两及宝玩数百种④。另藏籍的记载有：吠琉璃的头盔，嵌珠沙宝石的具马惹伽甲，金钱七枚、金砂一升。（《西藏王臣记》，310 页）。唐所赐赠妆奁有，公主供奉之释迦牟尼佛及元秘术等各经，观心如意十三史，复将种种宝玩锦绣财帛分给万万。（《蒙古源流笺证》）可见妆奁丰厚。

（二）金城公主

吐蕃弃隶蹜赞以年少继赞普位，政事由祖母禄没（没卢）氏掌管。中宗景龙元年（707 年）三月庚子，禄没氏遣大臣悉薰热

① Zuilno Yama Guchi: Matrimonial Relationship between the Tu – fan and the T'ang Dynasties, 83 ~ 85。
② 《旧唐书》卷 196《吐蕃》。
③ 崔明德：《汉唐和亲史稿》，141 页，青岛，青岛海洋大学出版社，1992；《资治通鉴》卷 202《唐纪十八》。
④ 《旧唐书》卷 196《吐蕃》，《新唐书》卷 216《吐蕃》。

来献方物，并为其孙请婚。① 中宗以复位未久，正患北方突厥日强，虽欲抗御，唯恐吐蕃乘机侵扰，适巧吐蕃前来请结和亲，便于同年夏四月辛巳，以所养雍王守礼女金城公主妻其赞普。② 景龙二年（708 年）唐廷还吐蕃婚使。三年（709 年）八月吐蕃遣使勃禄星奉进国信，禄没氏又遣宗俄请婚。③ 十一月由吐蕃核心人物之一的大臣尚赞咄名悉腊等迎公主。④ 四年（710 年）正月公主出降吐蕃。⑤

此时期之吐蕃相当安分，且隐忍唐将张玄表之入侵其北境，利用金城公主入蕃和亲，求取河西九曲作为公主汤沐邑，⑥ 造成战略上优势。并利用金城公主致书强调舅甥关系，后唐蕃在 730 年至 737 年间曾有一段和平日子，立碑赤岭，唐并应金城公主之请，送吐蕃《毛诗》《春秋》《礼记》等典籍⑦。金城公主至蕃后，即找出尘封了三代，由文成公主自唐携入吐蕃之佛像，重新供奉起来。

金城公主出身，据《通典》称"所养嗣雍王女"⑧。按雍王李守礼即高宗六子章怀太子贤之子，因父得罪闭处宫中十余年，是故金城公主亦托养于宫中。睿宗时公主虽已入藏，但仍被册为长女，如旧封号，故与玄宗为从兄妹关系，也为中宗侄孙女，因自幼托养宫中被中宗收为养女。而公主所嫁对象为赞普弃隶蹜赞。

金城公主出嫁时尤为童骏，《新唐书·吐蕃》云："帝念主

---

① 《旧唐书》卷 196《吐蕃》。
② 《资治通鉴》卷 208《唐纪二十四》。
③ 《新唐书》卷 216《吐蕃》。
④ 《新唐书》卷 216《吐蕃》。
⑤ 《资治通鉴》卷 209《唐纪二十五》。
⑥ 《资治通鉴》卷 210《唐纪二十六》。
⑦ 《旧唐书》卷 196《吐蕃》。
⑧ 《通典》卷 190《边防六》。

幼，赐锦缯别数万，杂伎诸工悉从，给龟兹乐。"① 《西藏政教史鉴》也载："嫁奁有万匹绫，及诸种工艺，凡至王前所需工具，皆有携备"，并下制书谓"当亲自送行"。

吐蕃派来迎娶的使臣为名悉腊，唐廷派送公主入藏使臣为左卫大将军杨矩。金城公主入藏途中，中宗崩，睿宗嗣立，翌年公主受册封为长女。于景云元年（710年）秋冬之交抵达吐蕃都城逻些之鹿苑。（《敦煌本吐蕃历史文书大事纪年》）公主既至吐蕃，别筑一城以居之。吐蕃与唐甫结和亲，即请河西九曲地为公主汤沐之所。公主在藏29年，于开元二十七年（739年）郁郁以终（《敦煌本吐蕃历史文书》）。另说公主于741年去世。

四、唐蕃和亲特色

中国古代和亲中，有其和好同盟的共通原则，但也有其个别的特色，兹分析唐蕃和亲特点如次：

（1）观念上，唐朝以传统中原王朝"天朝天子"下嫁公主给"小蕃远寇"酋长，以缓兵柔远羁縻吐蕃，实现天下一统理想。按唐廷的种族观念极为薄弱，通婚异族国视为常事，外族请婚若准，视为无上恩典；若不准，必待威服后才许其请，成为唐廷对外一贯作风。盖先示之以威，再抚之以德，易收羁縻之效。唐廷藉"天可汗"的威望，以和亲远域，恩威并济，名实相符，且无远弗届，成历代和亲最繁者。吐蕃则以赞普为天神下凡来作人主，与中原王朝抗敌，圣神赞普不附属他国。② 认为"唐、吐蕃皆大国"③，娶天子女以示强大光荣。故松赞干布在贞观年间乘松州之役之胜，对左右扬言："公主不至，我且深入。"④ 又致书唐

① 《新唐书》卷216《吐蕃》。
② 《旧唐书》卷196《吐蕃》。
③ 《新唐书》卷216《吐蕃》。
④ 《新唐书》卷216《吐蕃》。

太宗："若不许嫁公主，当亲提五万兵，夺尔唐国，杀尔，夺取公主。"（《世系明鉴》）可见公开威胁唐朝。

（2）目的上，唐朝从血缘亲情结为"舅甥之国"①，重在政治名分与羁縻同盟。如称唐玄宗为皇帝舅、阿舅。吐蕃赞普自称外甥。"舅甥"系指累世婚姻，李唐为女方，吐蕃为男方，所形成的异姓婚姻关系。（林冠群：《吐蕃赞普墀松德赞研究》）借此平息干戈，又可使附属于吐蕃的西北诸部效忠唐朝，使西陲得此强盟巩固西边国防（边防）。吐蕃以外甥之礼对待唐朝之舅，舍名分，求政治威灵统领西北诸部，如尼婆罗、突厥、吐谷浑、勃律、象雄（羊同）等（《敦煌本吐蕃历史文书》），与经济上唐朝的嫁妆和赐予为利益。

（3）方式上，唐廷因种族观念薄弱，虽异族通婚视为平常，然以"天可汗"的地位，与之和亲仍属无上恩典，因此慎重行事。即使败战被迫请婚，也需待威服后才许其请以示恩威，故对吐蕃之和亲处被动立场。至于吐蕃则不论内部盛衰均主动请和亲，也为强时"求敌国之礼"②，争取对等之待遇。弱时为隐蔽实情并提升地位，也积极请和亲，此从唐蕃使节来往次数，蕃入唐者多，而唐入蕃者少，也可佐证。

（4）成果上，促进双方政治、经济、文化关系。在政治上和亲缓和了吐蕃与唐朝的紧张关系，促进了进双方友好交往。文成公主入藏前，吐蕃松赞干布曾发兵攻唐，但文成公主入藏至松赞干布死十年间，唐蕃未有纠纷，且有上表祝贺征伐高丽，败中天竺协助救王玄策。唐高宗即位后加封松赞干布为"驸马都尉""西海郡王"，后又进封宾王。由此，形成了吐蕃首领继位或自立需得到唐皇帝册封的惯例。双方也建立会盟关系，《旧唐书·吐蕃》载："与吐蕃赞普，代为婚姻，固结邻好，安危同体，甥舅

---

① 《册府元龟》卷118《帝王部·亲征三》。
② 《旧唐书》卷196《吐蕃》。

之国，将二百年。"① 松赞干布也曾致书长孙无忌等人表达忠诚唐廷，并献黄金珠宝供于昭陵，双方友好交往络绎不绝。史载双方"申以婚姻之好，结为甥舅之国，岁时往复，信使相望"（《全唐文》卷21），从事求婚、告丧、吊祭、修好、会盟、封赠、答谢、朝贺、报聘等等。为了便利双方往来，吐蕃使其境内的驿站制度尽量完备，接待殷勤。②

至于金城公主在双方爆发战争时，始终处于调停地位，又积极提出树碑立界避免争端之策。

在经济上除了为和亲双方礼仪使节赠送聘礼、嫁妆，礼物丰厚外，随着文成公主入藏的有中原的芜菁种子与其他谷物种子，汉族工匠、厨役、珠宝、造食器皿、食谱、玉辔与金鞍，诸种花缎、锦、绫、罗与诸色衣料两万匹（任乃强：《西藏政教史鉴》），另带进了"四百有四医方，百诊五观六行术，四部配剂术"（任乃强：《西藏政教史鉴》）等医疗技术。此外松赞干布还请求唐朝送给"蚕种及造酒、碾、硙、纸、墨之匠"③。唐朝全部答应。文成公主入藏后，还推广唐朝先进的科学技术、先进耕作方法、安置水磨、传授妇女纺织刺绣、建筑技术等，故《全唐文》载："金玉绮绣，问遗往来，道路相望，欢好不绝，赞普宁忘之乎。"④

在文化上，除了上述双方使节来往，礼物互赠，科技图书致赠均能产生文化交流与提升外，文成公主劝松赞干布创造文字，吐蕃历法的计时法改变，恶行十则与善行十六要的制定，尤其是文成公主对佛教传入西藏都产生了很大影响。松赞干布还"遣酋豪子弟，请入国学以习《诗》《书》"⑤。开元十九年（731 年）

① 《旧唐书》卷 196《吐蕃》。
② 《新唐书》卷 40《地理志》。
③ 《旧唐书》卷 196《吐蕃》。
④ 《全唐文》卷 384《敕与吐蕃赞普书》。
⑤ 《旧唐书》卷 196《吐蕃》。

金城公主向唐请求《毛诗》《礼记》《左传》《文选》各一部，唐玄宗令抄送吐蕃，乃至于禁止吐蕃"赭面"，传入长安。在唐蕃人"服改毡裘，语兼中夏，明习汉法，目睹朝章。知经国之要，窥成败于国史，察安危于古今"（《全唐文》卷219）。《全唐诗》载："自从贵主和亲后，一半胡风似汉家。"[1] 这足以说明和亲影响广且深远。

（5）礼仪隆重，聘礼、嫁妆受重视且丰厚。唐蕃和亲虽仅两次，然其礼仪之隆重，聘礼、嫁妆之丰厚，成效影响之深远不可谓不大。贞观八年（625年）松赞干布向唐朝贡，唐太宗也派冯德遐前往慰问。松赞干布乃遣使随德遐入朝，多赍金宝，奉表求婚。后经松州之役击败唐军，松赞干布扬言"公主不至，我且深入"。又致书唐太宗："若不许嫁公主，当亲提五万兵，夺尔唐国，杀尔，夺取公主。"后蕃营遭偷袭，松赞干布始惊，派使者向唐请罪，坚决求婚，方得唐朝答应。至贞观十四年（640年）冬，蕃派大相禄东赞奉"献黄金五千两，它宝称是"。作为聘礼向唐正式求婚。求婚使者达百人之多，禄东赞为正使，智塞恭顿为副使。[2] 唐太宗答应将文成公主嫁给松赞干布。文成公主原为唐宗室女，自幼被太宗和长孙皇后收养在宫中，被封为文成公主。当年16岁。特派江夏王李道宗主婚，持节备丰盛嫁妆，并派侍女25人和众多工匠随行送公主入藏。公主启程太宗就令吐谷浑王修整道路准备迎接，并于柏海受到松赞干布恭候迎亲仪式，李道宗以叔父和唐朝重臣身份主持婚礼。于藏历四月十五日到达拉萨。可见文成公主和亲唐蕃双方的重视与仪式的隆重。

长安二年（702年）吐蕃派大臣论弥萨到唐求和，次年四月

---

① 《全唐诗》卷746《陇西行四首》。
② 《新唐书》卷216《吐蕃》。

"又遣使献马千匹、金二千两以求婚，则天许之"①。但因赞普战死作罢。神龙元年（705年）弃弩悉弄子弃隶蹜赞立，次年其祖母派大臣宗俄赴唐奉献，并为其孙赞普请婚。景龙四年（710年）唐中宗答应金城公主出嫁。金城公主系雍王李守礼的女儿，守礼是武则天儿子章怀太子李贤的次子。

金城公主出嫁，吐蕃的迎亲使者多达一千多人，于景龙三年（709年）十一月到达长安。迎亲使者有重臣尚赞咄名悉腊。景龙四年（710年）正月，中宗下达制书，并派左骁卫大将军杨矩送公主入藏。行前中宗为公主设宴饯别，并令随从大臣赋诗送别，下令赦免始平县囚犯，免除百姓一年内赋税徭役等以示重视与纪念。公主临行中宗"赐锦缯别数万，杂伎诸工悉从，给龟兹乐"②。此外吐蕃通过她得到河西九曲之地为公主汤沐区。开元十九年（731年）公主向唐请求《毛诗》《礼记》《左传》《文选》各一部，唐玄宗准抄写送吐蕃。（崔明德：《汉唐和亲史稿》）

五、结　语

唐蕃和亲系通过唐文成、金城两公主的出嫁单向通婚，文成公主入藏双方始结成甥舅关系，金城公主的续好，巩固和加深了此项关系。至金城公主去世后，双方虽常发生战争，但吐蕃总认为唐天子为"舅天子"，与唐是甥舅关系。

唐蕃和亲双方的背景性质属于敌对国关系。和亲目的，在唐朝是缓兵柔远，在吐蕃则为提升地位。和亲主要内容包括：和好与名分、军事同盟、公主出嫁、聘礼、嫁妆、赠予、岁给互市、遣质子等项目，且双方均甚重视并颇具成果，使唐蕃在和亲后建

---

① 《旧唐书》卷196《吐蕃》。
② 《新唐书》卷216《吐蕃》。

立了甥舅（藩臣、子婿礼）关系，包括：朝拜、册封、会盟与盟誓的政治关系。

　　总之，文成、金城公主所展开的唐蕃和亲关系为汉藏友谊奠定基础，并对双方交流融合产生广泛且深远影响。

第十一章 唐朝对奚与契丹的和亲政策

□ 奚、契丹两部族在唐代虽属小部族,但均处于唐与突厥两强之间,颇富争取价值,故唐朝对奚、契丹不仅册封官位,且下嫁公主,以加强彼此亲善关系,充分达到了孤立主敌——突厥的目的,可谓相当成功的和亲政策。

契丹人画像(墓葬出土)

第十一章　唐朝对奚与契丹的和亲政策

一、奚与契丹

（一）奚

据《魏书·库莫奚》《周书·库莫奚》《隋书·奚》《北史·奚》《通典·库莫奚》《旧唐书·奚》《新唐书·奚》《新五代史·奚》① 等史料所载，可知奚族出自东胡族系②。

"库莫奚"简称"奚"。"奚"一称始自隋朝（李符桐：《奚

---

① 见《魏书》卷100《库莫奚》："库莫奚国之先，东部宇文之别种也。"《周书》卷49《库莫奚》："库莫奚，鲜卑之别种也。"《隋书》卷84《奚》："奚，本曰库莫奚，东部胡之种也。"《北史》卷94《奚》："奚，本曰库莫奚，其先东部胡宇文之别种也"。《旧唐书》卷199《奚》："奚国，盖匈奴之别种也。所居亦鲜卑故地，即东胡之界也。"《新唐书》卷219《奚》："奚，亦东胡种。"《新五代史》卷74《奚》："奚，本匈奴之别种。"综上史料所载，奚族出自：（1）东胡鲜卑之别种；（2）东胡乌丸之后裔；（3）匈奴之别种。其中（1）（2）两说不论是否正确，均同为东胡之裔。而（3）说仍系汉人笼统含糊之说法不可采信。

② 中外学者专家对奚族之名称与来源说法纷纭，兹将代表性的论调简述如下：日本白鸟库吉博士认为：奚原称"库莫奚"，或谓因其所居而得名，即蒙古语"细沙、沙粒、水中尘土"（komak，komaghi）之意。（见《塞外史地论文译丛》二辑一二六，第31页，《岑氏隋唐史上册》第193页注一。）李符桐为：奚属鲜卑族。（见《奚部族及其与辽朝关系之探讨》）王民信认为：若"库莫奚"真出诸"东部鲜卑宇文之别种"，则"库莫"读音或许与"宇文"有关联。（《辽朝统治下的奚族》，见《国立"政治大学边政研究所年报》第5期，及通志氏族略宇文氏条）。"奚"又"鲜卑"音之省略（《契丹民族溯源》见《契丹史论丛》），故"宇文鲜卑"与"库莫奚"有着特殊关系。

部族及其与辽朝关系之探讨》），辽朝时尚有"乌马山奚"①，似又乃"库莫奚"② 称呼之再现。上述列传多谓其族出自东胡宇文氏。丁谦谓：奚与契丹同为东部宇文之后，所谓东部宇文，即《辽史》卷32所称奇首可汗的后裔，居地在图尔根河东北。③ 后来为前燕慕容皝所破，于是与契丹同窜于松漠之间。④ 元魏登国三年（388年）道武帝亲往征讨，至弱洛水南，⑤ 大破之。自此以后奚与契丹分离，各自为部，奚仍傍饶乐水，⑥ 而契丹还依土护真水而居。加以今日地理而言，奚的居地当以内蒙古东部为中心。其当时的四境是：东北接契丹，西毗突厥，南临白狼河（大凌河上游），北濒白霫。奚族与突厥习俗类同，逐水草畜牧，居毡庐，环车为营，似为一游牧民族。

奚自魏道武帝征破后，至魏显祖献文帝（466年—470年）之世，常岁贡名马、文皮。魏高祖孝文帝初（471年即位），也曾遣使朝贡于魏。太和四年（480年）以畏地豆干钞掠，辄入塞内。二十二年（498年）入寇安州，又被击走。后又内附，每求入塞与交易。此后岁常来朝，至东魏武定（543年—549年）末年不绝。

至唐高祖武德时（618年—626年）高开道借奚兵再寇幽州，被击退。贞观三年（629年）奚始朝唐。后十七年间凡四次朝贡。奚领袖苏支曾从唐伐高丽有功。贞观二十二年（648年）其领袖可度率其部内属，帝为置饶乐都督府（治所在今内蒙古赤峰县），拜可度使持节六州诸军事、饶乐都督、封楼烦县公，赐姓

---

① 见《辽史》卷36《属国军》有"乌马山奚"。
② "乌马"与"库莫"音接近。
③ 见丁谦：《蓬莱轩地理学丛书》，《魏书》及《新唐书》。
④ 所谓松漠之间是指松山西，沙漠东中间之地，即克什克腾旗西南之地。松山为潢水之发源处，辽史称平地松林。山之西面，正多伦诺尔厅北硕卤之地，所以称为松漠之间。
⑤ 弱洛水，或作弱水，即古饶乐水。丁谦考证为今之老哈河（见丁谦：《蓬莱轩地理学丛书》）。
⑥ 饶乐水，多当英金河，即今内蒙古之西拉木伦河。

李氏。高宗显庆间（656 年—660 年）可度死，奚再叛唐。武后时，奚与契丹联合对唐用兵。唐师东伐，为奚领袖李大酺所败。玄宗开元二年（714 年）李大酺遣使入朝，封饶乐郡王、左金吾卫大将军、饶乐都督。诏宗室之女辛氏为固安公主下嫁大酺。开元八年（720 年）大酺战死，其弟鲁苏嗣立，仍妻固安公主，但公主与嫡母失和，诏令离婚，并以盛安（或作成安）公主女为东光公主下嫁鲁苏。开元十四年（726 年）改封鲁苏为奉诚王，授右羽林军员外将军。开元十八年（730 年）奚众为契丹所胁，复叛阵于突厥。鲁苏不能制走投榆关（今山海关），东光公主奔平庐（今辽宁省朝阳市）。至唐末，契丹阿保机强盛，奚等服属，然契丹苛暴，奚王去诸怨之，乃引别部内附，徙保妫州（今河北省怀来县，一称系山西省西境）北山。因此徙居妫州的去诸部遂称"西奚"，而留在东部未迁的部分则称为"东奚"，不久均为契丹所并。[1]

附表 11 – 1

奚君长世系表

（贞观）	（贞观）		（武后）		（开元）	（东奚）
苏支	— 可度	……654年—660年	大酺	弟—720年 鲁苏	<	去诸
（饶乐都督）			（饶乐郡王都督）		（奉诚王）	（西奚）

（二）契丹

据《魏书》《北齐书》《隋书·契丹》《新唐书·契丹》记

---

① 刘义棠：《中国边疆民族史》，248～252 页，台北，中华书局，1971。

载，契丹本东胡种，在库莫奚东，与奚属异种同类。[①] 谓其先世有奇首可汗者，故壤依《辽史》所载系于潢河之西，土河之北。（《辽史》卷41《地理志》）《新唐书》又云，其先为匈奴所破，保鲜卑山。魏青龙（233年—236年）中，部酋比能稍桀骜，为幽州刺史王雄所杀，众遂微，逃潢水之南，黄龙之北[②]。至元魏时自号曰契丹。东距高丽、西毗奚、南监营州、北接靺鞨、室韦，阻冷陉山[③]以自固。其地居约于今吉林、辽宁及河北、内蒙古东部一带。

元魏末，莫贺弗勿于畏高丽、柔然侵逼，遂率车三千乘，众万余口，驱徙杂畜求内附，乃去奇首可汗故壤，居白狼水东。其后为突厥所逼，又以万家寄于高丽。隋开皇四年（584年），莫贺弗悉其众款塞，听其居白狼故地。其后契丹别部出伏等，背高丽率众内附，诏置于渴（或独）奚那颉之北。开皇末，其别部臣附突厥者四千余户来降，诏给粮遣还，固辞不去。部落渐众，遂北徙逐水草，分十部依托纥臣水而居。

---

① 见《魏书》卷100《契丹》；《北史》卷94《契丹》；《隋书》卷84《契丹》；《新唐书》卷219《契丹》；王民信：《辽朝统治下的奚族》，1页。

　　关于契丹民族来源问题，中外学者看法颇不一致，兹介绍如下：冯家昇认为："契丹"一名源于宇文氏之"侯豆归、迭得归、逸豆归、悉独官、乞特归"（见《契丹名号考释》）。陈述认为："契丹"一名与宇文氏"乞得归"同名，是屡经混合之种族，东北群狄之合体。

　　姚从吾认为：契丹为渔猎文化，也就是田猎兼打鱼的文化（见《契丹人的捺钵生活与若干特殊习俗》；《边疆文化论集七》）。

　　李学智认为：契丹民族原始上应属于"游动之渔猎民族"，既不应属于游牧民族之蒙古系统，亦不应属于所谓"东胡之鲜卑系统"，与其同族者或即室韦民族也。（见《辽史中有关契丹民族史料之检讨》，《"国立"政治大学边政研究所年报》，1973年，4期）李氏对此分析甚为详细可靠。

　　日本岛田正郎氏认为：契丹人是游牧民族（见《从人类学上看辽代的文化》）。爱岩松男认为：契丹与库莫奚部族异而民族相同，库莫奚与契丹为一名之二译，因此断契丹、奚为一名之两译，故认为库莫奚与契丹为同族，更认为契丹与奚为其族之同名词，而"丹"为形容词之字尾。所以"契丹"为"居于奚人中的人"（见《契丹古代史之研究》，京都大学，1959年）。

② "黄龙城"见《水经注》。

③ 冷陉山，在今内蒙古札鲁特右翼旗南，即蒙古人所称奎屯鄂拉。

契丹部族最大者为大贺氏，有胜兵四万，后分为八部，部酋长称"大人"，常由八部大人共推一人为王，建旗以统八部。突厥兴时，臣属其下为"俟斤（Irkin）"①。至唐高祖武德中（618年—626年），其别部大首领孙敖曹与靺鞨首领突地稽，均遣使来朝。太宗贞观二十二年（648年），契丹首领窟哥从太宗伐高丽。嗣率部求内属，太宗乃置松漠都督府，以窟哥为使持节十州②诸军事，松漠都督，封无极男，并赐姓李氏。其后窟哥死，遂与奚联合叛唐。行军总管阿史德等，执其首领阿卜固以献东都，乱事遂暂平息。窟哥有两孙：一曰枯莫离，为左卫将军、弹汗州刺史、封归顺郡王；一曰尽忠，为武卫大将军、松漠都督。孙敖曹之孙名万荣，为归诚州刺史。时营州都督赵文翙见契丹饥亦不加赈给，且视酋长如奴仆，于是孙万荣遂与其妹夫李尽忠于武后万岁通天元年（696年）举兵反，杀赵文翙，尽忠自称无上可汗，据营州数败唐兵。不久尽忠死，万荣代领其众，为唐及奚联军所攻破，后万荣亦为其奴所斩，于是其余众遂降突厥。玄宗开元四年（716年）尽忠从父弟李失活与奚之首领李大酺俱率众来降。唐以失活为松漠郡王、行金吾大将军兼松漠都督，其八部酋长拜为刺史。明年唐以东平王外孙杨氏为永乐公主，下嫁失活。开元六年（718年）失活死，弟娑固袭封。开元八年（720年）娑固、大酺均为牙官可突干（唐书作"于"）所杀。立娑固从父弟郁干（唐书作"于"）为主，遣使请罪，上封郁干为松漠都督。以李大酺之弟鲁苏为饶乐都督。开元十年（722年）以慕容嘉宾女为燕郡公主下嫁郁于。开元十二年（724年）郁于死，弟吐于（或作

---

① 比较弱小的别部族（非可汗之族）酋长之官称。参阅日本护雅夫：《东突厥官称号考——铁勒诸部的俟利发俟斤》上下（《东洋学报》）；羽田亨：《唐代回鹘史の研究》注四。
② 十州，即唐时大贺氏八部：达稽部为峭落州、纥便部为弹汗州、独活部为无逢州、芬问部为羽陵州、突便部为日连州、芮奚部为徙河州、坠斤部为万丹州、伏部为匹黎、赤山二州，以及大酋辱纥主曲据率众来归，即以其置为玄州，共计十州。

"干")代统其部,袭官爵复妻燕郡公主。复与可突于有隙,遂携公主来奔,改封辽阳郡王,留为宿卫。可突于奉尽忠弟邵固为主,诏许袭王。开元十四年(726年)以宗室出女陈氏为东华公主下嫁邵固。开元十八年(730年)可突于杀邵固立屈烈为王,率部落并胁奚众降突厥,东华公主走投平卢军。开元二十年(732年)可突于为唐所败,率其众远遁,奚众则尽降。开元二十二年(734年)屈烈被牙官李过折所杀。明年过折又为可突于余党涅礼(或作泥体、泥里)所杀,并其诸子,唯一子刺干走投安东得免。天宝四年(745年)契丹大领袖李怀秀(或作"怀节")来降,拜为松漠都督,封崇顺王,并以宗室出女独孤氏为静乐公主下嫁。旋又杀公主叛去。天宝十二年(753年)契丹复附唐。以后屡次朝贡,到唐末钦德时,大贺氏遂亡。契丹大贺氏当与今东北之达斡尔(以前称达呼尔)人同种(刘义棠:《中国边疆民族史》)。

二、和亲的背景及其实例

奚、契丹在唐代系处于唐与突厥两大势力之间的小部族。每每苦于应付而无法自立。因此无论对唐或对突厥都是时降时叛,但其降或叛除了内在的因素外,唐与突厥的压力更是使他们不得不如此的一个主因。唐朝为了制服奚、契丹两部族,采用了讨伐和羁縻的下嫁公主和亲的两种办法。另一方面奚、契丹在突厥帝国的内部结构中,当属于"外围属部"地位。故唐拉拢奚、契丹两部族,其目的在孤立突厥,削弱突厥帝国势力。但奚、契丹两部族在唐朝的对外关系上的比重地位,毕竟远不及突厥,所以赐嫁两部族的公主在身份上仅属于异姓的外戚之女,所赏赐的物品也不算多。兹将史籍有关唐与奚、契丹和亲实例摘列如下:

附表 11 – 2

契丹君长世系表

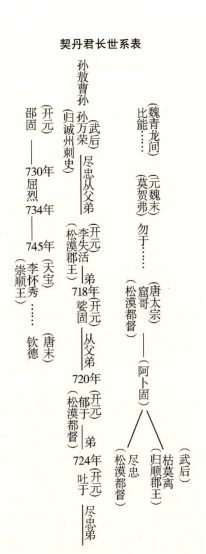

（一）唐与奚之和亲

1. 固安公主下嫁大酺、鲁苏

《通典》："大唐开元五年二月，奚首领李大酺入朝，封从外甥女辛氏为固安公主以妻之。"①

《旧唐书·本纪》:"五年三月……丁巳,以辛景初女封为固安县主,妻于奚首领饶乐郡王大酺"。②

《旧唐书·奚》:"其年(开元五年)大酺入朝,诏封从外甥女辛氏为固安公主以妻之,赐物一千五百匹,遣右领军将军李济持节送还蕃。"③

《新唐书·奚》:"玄宗开元二年,使奥苏悔落丐降,封饶乐郡王,左金吾卫大将军、饶乐都督。诏宗室出女辛为固安公主,妻大酺。明年,身入朝成昏,始复营州都督府,遣右领军将军李济持节护送。"④

《册府元龟》:"(开元)四年十二月,诏曰:固安县主取来年二月五日出适奚都督李大酺,须早支料造作,宜令河东少尹慕容珣充男家礼会使,雒阳令薛曦为副。少监李尚隐充女家礼会使,河南县令郑璇为副。"……(开元)五年八月……又诏封从外(甥)女辛氏为固安公主,出降奚王饶乐郡王李大酺"⑤。

《唐会要》:"固安,从外甥女辛氏,开元五年二月出降奚首领李大酺。"⑥

《资治通鉴》:"(开元九年)四月赐奚王李大酺妃辛氏,号固安公主"。⑦

以上可知固安公主为从外甥女辛氏,于开元五年(717年)二月以"县主"身份下嫁李大酺,其后始进封"公主"。

《通典》《唐会要》载:"(开元)八年,大酺死,共立其弟鲁苏为主,仍诏以固安公主为妻。时,鲁苏牙官塞默羯谋害鲁苏,翻归突厥。公主密知之,遂设宴诱执而杀之。上嘉其功,赏赐累万。

① 《通典》卷200《边防十六》。
② 《旧唐书》卷8《玄宗李隆基》。
③ 《旧唐书》卷199《奚》。
④ 《新唐书》卷219《奚》。
⑤ 《册府元龟》卷975《褒异二》。
⑥ 《唐会要》卷6《和蕃公主》。
⑦ 《资治通鉴》卷211《唐纪二十七》。

公主嫡母妒主荣宠，乃上书主是庶女，此实欺罔称嫡，请更以所生女嫁与鲁苏。上怒，令与鲁苏离婚，又封成安公主女姽氏为东光公主以妻鲁苏"。①

《旧唐书》："八年，大酺率兵救契丹，战死，其弟鲁苏嗣立。十年，入朝，诏令袭其兄饶乐郡王、右金吾员外大将军兼保塞军经略大使，赐物一千段，仍以固安公主为妻。而公主与嫡母未和，递相论告，诏令离婚……"②

可见固安公主于原夫大酺死后，依游牧民族"夫兄弟婚（levirate）"习俗又续嫁其夫弟新王鲁苏。又据《通典》与《唐会要》的资料显示，当时将女下嫁游牧外族和亲似不如汉代时之恐惧与悲伤，竟有嫡母妒公主荣宠而告状，更请以自己所生女嫁与游牧外族者。结果皇帝竟也有如此权威令外族君长与原公主离婚，并更换公主下嫁也。

《新唐书》："大酺后与契丹可突于斗，死。弟鲁苏领其部，袭王，诏兼保塞军经略大使，牙官塞默羯谋叛，公主置酒诱杀之，帝嘉其功，赐主累万。会与其母相告讦得罪，更以盛安公主女韦为东光公主妻之。"③

2. 东光公主下嫁鲁苏

《唐会要》："（开元）十年，诏鲁苏袭其兄官爵，又封（咸）安公主女韦氏为东光公主以妻之。"④

《旧唐书》："……诏令（固安公主与鲁苏）离婚，复以成安公主之女韦氏为东光公主以妻之。……十八年，奚众为契丹衙官可突于所胁，复叛降突厥。鲁苏不能制，走投渝关，东光公主奔归平卢军。"⑤

《新唐书》："会（固安公主）与其母相告讦得罪，更以盛安

① 《通典》卷200《边防十六》，《唐会要》卷6《和蕃公主》。
② 《旧唐书》卷199《奚》。
③ 《新唐书》卷219《奚》。
④ 《唐会要》卷6《和蕃公主》。
⑤ 《旧唐书》卷199《奚》。

公主女韦为东光公主妻之。后三年，封鲁苏奉诚郡王，右羽林卫将军，擢其首领无虑二百人，皆位郎将。久之，契丹可突于反，胁奚众并附突厥，鲁苏不能制，奔榆关，公主奔平卢。"①

《册府元龟》："十年……奚饶乐郡王鲁苏入朝……复以成安公主韦氏为东光公主以妻之。"②

《全唐文》：其册封公主之制曰："炎汉盛礼，蕃国是和。乌孙降公主之亲，单于聘良家之子。永惟前史，率同旧章，故成安公主女韦氏，六行克昭，四德聿备，渐公宫之训，承内家之则，属林胡拜命，捍塞无虞。柔远之思，己归于上略；采楚之庆，载睦于和亲。宜正汤沐之封，式崇下嫁之礼，可封东光公主，出降饶乐郡王鲁苏。"（《全唐文》卷22）

《册府元龟》："（开元）十二年三月，遣使赍绢锦八万段，分赐奚及契丹。诏曰：公主出降蕃王，本拟安养部（落），请入朝谒，深虑劳烦，朕固割恩，抑而未许，因加殊惠，以慰远心。奚有五部落，宜赐物三万段，其中取二万段先给征行游奕兵及百姓，余一万段与东光公主饶乐王衙官刺史县令。"③

由此知悉东光公主为外甥女韦氏，于开元十年（或十二年）下嫁鲁苏为继室，系"妻姊妹婚（sororate）"④。

3. 宜芳公主下嫁延宠

《唐会要》："宜芳，外甥女杨氏，天宝四载三月十四日出降饶乐都督怀信王李延宠。"⑤

《旧唐书·本纪》："四载春三月……壬申，封外孙独孤氏为静乐公主，出降契丹松漠都督李怀节，封外孙杨氏女为宜芳公

① 《新唐书》卷219《奚》。
② 《册府元龟》卷979《外臣部·和亲二》。
③ 《册府元龟》卷979《外臣部·和亲二》。
④ 有关"夫兄弟婚"及"妻姊妹婚"，请详阅日本东京大学教授石田英一郎等著：《人类学》，132页（东京大学出版，1963年2月）。石田英一郎等著：《人类学概论》205页，日本评论新社，1955年。及 Chavannes 著，冯承钧译：《西突厥史料》，74页；李学智氏：《清世祖之满文即位大赦》。
⑤ 《唐会要》卷6《和蕃公主》。

主，出降奚饶乐都督李延宠。""九月，契丹及奚酋长各杀公主，举部落叛。"①

《新唐书》："延宠降，复拜饶乐都督、怀信王，以宗室出女杨为宜芳公主妻之。延宠杀公主复叛……"②

《全唐诗》："（宜芳）公主本豆卢氏女，有才色。天宝四载奚、霫无主，安禄山请立其质子，而以公主配之。"③

《资治通鉴》："四载……九月……安禄山欲以边功市宠，数侵掠奚、契丹；奚、契丹各杀公主以叛，禄山讨破之。"④

由上可知宜芳公主为外甥女杨氏，于天宝四载（745年）三月下嫁李延宠。

（二）唐与契丹之和亲

1. 永乐公主下嫁失活

《通典》："开元五年十一月，封宗室女为永乐公主，出降契丹松漠王李失活。"⑤

《旧唐书·本纪》："契丹首领松漠郡王李失活来朝，以宗女为永乐公主以妻之。"⑥

《旧唐书·契丹》："（开元四年）失活入朝，封宗室外甥女杨氏为永乐公主以妻之。"⑦

《资治通鉴》："（开元五年）十一月，丙申，契丹王李失活入朝。十二月，壬午，以东平王外孙杨氏为永乐公主，妻之。"⑧
胡注云："东平王续，纪王慎之子也。慎，太宗子。"

《册府元龟》《全唐文》："（开元八年）八月诏曰：故东平王

---

① 《旧唐书》卷9《玄宗李隆基》。
② 《新唐书》卷219《奚》。
③ 《全唐诗》卷7序。
④ 《资治通鉴》卷215《唐纪三十一》。
⑤ 《通典》卷200《边防十六》。
⑥ 《旧唐书》卷8《玄宗李隆基》。
⑦ 《旧唐书》卷199《契丹》。
⑧ 《资治通鉴》卷211《唐纪二十七》。

外孙正议大夫复州司马杨元嗣第七女，誉叶才明，体光柔顺，葭
莩懿戚，敦睦有伦，舜华靡颜（颊），德容兼茂，属贤王慕义，
于以赐亲，纳采问名，兹焉迫吉，宜升外馆之宠，俾耀边城之
地，可封永乐（公主）出降契丹松漠郡王李失活。"①

《新唐书·契丹》："（开元四年）帝以东平王外孙杨元嗣女
为永乐公主，妻失活。明年，失活死……"②

《唐会要》："六年，失活卒，玄宗为之举哀。赠特进，册立其从
父弟娑固为松漠郡王。七年十一月娑固与公主来朝，宴于内殿。"③

由此知悉永乐公主为宗室外甥女（外孙）杨氏，于开元五年
（717年）十二月下嫁李失活。公主结婚之夜，玄宗诏遣诸亲高
品及两蕃太守领观花烛，失活尚主后一年而死。

2. 燕郡公主下嫁郁于、吐于

《通典》："（开元）十年闰五月，敕馀姚县主女慕容氏封为
燕郡公主，出降松漠郡王李郁于。"④

《旧唐书·契丹》："（开元）十年，郁于入朝请婚。上又封
从妹夫率更令慕容嘉宾女为燕郡公主以妻之，仍封郁于为松漠郡
王，授左金吾卫员外大将军兼静析军经略大使，赐物千段。……
明年，郁于病死，弟吐于代统其众，袭兄官爵，复以燕郡公主为
妻。吐于与可突于复相猜阻。十三年，携公主来奔，便不敢还，
改封辽阳郡王，因留宿卫。"⑤

《新唐书·契丹》："郁于来朝，授率更令，以宗室所出女慕容为
燕郡公主妻之。可突于亦来朝，擢左羽林卫将军。郁于死，弟吐于
嗣，与可突于有隙，不能定其下，携公主来奔，封辽阳郡王，留
宿卫。"⑥

《册府元龟》："（开元十年）契丹松漠郡王郁于入朝请婚，

---

① 《册府元龟》卷979《外臣部·和亲二》。
② 《新唐书》卷219《契丹》。
③ 《唐会要》卷96《契丹》。
④ 《通典》卷200《边防十六》。
⑤ 《旧唐书》卷199《契丹》。
⑥ 《新唐书》卷219《契丹》。

封（从）妹夫。帝更令慕容嘉宾女燕郡主以妻之。"① 又封公主之制曰："汉图既采，蕃国是亲，公主嫁乌孙之王，良家聘毡裘之长。钦若前志，抑有旧章。余姚县主长女慕容氏；柔懿为德，幽间在性，阃仪载美，蕙问增芳，公宫之教凤成，师氏之谋可则，今林胡请属，折津口虽无外之仁，已私于上略，而由内之德，亦资于元女，宜光兹宠命，睦此蕃服，俾遵下嫁之礼，以叶大邦之好，可封为燕郡公主，出降与松漠郡王李郁于。"②

慕容氏亦出自东胡，习染华化，远始于魏，自高宗时吐谷浑亡后，其族尤多内徙。③ 燕郡公主为从妹夫率更令慕容嘉宾之女（即余姚县主之女慕容氏），于开元十年（722 年）下嫁李郁于。明年郁于死，又续嫁其夫弟新王吐于，也系游牧民族"夫兄弟婚"习俗。

3. 东华公主下嫁邵固

《旧唐书·本纪》："开元十四年……三月……以国甥东华公主降于契丹李召固。"④

《旧唐书·契丹》："可突于立李尽忠弟邵固为主。其冬，车驾东巡，邵固诣行在所，因从至岳下，拜左羽林军员外大将军、静析军经略大使，改封广化郡王，又封皇从外甥女陈氏为东华公主以妻之。……十八年，可突于杀邵固，率部落并胁奚众降于突厥，东华公主走投平卢军。"⑤

《新唐书·契丹》："可突于奉尽忠弟邵固统众，诏许袭王。天子封禅，邵固与诸蕃长皆从行在。明年，拜左羽林卫大将军，徙王广化郡，以宗室出女陈为东华公主，妻邵固，诏官其部尊长百余人，邵固以子入侍。"⑥

可见东华公主为皇从外甥女陈氏，于开元十四年（726 年）

① 《册府元龟》卷 979《外臣部·和亲二》。
② 《全唐文》卷 22《封燕郡公主制》。
③ 《册府元龟》卷 977《外臣部·降附》。
④ 《旧唐书》卷 8《玄宗李隆基》。
⑤ 《旧唐书》卷 199《契丹》。
⑥ 《新唐书》卷 219《契丹》。

三月，下嫁李邵固。

4. 静乐公主下嫁怀秀

《新唐书·契丹》："天宝四载，契丹大酋李怀秀降，拜松漠都督，封崇顺王，以宗室出女独孤为静乐公主妻之。是岁，杀公主叛去……"[1]

《册府元龟》："四载三月，封外孙女独孤氏为静乐公主，降松漠都督崇顺王李怀节。……九月，奚及契丹酋长各杀公主，举部以叛。"[2]

《新唐书·安禄山》："四载，奚、契丹杀公主以叛，禄山幸邀功，肆其侵，于是两蕃贰。禄山起军击契丹，还奏：'梦李靖、李绩求食于臣……'"[3]

由上知道静乐公主为外孙女（外甥女）独孤氏，于天宝四载（745年）下嫁李怀秀。

三、和亲的比较及影响

中国历代与边疆民族和亲中，所下嫁的"公主"身份颇不一致，大概可以分为下面四种等级[4]：

附表 11-3

历代公主身份表

等级	身份	公主名称	对象
一	皇女	唐肃宗宁国公主、唐德宗咸安公主	唐对回纥
一	皇妹	唐穆宗太和公主 唐南（衡）阳长公主	唐对回纥 唐对突厥

---

[1]　《新唐书》卷219《契丹》。

[2]　《册府元龟》卷979《外臣部·和亲二》。

[3]　《新唐书》卷225《安禄山》。

[4]　王桐龄：《汉唐之和亲政策》，《史学年报》，1929（7）。

续附表 11 - 3

等级	身份	公主名称	对象
二	亲王女	汉江都王建女细君 北周赵王招女千金公主 唐南和县主 唐雍王守礼女金城公主 唐荣王琬女少宁国公主	汉对乌孙 北周对突厥 唐对突厥 唐对吐蕃 唐对回纥
三	宗室女	汉翁主 汉楚王戊孙女解忧 东魏兰陵公主 隋安义公主、义成公主、信义公主 唐文成公主 唐弘化公主、金城县主、金明县主 唐安化长公主	汉对匈奴 汉对乌孙 东魏对柔然 隋对突厥 唐对吐蕃 唐对吐谷浑 唐对南诏
四	宗室甥女	唐永乐公主杨氏、燕郡公主慕容氏、东华公主陈氏、静乐公主独孤氏 唐固安公主辛氏、东光公主韦氏、宜芳公主杨氏	唐对契丹 唐对奚
等外甲	功臣女（包括汉蕃）	唐崇徽公主仆固氏、交河公主阿史那氏	唐对回纥
等外乙	家人子	名为长公主	汉对匈奴
不列等	媵女宫女	汉王昭君（后宫良家女子）	汉对匈奴

注：身份不明之公主未列入本表。

由附表 11 - 3 可显示下列诸点：第一等是唐对突厥、回纥。第二等是汉对乌孙，北周、唐对突厥，唐对回纥、吐蕃。第三等是汉对匈奴、乌孙，东魏对柔然，隋对突厥，唐对吐蕃、吐谷浑及南诏。第四等是唐对契丹、奚。以上充分证明中原王朝系依其国家部族之强弱与关系而以不同身份之公主下嫁。一般而言，对于强大国家而有特别关系者，如回纥，多以皇女或皇妹下嫁；对于大国而无特殊关系者，如匈奴、乌孙、突厥、吐蕃等多以亲王女或宗室女下嫁；对于小国如奚、契丹等则以宗室甥女下嫁；功臣女、家人子皆替代"皇女"者，表面上应作为"皇女"视之，亦下嫁大国；不列等之王昭君，系以赠品下嫁，性质不同。

《春秋·公羊传·庄公十九年》载："天子嫁女于诸侯,必使同姓者主之。""媵者何?诸侯娶一国,则二国往媵之,以侄娣从。侄者何?兄之子也。娣者何?弟也。诸侯壹聘九女。"此乃春秋战国时代之婚制,至唐代和亲下嫁公主似犹存此制。如帝女下嫁和亲以一女八媵计算,则宗亲之女下嫁和亲虽媵女人数当减少,但理亦有之。此类媵女跟随公主下嫁后,有因公主故殁由媵女续嫁而称公主者焉。至于"蕃女",唐代封"蕃女"为公主之例甚多,包括两类:其一游牧(边疆)部族国家嫁来之公主;其二为内属外蕃部族君长,或在朝廷外族功臣之女,充公主代唐廷下嫁游牧(边疆)部族国家和亲者。此充分表现唐朝并非一狭窄汉民族主义之农业王朝,而已有了东北亚帝国之性格焉。在名分上除了"公主"外,另有"县主",地位较"公主"为低,故多下嫁给小部族君长或内属部族君长、游牧国家可汗之子等。

论及唐对奚、契丹的和亲政策,可谓大致相似,在时间上都在唐玄宗开元至天宝年间。奚、契丹君长均以被唐册封为都督郡王(前者为饶乐都督,后者为松漠都督)的君臣政治关系下成立和亲关系。且所下嫁的公主均为"外甥女"身份,亦随游牧俗有行"夫兄弟婚"现象。唐与奚、契丹两部族和亲期间大约均能保持和平关系,可见和亲政策在当时不仅能拉拢奚、契丹维持彼此的亲善关系,而且达到了孤立北方游牧帝国突厥的目的。至于长期影响而言,唐与奚、契丹之和亲,增进了彼此民族的融合、文化的交流及经济的繁荣,也加速了突厥帝国之衰亡。

四、结　语

一般而言,中原农业朝廷采用和亲政策的作用大致有三:第一是作为拉拢、排挤,进而离间、分化敌国的一种手段;第二是凭借公主成为"可敦"的地位,以影响、监视可汗,为母国内应之政治作用；第三是远交近攻，缓和战争，准备防御的手段，属政治外交上的运用。可见，在中原农业朝廷方面和亲作用上首重于政治性。奚、契丹两部族在唐代虽属小部族，但均处于唐与突厥两强之间，颇富争取价值，故唐朝对奚、契丹，不仅册封官位，且下嫁公主，以加强彼此亲善关系，从而达到了孤立主敌——突厥的目的，可谓相当成功的和亲政策。当然一般而言，和亲政策并非完美的政策，历史上对此评价不一，往往当时赞成者多而事后又批评者不少，遭受攻击的理由多谓此策系一屈辱表现，靠一"弱女"以求国家苟安，且在效果上未必能完全达到阻止敌人入犯的目的。此种批评，在前段上主要是对北方游牧（边疆）民族的"认同感"上的问题，如将这些民族视为大中华民族之构成分子，则"屈辱感"当可减轻。至于后段上问题，确非完全有效，常视和亲对象、当时局势而定。唯唐朝对边疆民族政策之正确性，削弱了外敌的威胁，打好了国家民族的根基，不仅延长了唐朝的年祚，同时也强大了大唐帝国焉。

第十二章 蒙元与西夏、金、高昌的联姻

□ 蒙古游牧社会传承其氏族外婚制，其社会生活中存在掠夺婚俗，并盛行族外婚。蒙元帝国通过这种联姻关系，配合其强大的军事力量，调整发展其内部及周围的民族关系，以建立其地跨欧亚的雄伟帝国。

西夏王陵

第十二章　蒙元与西夏、金、高昌的联姻

西夏、金、高昌为我国五代宋元时期，北方重要边疆党项（唐兀）女真、畏兀儿民族所建立的定居农业政权。其与当时新兴北方游牧势力的蒙元关系，不仅影响华北政局，而且对中国甚至世界历史产生深远的影响。

一、蒙古的兴起与婚俗

（一）蒙古的兴起

蒙古于唐代称"蒙兀室韦"，居于俱轮泊（呼伦池）以北，傍望建河（额尔古纳河）。约 8 世纪时西迁至斡难河（鄂嫩河）居住，其首领名勃儿帖赤那。后又逆河西迁至斡难河南源之布尔罕山居住。9 世纪时原称霸蒙古高原的回纥、黠戛斯相继败亡迁离，约在 9 世纪后期至 10 世纪初，蒙古各部遂向西渗透与发展，并与突厥遗民混居。

12 世纪初，西迁蒙古人中的一支，也即成吉思汗（原名铁木真）所出的蒙古部，游牧于斡难、客鲁连、土兀剌三河的源头。当时蒙古部周围尚有其他一些部落，后经成吉思汗的统一，这些部落的民众才融合为一体，"蒙古族"始告出现。此时蒙古各部

迅速发展，其社会组织由氏族制向封建制转变。各氏族或部族之间为了掠夺财富或扩大权力，常结为部族联盟，共同拥护一"汗"为领袖。而各部族或氏族领袖为壮大声势，又往往结为"安答"（anda，盟友），誓相扶持。12 世纪后期，蒙古人的这种合纵连横，通过争战而趋于统一的情形，使蒙古"国家"（Ulus）逐渐形成。

成吉思汗出身于蒙古部孛儿只斤（Borjigin）氏族，其崛起原端赖其父好友克烈部长王汗和札答兰部长札木合两人的扶持。及至羽毛既丰，其先后与二盟友决裂争取雄长，于是在宋嘉泰四年（1204 年）向西进军攻灭乃蛮部。翌年又于傥鲁山（今唐努山）捕获札木合，全蒙古遂告统一。成吉思汗于是在宋宁宗开禧二年（1206 年）受推为大汗。"成吉思汗"称号即采用于此时。同时又采用"大蒙古国"（Yeke Monggholulus，汉译"大朝"）为国号，并进一步改造蒙古社会，为国家建立制度，完成新国家的组织后，即发动对外征服战争。

成吉思汗的征服战争主要有两方面：即征服北方、西方的突厥、蒙古民族及南方各富庶的定居大国（西夏、金）。后斡阔台汗继续征伐，使蒙古帝国的版图大为扩大。宋理宗淳祐十一年（1251 年）蒙哥汗继位又恢复对外征服。至忽必烈于元世祖至元八年（1271 年）立国中原改国号为元，并于至元十六年（1279 年）灭宋残余势力统一中国。①

（二）蒙古的婚俗

研讨蒙元联姻不能仅依中原汉族立场观念来观察，宜了解北方游牧民族的自然环境与社会文化。蒙古民族住处北亚寒冷、干燥的大草原，其人逐水草游牧为生。其传统游牧社会系以氏族（clan）为核心，氏族是一个生殖单位，也是一个社会的、教育

---

① 萧启庆：《蒙元史新研》，4～12 页，台北，允晨文化公司，1994。

的、经济的及宗教的单位。蒙古语称氏族为"斡孛克"（Obogh）。一般北亚游牧氏族均持有：单系继嗣（unilineal descent）居住规则（residential rule）与继嗣规则（rule of descent）之间的相一致，氏族成员之间具有较强的社会整合（social integration）外婚制（exogamy）等特征和意义。（谢剑：《匈奴社会组织的初步研究》）据《蒙古秘史》载，蒙古氏族有下列特色：（1）充分的父系社会——即父系的父权社会；（2）氏族常可分支而出；（3）非最早的原始图腾制；（4）大部分氏族以父系祖先的名称命名。[1]至于蒙古氏族的特点有：（1）继嗣采均分原则；（2）婚姻采外婚制；（3）出自"集合的责任"原则，而有为血属复仇观念；（4）共同祭祀祖先。

在蒙语中，"娶"字是"gerlek"。其中，"ger"是"穹庐、房屋、家和家室"的意思。"lek"是"使之成为"之意的接尾语。因此"gerlek"一语就是"使之成家"之意。"嫁"字是"mordakhu"，有"上马而去"之意。既有"一个女子乘马而去，到夫家成立家庭"的意思，也有"女儿一去不返"之意。[2]蒙古氏族的家族制度受父权氏族制的影响，系父权制的家庭，家长在家庭中有绝对的权威。蒙古氏族的家庭是建立在父与子的关系上的，而母亲是父死后的代表，父母双亡时长兄为家长，传统兄弟有同居者，唯近代分别者占多数，尤其是牧畜地区，此外舅家一直受到敬重。历史上一般而言，北方游牧民族所采行的氏族外婚制，是一个氏族与另一个氏族之间的婚姻关系，而不是结婚个人与个人之间的关系。在这样的意义下，一个家族、一个氏家都是为了维系父子血统的完整、氏族体系而存在，于是产生了下列蒙古传统婚姻规矩。依《蒙古秘史》载，蒙古传统的婚姻法则有：

---

① 王明荪：《早期蒙古游牧社会的结构》，24～25页，台北，嘉新水泥文化基金会研究论文，1976。
② 札奇斯钦：《蒙古文化与社会》，81页，台北，商务印书馆，1992。

（1）父系氏族外婚制；（2）婚域无伦理辈分限制；（3）仇家禁婚。而在婚姻方式上有：

1. 服役婚

男子于婚前或婚后须服劳役于妻家一些日子，以劳役取代娶妻之交换品或货物。人类学家认为此婚俗有赔偿的意义，即以劳力赔偿女方的损失，男子须在一定时间内居住妻家操劳役，此外还有试验新郎能力与性情的意义。[1] 依《蒙古秘史》载，成吉思汗9岁订婚后即留于岳家，然以其父返家途中为塔塔儿人所毒毙，故旋即被迫返家。

2. 交换婚

双方父母各以其女交换为子妇，或男子各以其姊妹或女戚属交换为妻。从《蒙古秘史》中可见，蒙古的交换婚可分为两种形式：一是甲乙两氏族间经常换婚、世代为婚；另一种是甲乙氏族间的交换婚是偶然发生的。此婚俗的形成有谓一方面是由于氏族外婚制获妻不易，以各自的姐妹作交换，也可节省费用；另一方面婚姻是氏族间的契约行为，契约的形成是双方面的，包括世代关系与其社会地位的关系，将使契约更为有力。[2]

3. 掠夺婚

男子以掠夺方法取女子为妻妾，而未得该女子及其亲属同意。11世纪乃至13世纪的蒙古人，通常以一个氏族共有利用一个牧场，一起生活，所以附近没有其他氏族居住。由于不同氏族间的孤立少往来，但又采氏族外婚制，因此成婚颇为困难而多见掠夺婚的产生。[3]

---

[1] 林惠祥：《文化人类学》，196～197页，台北，商务印书馆，1966。

[2] 卫惠林：《社会学》，183页，台北，"国立"编译馆，1980。

[3] 物拉底迷尔卓夫著，张兴唐、乌占坤合译：《蒙古社会制度史》，19页，台北，中华文化出版事业委员会，1957。

4. 收继婚

收继婚又称"烝报婚""夫兄弟婚"，系指父死妻后母，兄死弟纳其寡嫂。此婚有两类：一是行于同辈间之寡妇继承，即男子可继承纳娶其亡故兄弟所遗之寡妻；另一种则是行于异辈间之寡妇继承，即包括子娶亡父之庶妻，侄娶亡叔之妻，甥娶亡舅之妻，孙娶亡祖父之庶妻。古代蒙古的收继婚似乎包括上述两类，范围相当广。此婚制是由于以结婚为团体间的契约，而不是个人间的事件，所以一个配偶死亡，其团体须再补充一个。① 此外还有维持双方氏族间权利义务关系、氏族的财产，（何美妍：《早期蒙古游牧社会的婚姻方法与配偶制度》）以及对寡妇的生活安全保障等功能。

5. 冥婚

假合已死之男女为夫妻，或生前已有聘约，而于婚前一方死亡，他方殉之，迎柩合葬使其相从者，或男子娶亡女神牌为妻的阴阳婚姻。依马可·波罗的记载，蒙古曾有此种风俗云："若有女未嫁而死，而他人亦有子未娶而死者，两家父母大行婚仪，举行冥婚。"（《马可·波罗行纪》）

至于配偶制度与妇女地位有：

1. 一夫多妻制（polygyny）

早期蒙古游牧社会，就婚配人数言，盛行一夫多妻制，尤其上层贵族间更常见。其原因有三：其一生物的——满足男性的性欲及生育子女之需；其二是经济的——增加劳力及"财物"，并减轻主妇的家事负担；其三是社会的——提高个人的社会地位。②

2. 别位制（disparate）

蒙古的多妻制的主要特征是别位制，即多妻中必有尊长，以

---

① 林惠祥：《文化人类学》，214 页，台北，商务印书馆，1996。
② 龙冠海：《社会学》，268 页，台北，三民书局，1968。

第一个妻子（元配，蒙语称"Abaligergen"）地位最高，权威最大，家事一切由她全权管理，余妻（蒙语称"Baghaekener"，小妻或小妇之意）不得过问。[①]

3．妇女地位

在蒙古游牧社会氏族外婚并盛行一夫多妻制的情况下，其妇女的地位虽然不如男子，但比中原农业社会妇女的地位似乎好些。父死母代为家长，母亲是父死后的代表，在社会里的发言权也较大。在政治上有相当的影响，如成吉思汗与他少年时代盟友札木合的分裂，是出于可汗之母诃额仑和可汗之后孛儿帖的主张。后来成吉思汗除掉萨满领袖阔阔出，也是由于孛儿帖的建言。在可汗出征西亚时，建议指定嗣子的是他的一位可敦（夫人）也遂（Yesüi）。在蒙古帝国时代，于可汗崩逝新选的可汗即位之前，充任监国的是寡后。[②] 在军事远征时，妻子须随指挥者同行。在成吉思汗的法典中也曾规定："随军队行动的妇女，如遇男子退出战争的时候，代其服役军务。"[③] 在经济上，妇女占有相当的重要性，包括家庭生活物品、家畜的管理生产与生计等，妻子在经济上有其自立性，因此在法规上也有其地位。

在蒙古婚俗中，男女双方订婚年龄约在十四五岁，由双方家长决定。配偶之选择，男的要看他的家世如何；女的要看她的姿色怎样。为了要见重于人，女方于男方求婚时要他们费许多唇舌和周折，不轻易答应。许婚的筵席相当隆重，且男方须送定礼，未来女婿须住在岳家。经过数年之后，男子多在 17 岁或 19 岁，女子约在十六七岁就办结婚，经喇嘛占卜选择良辰吉日通知亲友，并于婚礼前择日举办"茶会之日"。迎娶日，新郎佩带弓矢

---

① 札奇斯钦：《蒙古文化与社会》，93 页，台北，商务印书馆，1992。
② 札奇斯钦：《蒙古文化与社会》，93～94 页，台北，商务印书馆，1992。
③ 物拉底迷尔卓夫著，张兴唐、乌占坤合译：《蒙古社会制度史》，27 页，台北，中华文化出版事业委员会，1957。

到女家亲迎。新娘离家时由亲人数人陪送，队伍行至适当地点时，新人在广阔的草原上，下马祭拜苍天，拜天礼仪完成后就正式成为夫妇了。新娘初入夫家，一对新人先拜佛，然后拜见翁姑，并应献珍贵礼物，表示孝敬男方长上，接着举行宴会一连三天。一般在男子新婚时，父母均盖送新穹庐（ger），庐中置喜床（oru）以为祝贺。蒙古人生女而无男嗣时，极少入赘情形，一般仍从氏族近支中找一男儿入祧继承。

蒙古传统继承法则，贵族一般正妻的长子拥有优先权，平民是幼子继承父亲财物较多，其他诸子仍有分"份子"的权利，不过父亲家长有充分的决定权。女儿出嫁时赠嫁奁，嫁后不得再要求继承财产。家财内妻子从娘家带来的陪嫁部分仍为妻子个人财产，寡妇改嫁时仅能带走个人财产部分。

二、蒙元与西夏、金、高昌联姻实况

（一）蒙元与西夏、金、高昌的关系

五代乱局虽有宋为之统一，但在北方初有契丹族的辽，继有女真（Jurched）族的金之建立，与宋成鼎峙之势。与此同时，另有党项（Tangghud，唐兀）族所建立的夏崛起于西北，故乃称"西夏"。西夏王室为党项，乃羌族酋拓跋赤辞之后，赤辞于唐贞观初率部归唐，故赐姓李，其后曾封西夏国公。宋代降辽被封为西夏国王。宋仁宗明道元年（1032 年）元昊立，雄才大略，拥有今宁夏全部、甘肃及内蒙古大部，陕西、青海两省小部分，以西夏文化为本位，向慕并相当汉化，于宝元元年（1038 年）元昊称帝，国号大夏，定都兴庆府（今宁夏银川）。元昊既称帝，无法与宋维持关系，当时西夏与辽关系亲近有联姻通好，辽、西夏联合对宋，使宋无以全力对西夏，唯及吐蕃兴起，宋也联合吐蕃牵

制西夏。

契丹所建立的辽原控制女真极严，但因宋辽相持不下，遂予女真以可乘之机。宋徽宗政和四年（1114 年），女真完颜部酋长阿骨打起兵攻辽，下宁江州（今吉林扶余东南）。辽伐之大败。次年阿骨打称帝建国，国号金，都会宁，是为金太祖，并攻下辽黄龙州，二年后攻占辽东京（今辽宁辽阳）各州县，以及辽河流域。再四年后并取辽之上京（今内蒙古林东镇），辽遂受制于金。金即屡败辽军，成为辽之劲敌，宋遂联金灭辽。宣和七年（1125 年），金灭辽，辽亡。辽臣耶律大石率军西遁，经回纥（今吐鲁番）于寻思干（今撒马尔罕）大败西域诸国联军，降花剌子模。绍兴二年（1132 年），耶律大石称帝号葛儿汗，又称天佑帝，仍国号辽，史称"西辽"。而金的势力席卷华北，与蒙古世仇。随着北宋亦亡，宋室南渡偏安。金除在其本原居地外，在华北均以汉地的制度为其朝廷的规范，几乎完全汉化。

西州回纥系回纥汗国灭亡西奔安西之回纥后裔，所谓"安西"指唐于高昌置安西都护府于交河城，今之新疆吐鲁番城西二十里雅里湖滨。宋史称"高昌即西州"，也即吐鲁番地方。蒙元时称"畏兀儿"或称"高昌国"。初臣属于辽，宋初以后又向宋朝贡，同时也贡奉于金，并且实行多面外交关系，此时高昌畏兀儿已非完全独立的国家。按回纥原系北亚游牧汗国，于唐文宗开成四年（839 年）其国内乱，致别将句录莫贺勾结黠戛斯阿热可汗合兵十万攻杀回纥可汗，回纥部众因此瓦解溃逃四方，西州回纥即其中一支，其族人即今维吾尔族祖先。

蒙古兴起于漠北，据《元史·乃蛮》载："先是蒙古居乌桓之北，与乃蛮、回纥接壤，世修贡于辽金。"成吉思汗征服克烈、乃蛮等部后西征时，西辽方强盛制高昌畏兀儿，命太师僧少监来围其国，姿睢用权奢淫自奉，故高昌畏兀儿（Uigur）王亦都护

（Idi－gut）巴而术·阿而忒的斤（Barchukhart－tegin）① 于宋宁宗嘉定二年（1209 年）举国入降蒙古（何秋涛校正：《元圣武亲征录》），此时高昌系半独立政权，对蒙古要进贡财宝，送质子入宿卫，派兵协助征伐，受册封，接受达鲁花赤的监督等。但由于高昌输诚最早在蒙古外族中获地位最高，荣列第五子，并得以附庸国保存其政权。其后高昌畏兀儿文化包括文字、典章、制度及人才，在蒙古帝国开国之初起了很大的积极作用。② 另一方面，当时蒙古的势力虽一时对宋尚无直接影响，但对西夏和代辽而起的金已构成重大的威胁。在成吉思汗被拥戴为大汗，并开始实行远交近攻的对外扩张战争，其战略上是先破夏，而后攻金，所以蒙古军第一次对城市的作战是在西夏。接着联宋灭金，既而降服西夏，征讨花剌子模，最后攻灭西夏。

（二）和亲与联姻的意义

一般广义的"和亲"系指中国古代不同民族君长政权间的和好同盟关系。其中又可分为狭义的专指中原朝廷与边疆民族君长间的"和亲"，和少数民族与少数民族君长间，甚至地方割据政权间的异族"联姻"两类。前项"和亲"又称"和戎""和蕃"，其意义不完全仅指公主下嫁的政治婚姻关系，它往往还包括双方的政治名分、赐予、互市、同盟，甚至于人质等和好亲善同盟关系的意义。后者"联姻"在少数民族君长间，或地方政权异族间结联姻娅，以增进政治利益，其婚姻关系因而成为家族与家族之间，或民族政权间纵横捭阖的工具，也可视

---

① "亦都护（Idi－qut）"一词见《元史》卷122《巴而术·阿而忒的斤》："亦都护者，高昌国主号也。"拉施得：《史集》第二章谓："这乃是幸福之主之意。"据刘义棠教授考证："巴而术·阿而忒的斤亦都护"为（Bars Art Tigin Iduq－qut）音译，其义为：虎背熊腰具有功德神圣幸福的国王。也可参考刘义棠教授《荣退学术演讲会摘要纪录——畏兀儿亦都护城》，《中国边政》，1995（130）。
② 冯家升，程溯洛，穆广文：《维吾尔族史料简编》上册，103 页，北京，民族出版社，1981。

为其权力关系的指标，其内容呈多元化形态，而蒙元与西夏、金、高昌的婚姻关系属"联姻"性质。

联姻为古今中外经常采行的政治婚姻，我国早于上古先秦时代就已出现，当时表现在邦与邦、方与方，乃至于氏与氏的联姻之中。相传帝喾就实行多元联姻，至商代成汤出于政治动机而与有莘氏联姻。周代臧文仲对鲁庄公谓："夫为四邻之援，结诸侯之信，重之以婚姻，申之以盟誓，固国之艰急是为。"（《国语》卷 4《鲁语上》）可见中国的联姻导源于上古传说时代，至商代而初兴，至周代而渐盛。此种联姻关系中有诸夏宗女嫁戎狄之君，也有戎狄宗女嫁诸夏之君，还有诸夏与戎狄交婚的。当时的"联姻"因其生活范围、距离与界线不大且不明显，所以与后代的"和亲"有些差别，仅有西周与晋国的"和戎"才有些类似，并成为中原汉朝廷与边疆少数民族政权和亲的嚆矢。（林恩显：《中国历朝与边疆民族的和亲政策研讨》）

北亚游牧民族自匈奴的挛鞮（虚连题）氏、突厥的阿史那（Asina）氏、回纥的药罗葛（Yaghlakha）氏、蒙古的黄金（Altun Urukh）—孛儿只斤（Borjigin）氏等都以该游牧帝国的统治氏族与其姻亲氏族，如匈奴的呼衍、须卜、兰三氏（或增加丘林为四氏），突厥的阿史德氏，蒙古的弘吉剌（Qonggirat）、亦乞列思（Ikires）氏等固定长期联姻结合成"贵族氏族群"，也即特权氏族群，为该游牧汗国的统治核心，再联合吞并其他氏族，而形成"部族"，再发展成为"部族联盟""游牧汗国"。透过民族内氏族联姻使游牧民族氏族制社会形态保持了密不可分的关系，增进了血缘共同的氏、部族联合体，依其婚姻纽带而维系休戚与共的命运。由氏族联姻进而发展为外部族、民族的联姻，以扩大其政治意义和势力。

蒙古人的外族联姻是蒙古帝国建立的一个重要手段。蒙古帝室与外族联姻，一方面是由于习尚于其氏族外婚制，非外氏族不

得结为婚姻。另一方面是为增益自身的军事、政治力量。成吉思
汗崛起以后，蒙古帝室以优势地位，用婚姻为手段，收外族为股
肱，这些姻亲族均成为成吉思汗的臣属，是一种不平等的姻娅关
系。不过其婚姻关系一经建立经常是屡世不替。其中蒙古族内的
弘吉剌、亦乞列思等氏族的联姻都是双向的联姻关系。有元一代
这些氏族都是"生女世以为后；生男，世尚公主"（《蒙兀儿史
记》）。而突厥族系的畏兀儿、汪古（Önggüd）等族生女虽不得为
后，却均享有尚主的特权。（周清澍：《汪古部专辑》；呼和浩特
市蒙古语文历史学会：《汪古部与成吉思汗家族世代通婚的关
系》）这些蒙古、突厥贵族与成吉思汗的皇室——也即"黄金氏
族"就形成一个长远紧密的姻娅集团。所谓"联姻天家""世缔
国婚"的勋戚，"奕世封王，一门尚主"。（张士观：《驸马昌王
世德碑》）此姻亲族不仅在帝国肇建时立有大功，也是以后的蒙
古安定力量。①

　　"蒙元公主"一词，和中原历代公主的意义不尽相同。《元
史·诸公主表序》云："且秦汉以来，惟帝姬得号公主，而元则
诸王之女亦概称焉，是又不可不知也。"② 在蒙古人观念中"大蒙
古国"原为成吉思汗后裔共有的世袭财产。（《元典章》（沈家本
刻本）卷9）因此在理论上蒙古各系宗王子女与皇帝子女相等，
宗王女也得称"公主"，也即蒙语所谓"别乞"（beki）（《至元
译语》，别乞：公主）。凡尚公主者，皆得称"驸马"，即蒙语的
"古列格"（Kuregen）又写作"古列坚"。③

　　13 世纪的蒙古社会也有母权社会的残遗，妇女可参与家中及
政治上的决策，甚至在忽里勒台大会上，后妃、公主得与诸王、
驸马等并立，参与立君大议。（青木富太郎：《古代蒙古の妇人家

① 萧启庆：《元代史新探》，231～232 页，台北，新文丰出版公司，1983。
② 《元史》卷109《诸公主表》，台北，鼎文书局，1979（本书所引《元史》均为此版本，下同）。
③ 萧启庆：《元代史新探》，241 页，台北，新文斗出版公司，1983。

庭内にむける地位权力》）蒙古帝国早期更有几位母后摄政的例子。（萧启庆：《西域人与元初政治》）

　　借"驸马"的地位以增高在蒙元帝国中的地位，可能是外族请婚蒙元的一个动机。驸马在蒙古帝国中有很高的地位。原除了蒙古族内，世得尚公主的外族限于降附很早的突厥氏族，是一个封闭性的贵族集团。《元史·诸公主表序》谓："然元室之制，非勋臣世族及封国之君，则莫得尚主，是以世联戚畹者，亲视诸王，其藩翰屏垣之寄，盖亦重矣。"①《蒙兀儿史记》亦谓："蒙兀驸马之亲，等于宗王。"② 换言之，驸马是帝室的姻亲（Khuda，又写作"安答""忽答"）（《驸马高唐忠献王碑》，卷23），"约世婚，敦交友之好"，得比照"黄金氏族"成员的待遇，并可参与忽里勒台大会，共商国政，其地位为姻戚、亲族的关系。③ 正如屠寄所云："皇族与主家，彼此互为舅甥，休戚相关，安危与共。"④

（三）蒙元与西夏、金、高昌的联姻

　　蒙古成吉思汗的兴起，首先对西夏和金构成重大威胁，当时成吉思汗的战略是先破西夏而后攻金。宋宁宗嘉定二年（1209年）成吉思汗三征西夏，西夏主李安全派遣其太子率师拒战，战败，被迫至兴中府（今宁夏银川），会天大雨，黄河水暴涨，筑堰引水灌城，居民溺死者甚多。河水反流蒙古兵不能支于是撤围，并遣人入兴中府招谕西夏主，西夏主遂纳女请和，蒙、西夏联姻，西夏为蒙古属国。此事《元史·太祖本纪》云：

　　　　四年（1209年）己巳春……帝入河西，（西）夏主李安全（1206—1211年）遣其世子率师来战，败之……薄中兴府，引

---

①　《元史》卷107《宗室世系表》。
②　《蒙兀儿史记》卷151《公主》，台北，世界书局，1962（本书所引《蒙兀儿史记》均为此版本，下同）。
③　萧启庆：《元代史新探》，246，台北，新文丰出版公司，1983。
④　《蒙兀儿史记》卷151《公主》。

河水灌之。堤决，水外溃，遂撤围还。遣太傅讹答入中兴，招谕（西）夏主，（西）夏主纳女请和。[①]

《蒙古秘史》也谓：

> 从那里（成吉思可汗）就向合申（西夏）进兵，到达之后，合申的不儿罕就降服了。说："愿做你的右翼，给你效力。"就把名叫察合的女儿给了成吉思汗。不儿罕又说："听见成吉思可汗的声名，我已经害怕。如今你（这）有灵威的人亲身莅临，因敬畏（你的）灵威，我们唐兀惕人愿给你做右翼效力。"（又）奏请说："给（可汗）效力，（但）我们是定居的，是筑有城廓的，（即便）做伴，在疾速的行军中，在锋利的厮杀中，（既）追不上疾速行动（又）做不到锋利厮杀。如蒙成吉思可汗恩典，我们唐兀惕人，愿把高蓿棘草遮护地方所牧养的骆驼当做家畜献给（你）；织成毛布当做为缎匹（献）给（你）；训练捉猎的鹰鹞，挑选好的经常呈送给（你）。"于是就实践他所说的话，从唐兀惕百姓科敛骆驼，拿来呈献，（多得）都赶不动了。

这样的胜战纳娶西夏公主之后，类似地于宋嘉定七年（1214年），成吉思汗的大军又大破金国的北境围困中都燕京，金宣宗被迫遣使求和，以允济女及金帛、童男女各五百、马三千为条件求和。此事《金史·宣宗本纪》载：

> （贞祐）二年（1214年），三月辛未，遣（完颜）承晖诣大元请和。……甲申，大元乙里只札八来。诏百官议于尚书省。……庚寅，奉卫绍王（完颜允济，1206—1213年）公主归于大元太祖皇帝，是为公主皇后。……夏四月乙未朔……戊戌……至是以大元允和议，大赦国内。

《元史·太祖本纪》谓：

> 九年（1214年）甲戌春三月，驻跸中都（燕京）北郊。

---

① 《元史》卷1《太祖铁木真》。

诸将请乘胜破燕，帝不从。乃遣使谕金主曰："汝山东、河北郡县悉为我有，汝所守惟燕京耳。天既弱汝，我复迫汝于险，天其谓我何？我今还军，汝不能犒师以弭我诸将之怒耶？"金主遂遣使求和，奉卫绍王女岐国公主及金帛、童男女五百、马三千以献，仍遣其丞相完颜福兴送帝出居庸。[①]

《蒙古秘史》248节也云：

> 金朝皇帝的大臣王京丞相向金朝皇帝建议说："……暂且归附蒙古可汗议和。如蒙古接受和议，退兵，等撤退之后，再（有）别的打算，我们那时还可计议。听说蒙古人马不服水土，生了瘟疫。（若）把女儿嫁给他们的可汗，拿出金、银、缎匹、物资，重犒士兵，怎能知道我们这个和议不被接受呢？"金朝皇帝……说："若是这样就（去）做吧！"于是就来归附，将（一个）有公主名分的女儿给了成吉思可汗，把金、银、缎疋、财物等等，凡士兵们力之所及所能拿的东西，都从中都里给拿出来，由王京丞相送到成吉思可汗那里。因来归附，成吉思可汗接受和议，令进攻各城市的军队撤回。王京丞相送成吉思可汗一直（送）叫莫州、抚州的山嘴，绕回去。我们的士兵把缎匹财物尽力驮载，甚至用熟绢绷起来驮着走。

当时蒙古人本可攻下中都，但成吉思汗不想立即灭金在中原建立统治，而是先掳掠奴隶和财物，这样金才暂时渡过危机。从上述史料记载可知，蒙古与西夏、金的联姻，并非出自蒙古的请求，而是蒙古武力所迫、城下之盟的一个条件，与历史上的和亲性质显有差别，彼此间婚姻并非翁婿或兄弟关系，只是战胜者与战败者的关系而已。

至于蒙元与畏兀儿高昌的联姻，系源于当时高昌国王称"亦都护"（Idi - gut）巴而术·阿而忒的斤（Barchukhart - tegin）于

---

① 《元史》卷1《太祖铁木真》。

宋宁宗嘉定二年（1209 年）见蒙古新兴威势，举国入降，在蒙古王室注重各族国降附顺序及曾否抵抗的标准中，高昌被畀予最高地位和较大特权而"宠异冠诸国"。忽必烈就曾于元至元七年（1270 年）明告高丽元宗谓："汝内附在后，故班诸王下。我太祖时（高昌）亦都护先附，即令齿诸王上，阿思兰后附，故班其下，卿宜知之。"① 嘉定四年（1211 年）高昌亦都护巴而术·阿而忒的斤遵照成吉思汗的命令，到怯绿连河（今克鲁伦河）朝见大汗，成吉思汗给他很高的荣誉，许予"使尚公主也立·安敦（蒙语 Al－Altun，"明显的公主"之意，也作阿勒·阿勒屯；阿勒屯，蒙语作 Altun，"金色"之意。）且得序于诸子"，即排在可汗王子术赤、察合台、窝阔台、拖雷之后，成为"第五子"②。此事《元朝秘史》载：

> 委吾种的主亦都兀惕，差使臣阿惕乞剌黑等，来成吉思汗处说："俺听得皇帝的声名，如云净见日，冰消见水一般，好生喜欢了。若得恩赐呵，愿做第五子出气力者。"成吉思汗说："你来，女子也与你，第五子也教你做。"于是亦都兀惕将金、银、珠子、缎匹等物来拜见，成吉思汗，遂将阿勒·阿勒屯名的女子与了。③

《蒙兀儿史记》云：

> 而至巴而术·阿而忒的斤，是时成吉思已平乃蛮，降西夏，称尊号于漠北矣。先是巴而术·阿而忒之父月仙帖木儿，臣属西辽，内政尚得自主，及巴而术·阿而忒嗣立，西辽主直鲁古使契丹种人太师僧少监监其国。少监恣睢自擅，巴而术·阿而忒不能堪，用国相伱理伽普华计，结托蒙兀为外援。岁巳巳杀少监，遣其臣别吉思、阿邻帖木儿等来纳

---

① 《元史》卷 7《世祖忽必烈》。
② 《元史》卷 122《巴而术·阿而忒的斤》。
③ 《元朝秘史》卷 11，济南，齐鲁书社，2005。

款，受命未行。而成吉思汗诏谕之使安鲁不也奴等适至其国。巴而术·阿而忒大喜厚礼之，即遣别吉思等偕以来朝。其国书若曰："闻往来人言，可汗雄威大度，善抚百姓，方弃合剌契丹旧好，遣使通诚，并以古儿汗国情上达，不意远辱天使先临下国。譬云开见日，冰泮得水，喜不自胜，而今而后，愿帅部众为仆为子，竭犬马之劳，其使奉书已就道矣。"当是时，蔑儿乞脱黑脱阿中流矢死，其子忽秃、赤剌温、马札儿、秃薛干四人，函其父头，涉额儿的失水，将来奔。先遣其属额不干，通款于亦都护。巴而术·阿而忒杀之。四人者至，与畏兀儿大战于薪河（按屠氏指为今吐鲁番河），败去。巴而术·阿而忒知蔑儿乞为成吉思汗深仇，别遣其臣阿儿思兰斡乞、察鲁忽斡乞、李罗的斤、亦难海与仓赤四人，踵前使别吉思等后，轻骑驰出其前来告捷。既而别吉思等偕安鲁不也奴等亦至。成吉思汗大喜曰："亦都护果能输诚戮力于我。"乃遣安鲁不也奴等往劳，且征方物。巴而术·阿而忒寻遣使以珍宝方物入贡。辛未春，巴而术·阿而忒东觐成吉思汗于客鲁连行宫。奏言："汗若恩顾臣，使远近闻见，知臣得依托陛下绔带之间，附四子之末，幸甚。"成吉思汗感其言，字以皇女阿勒·阿勒屯公主，使序在第五子之列。岁巴卯，车驾亲征西域，巴而术·阿而忒帅畏兀儿部万人以从。与皇子拙赤同下养吉干城，奉命还镇本部。[①]

《高昌王世勋碑》也载：

　　妻以公主，曰也立·安敦，待以子道列诸第五。……与者必那演征军勉力、锁潭、回回等国，将部曲万人以先启行，纪律严明所向克捷。又从太祖征你沙卜里、征河西皆有大功。

　　然公主也立·安敦之下嫁高昌巴而术·阿而忒的斤的许

---

① 《蒙兀儿史记》卷36《汪古、畏兀二驸马》。

婚，因其正妃妒忌不令娶。窝阔台即位后又决定把也立·安敦嫁给亦都护，未几公主死。窝阔台又将阿剌真别吉公主嫁与亦都护，但旋亦都护也卒，故未成婚。

此事《蒙兀儿史记》载：

> 斡歌歹（即窝阔台）汗初，方议遣王姬下嫁，而阿勒·阿勒屯卒，无何，巴而术·阿而忒亦卒，子怯石迈因嗣。[①]

亦都护巴而术·阿而忒的斤死后，其子怯石迈因（乞失马因）朝见窝阔台汗，除册封其为亦都护外，且将阿剌真别吉嫁给了他，但因王卒而中止。

《史集》谓：

> 其子怯失迈因来朝窝阔台汗，册封为畏兀儿人民的亦都护，娶阿拉伊比姬为后，但不久怯失迈因逝世。

以上蒙古也立·安敦公主、阿剌真别吉公主分别许婚，而实际未成婚，然双方姻亲关系已成立，不受影响。后数传至火赤哈儿的斤时（至元三年，1266 年），因效忠元朝对抗西北蒙古诸王收抚畏兀儿散乱民众，尤其于至元十二年（1275 年）都哇、卜思巴等围攻高昌火州时，表现对元朝的忠心守城，又得尚元定宗女巴哈儿公主，并赐钞二十万锭赈其民。此事《元史》卷 122《巴而术·阿而忒的斤》谓：

> （火赤哈儿的斤）……其后入朝，帝嘉其功，赐以重赏，妻以公主曰巴巴哈儿，定宗之女也。又赐钞十万锭以赈其民。[②]

《高昌王世勋碑》也载：

> 历百战以从王事，捐骨肉以救其民……（忽必烈大为赏识以致）嘉其功，锡以重赏，妻以公主曰巴巴哈儿，定宗皇帝之女也。

---

① 《蒙兀儿史记》卷 36《巴而术·阿而忒的斤》。
② 《元史》卷 122《巴而术·阿尔忒的斤》。

至火赤哈儿于大战死后，其长子纽林的斤嗣，诣阙请兵为父复仇，元世祖壮其志，尚太宗孙女不鲁罕公主，公主卒又尚其妹八卜叉公主，生帖木儿补化和筏吉。至元十二年（1275 年）后高昌首都陷没于西北蒙古，武宗至大初，嗣为亦都护，赐金印。仁宗延祐三年（1316 年）始稽故实，封为高昌王，别赐驼纽金印，为设王傅官，其王印行于汉地，亦都护印则行于畏兀儿境内。八卜叉公主卒，又尚安西王阿难答女兀剌真公主，生太平奴。复立畏兀儿城。五年（1318 年）卒，子帖木儿补化嗣。大德中（1297 年—1307 年），尚阔端太子孙女朵儿只思蛮公主。至大中（1308 年—1311 年）从父入朝，留备宿卫，又事皇太后于东朝，以中奉大夫领亦都护事。至治中（1311 年—1323 年）领甘肃诸军，仍治本部。泰定中（1324 年—1327 年）召还，畏兀儿地入于蒙古察合台后王管控。（刘义棠：《中国边疆民族史》）有关纽林的斤之联姻，《元史》载：

> 子纽林的斤尚幼，诣阙请兵北征，以复父雠，帝壮其志，赐金币巨万，妻以公主曰不鲁罕，太宗之孙女也。公主薨，又尚其妹曰八卜叉。有旨师出河西，俟北征诸军齐发，遂留永昌。[1]

《高昌王世勋碑》也载：

> 上壮其志，赐金币巨万，妻以公主曰不鲁罕，太宗皇帝之孙女也。公主薨，又尚其妹，曰八卜叉公主。……八卜叉公主薨，尚公主曰兀剌真，安西王阿难答之女也。[2]

帖木儿补化之联姻，《高昌王世勋碑》云：

> 大德中，尚公主曰朵儿只思蛮，阔端太子孙女也。[3]

帖木儿补化之子不答失里也尚公主阿哈也先忽都，此事叶盛

---

[1]　《元史》卷 122《巴而术·阿而忒的斤》。
[2]　参阅回纥文《亦都护高昌王世勋碑》。
[3]　《道园学古录》卷 24《高昌王世勋碑》，台北，中华书局，1965（本书所引《道园学古录》均为此版本，下同）。

《水东日记》载：

> 帖木儿补化之子不答失里，尚阿哈也先忽都公主。

以上蒙元对高昌畏兀儿许婚计八次，其中有两次未成婚，四次联姻年代不明。另火赤哈儿也曾在察哈台汗国国主都哇的强求下把女儿也立·亦黑迷失别吉送给他，因性质类似掠夺婚与联姻不同，故未列入。唯对高昌联姻，属世代联姻性质。

附表 12-1

蒙元与西夏、金、高昌的联姻一览表

纪年	公主名	公主出身	和亲对象	出嫁后地位	参与婚礼人士	聘礼或赏赐	和亲年限	和亲(联姻)成效	出典
宋嘉定二年,蒙古太祖四年(1209年)春	(西夏)察合公主	西夏襄宗李安全女儿	蒙古成吉思汗	太祖第三斡儿朵第五妾察合皇后媲名氏		骆驼、缎匹、鹰献蒙古		西夏降于蒙古,蒙古允和,两国相安达八年	《元史》《蒙古秘史》《新元史》
宋嘉定七年,蒙古太祖九年(1214年)春	(金)岐国公主	金卫绍王女(完颜允济女)	蒙古成吉思汗	太祖第四斡儿朵之外别建鞑儿朵公主,皇后完颜氏	金遣丞相完颜福兴送成吉思汗出居庸	金帛、童男女五百,马三千献蒙古		蒙古允和议,唯不久因金迁都蒙古又再用中都	《元史》《金史》《新元史》
宋嘉定四年,蒙古太祖六年(或十六年)(1211年或1221年)	(蒙古)也立·安敦(阿勒·阿勒屯)	蒙古成吉思汗女(太祖女)	高昌亦都护(王)·巴而术·阿而忒的斤	拟也立可敦(阿勒)		亦都护送金银、珠子、缎匹等物	未成婚而卒	臣属关系确立,高昌王被封为成吉思汗第五子之女婿	《元史》《新元史》《蒙古秘史》

续附表 12 - 1(1)

纪年	公主名	公主出身	和亲对象	出嫁后地位	参与婚礼人士	聘礼或赏赐	和亲年限	和亲（联姻）成效	出典
宋绍定二年—嘉熙四年，窝阔台汗时（太宗 1229—1241年）	（蒙古）阿剌真别吉公主（阿拉伊比姬）	蒙古	高昌亦都护怯失迈因	拟王后			未成婚	册封为亦都护	《史集》
元世祖至元十二年(1275年)	（蒙古）巴巴哈儿公主	元世祖公主（定宗女）	高昌亦都护火赤哈儿的斤	王后		帝赐以重赏及钞十万锭以赈其民			《元史》《新元史》《蒙古秘史》
元世祖时	（蒙古）不鲁罕公主	元太宗孙女	高昌亦都护纽林的斤	王后		帝赐金币巨万		册封高昌王	《元史》《新元史》
元世祖时	（蒙古）八卜又公主	卜鲁罕妹（元太宗孙女）	高昌亦都护纽林的斤（继室）	王后					《元史》《新元史》

续附表 12 - 1(2)

纪年	公主名	公主出身	和亲对象	出嫁后地位	参与婚礼人主	聘礼或赏赐	和亲年限	和亲（联姻）成效	出典
元世祖时	（蒙古）兀剌真公主	元安西王阿难答女（世祖曾孙女）	高昌亦都护纽林的斤	王后					《元史》
大德中(1297—1307年)，元成宗元贞三年	（蒙古）朵儿只思蛮公主	元太宗子阔端太子孙女	高昌亦都护帖木儿朴化（中书左丞相）	王后				封谢广行省左丞相，密院，知枢密院事，拜中书左丞相，御使大夫	《新元史》
大德中(1297—1307年)，元成宗元贞三年	（蒙古）阿哈也先忽都公主		高昌帖木儿朴化子不答失里	王后					《水东日记》

三、蒙元与西夏、金、高昌联姻分析

（一）蒙元与西夏、金、高昌联姻性质与特色

1. 联姻性质

北亚游牧民族的蒙古依其自然环境及其传统文化所产生的婚姻观念、制度、习俗，与中原汉族有相当大的不同，而自有其功能与价值。元世祖至元十二年（1275 年），蒙古都哇、卜思巴等率兵 12 万围攻高昌火州，六月不解，都哇以书系矢射于城中曰："我亦太祖皇帝诸孙，何以不附我？且尔祖尝尚公主矣。尔能以女与我，我则休兵；不然则急攻尔。"……亦都护曰："吾岂惜一女而不以救民命乎！然吾终不能与之相见。"以其女也立·亦黑迷失别吉，厚载以茵，引绳缒城下而与之，都哇解去。其后入朝，元世祖嘉叹。① 从此史实可知北亚游牧民族的蒙古人视妇女如财物，在氏族外婚制成婚不易下盛行掠夺婚俗，尤其在战争中掠取妇女为妻妾视为当然，也成为胜利象征。其后蒙古在创建帝国过程中联姻更是其争取联盟、羁縻藩属的政治手段，并成为通好、亲善的安邦政策。

蒙元与西夏、金两王朝的联姻，从史实记载系西夏、金遭受蒙古攻击不支，以献公主缓兵求和，而蒙古是以胜利者收获战利品，并接受西夏、金的臣属，属于"强吃弱"惩罚性质的联姻，也有掠夺婚的遗迹。至于蒙元与高昌畏兀儿的联姻，则蒙古以赐公主招降高昌收为股肱。至元世祖忽必烈时代更企图联合对抗西北蒙古诸王势力；而高昌则为了避战结援，并借蒙古大国图存，双方成立藩臣、姻亲驸马关系，属于"强控弱"招降结援性质的

---

① 《元史》卷 122《巴而术·阿而忒的斤》。

联姻。唯纽林的斤以后，其亦都护已成为元朝的地方长官，联姻性质已变矣。总之，在当时蒙古与西夏、金、高昌的联姻，实质上均为少数民族政权间的联姻。而就蒙古言，在"慑之以兵，怀之以德"的法则下，透过联姻巩固发展高昌盟友关系，笼络并怀柔西夏、金。

　　2. 联姻特色

　　蒙元与西夏、金、高昌的联姻具下列特色：

　　（1）满足蒙古的愿望，均属单向婚——西夏、金察合公主、岐国公主嫁蒙古成吉思汗；蒙古巴哈儿、不鲁罕、八卜叉、兀剌真、朵儿只思蛮、阿哈也先忽都诸公主嫁高昌亦都护，未有双向婚情形（也立·亦黑迷失别吉送都唯，不列入联姻）。在高昌联姻中属世替（六代许婚），并有妻姊妹婚（sororate，不鲁罕、八卜叉、兀剌真三公主下嫁纽林的斤）性质。高昌亦都护巴而术·阿而忒的斤获赐婚后，在大蒙古国时期至元朝建立间未再下嫁公主于高昌。此据史载："（巴而术·阿而忒的斤）薨，次子玉古伦赤的斤嗣为亦都护"[1]，因为萨伦的斤卷入蒙古王室派系斗争之中，于南宋宝祐元年（1253 年）被大汗蒙哥处死（志费尼：《世界征服者史》）。当时西北蒙古诸王以海都为首的窝阔台、察合台、术赤诸系结成军事集团，盘踞今新疆西北一带与元朝政府分庭抗礼。至亦都护火赤哈儿的斤时遵从元朝政府之令，大力收抚畏兀儿散乱民众。尤其于元至元十二年（1275 年）都唯、卜思巴等领兵 12 万围攻火州，火赤哈儿的斤抱定"忠臣不事二主，生以此城为家，死以此城为墓"[2] 的决心，守城半年表现对元朝的耿耿忠心。于是又下嫁公主表扬亦都护的赤诚。至于蒙元与高昌为何未有双向互婚，那是因为蒙元虽重视高昌，但有别于蒙古族内四氏族互婚视为自己人，也有不同于西夏、金纳女示胜，以下

---

① 《道园学古录》卷 24《高昌王世勋碑》。
② 《道园学古录》卷 24《高昌王世勋碑》。

嫁公主结援控制焉。

（2）联姻对象身份地位均高——娶者为蒙古成吉思汗，或高昌亦都护（国王）；下嫁公主西夏察合公主为襄宗女，金岐国公主为卫绍王女，蒙元下嫁高昌公主包括太祖、定宗皇女，太宗孙女等，婚后名分地位为皇后或王后等。

（3）西夏、金王廷均陪送财宝给蒙古——西夏献骆驼、缎匹、鹰；金献金帛、童男女五百、马三千；高昌献金银、珠子、缎匹等，以满足胜利者的经济利益要求。

（4）联姻过程似不重视婚礼仪式——蒙古与西夏、金因系征服惩罚性婚姻；蒙元与高昌属施恩惠性婚姻，且蒙元为游牧民族，一般较不注重繁文缛节的婚礼仪式。此与中原汉族朝廷与边疆民族政权间的和亲观念与和亲礼仪有别。

（5）联姻后均降附于蒙古，除进贡财宝外，似多需向蒙元质子、入宿卫、同盟助讨、册封，并受达鲁花赤监督等。

（二）蒙元与西夏、金、高昌联姻比较与影响

1. 联姻比较

西夏察合公主为襄宗李安全之女，金岐国公主为卫绍王之女，两人均为王女，且都嫁给蒙古成吉思汗，属"弱献强"性质，在蒙古察合公主成为第三斡儿朵第五妾察合皇后（岂名氏），岐国公主成为第四斡儿朵之外别建斡儿朵公主皇后（完颜氏），似有虚名而无实际地位。因为依蒙古妇女地位，第一个妻子元配才是最有权者，即蒙古族的孛儿帖后，而且西夏、金政权均系战败国，已无靠山力量。西夏、金与蒙古联姻除送公主外还陪赠财物，双方属偶然个案、单向性式征服性质纳女求和的婚姻，就蒙元言系纳婚示胜。

至于蒙元与高昌畏兀儿的联姻，蒙古公主为皇女或皇孙女或皇室女，如也立·安敦（阿勒·阿勒屯）为太祖女，巴哈儿为定

宗女，不鲁罕、八卜叉均为太宗孙女，兀剌真为安西王女（世祖孙女），朵儿只思蛮为阔端太子孙女，地位均高，都下嫁高昌王（亦都护），屡世不替，单向式，且多妻姊妹婚。高昌聘礼不多，蒙古赏赐却不少，属"强赐弱"，公主在高昌均成为王后，有其地位。高昌王不仅成为蒙古驸马，且成为成吉思汗第五子与女婿，参与蒙古政治与军事，极有地位，并成为蒙古忠实的盟友。

2. 联姻影响

西夏、金政权与蒙古皇室联姻系于蒙古大军压境暂时缓兵求和之举，双方非诚心建立和好同盟的关系，因此联姻后未造成深远的正面作用。

在西夏纳女求和后，蒙、西夏双方暂时相安八年，在成吉思汗时代西夏称臣助蒙伐金，有不少西夏门阀将领主动"以城出献，助讨不服"，为蒙古人的军事胜利立下汗马功劳，后西夏曾不肯应征派兵随蒙西征，乃于宝庆二年（1227年）被蒙古所灭。至蒙古国前期，有许多西夏人为蒙古统治者所重用，他们或先当蒙古统治者的译者或宿卫，以耳目重臣的身份直接供职于蒙古大汗，或服务于蒙古诸王，协助其治理封地。至大蒙古国中后期，随着蒙古军队对金的征伐，他们入居内地参与对中原地区的管理。（何宁生：《元代西夏人的历史贡献》）

至于金在纳女向蒙古求和后，是岁五月，蒙古退兵，金主以中都残破又临近敌人，于是迁都南京（汴梁），引起札军降蒙古，金军大受打击，成吉思汗闻金主迁都，知其无诚意，甚不快，遣使责问并再攻下中都。后成吉思汗正有事于西域，将征金事专委木华黎负责，迄至宋理宗绍定二年（1229年）间攻击缓和，迨至元太宗即位后，金主派阿固岱来归太祖赗，太宗却之遂议伐金。次年春蒙古遣兵攻金，后又联宋攻金，于是于绍定七年（1234年）金亡。

畏兀儿高昌于宋嘉定二年（1209年）归顺联姻于蒙古后，高昌王亦都护巴而术·阿而忒的斤被封为成吉思汗的第五子，与诸皇子约为兄弟，高昌国成为蒙古的属国。在军事同盟上，分别于嘉定十一年（1218 年）蒙古征讨天山南麓屈出律战役中，亦都护奉命卒士兵三百参战。次年（1219 年）成吉思汗征伐西边阿姆河、锡尔河，亦都护等率兵万人合攻兀提剌尔、镬沙。嘉定十六年（1223 年）蒙古攻西夏战役中，亦都护又率军会师作战，也即高昌的亦都护在成吉思汗略定新疆天山南北、阿姆河和锡尔河流域、河西等地的军事活动中，都是一支重要力量，不但有很强的战斗力，且有良好的纪律，所以成吉思汗曾经给他以"纪律严明，所向克捷""皆有大功"的评价。① 清代史学家屠寄曾评论云："成吉思（汗）得（高昌畏兀儿）之长驱西域，还灭唐兀（西夏），无反顾忧。"② 其后巴而术孙马木剌的斤时曾率蒙古探马赤军万人，从蒙哥汗至四川参与平宋的战斗。火赤哈儿的斤时，都哇率兵 12 万于至元二十二年（1285 年）围攻高昌火州，火赤哈儿守城六月之久，宁舍女不降保全城堡阻挡都哇军东进，此举获忽必烈的赞扬。后火赤哈儿终于战死于抵抗海都、都哇的战场上。后火赤哈儿子纽林的斤诣阙请兵北征以复父仇，元世祖壮其志赐金巨万，并妻以公主。后以荣禄大夫平章政事领本部探马赤等军万人镇吐蕃宣慰司。纽林的斤长子帖木儿补化，自小在元大都任宿卫，后任巩昌等处都总帅达鲁花赤，即亦都护曾兼领甘肃诸军，后调任湖北襄阳任开府仪同三司湖广行省平章政事。可见高昌王亦都护一系成为蒙元统治中国西北边陲忠贞有力的支柱，并为其后得在此地区采取一系列军政措施统治该地。在军事上设阿力麻里元帅府监镇天山北路，又设别失八里都元帅府，震

---

① 《维吾尔族简史》编写组：《维吾尔族简史》，107～108 页，乌鲁木齐，新疆人民出版社，1991。

② 《蒙兀儿史记》卷 36《巴而术·阿而忒的斤》。

慑天山南路，并以掎角之势设曲先塔林都元帅府，扼守塔里木北缘中段咽喉①。

在政治上，成吉思汗允许高昌亦都护仍保有其称号，并保留原有的统治地区，居住的都城仍为哈喇和卓，蒙古派达鲁花赤进行监督，对蒙古有：质子、入宿卫、同盟助讨、被册封等义务，然其地位和待遇足以参与蒙古忽里勒台大会共商国政，在当时外族中地位最高，使高昌的统治阶层和成吉思汗形成了亲密的政治关系，双方的联姻具君臣兼翁婿的特殊关系。及至元朝建立，忽必烈企图借此联姻将高昌牵连在己方战线上对抗西北蒙古诸王，按当时高昌地处西北战略要冲，在元廷与西北诸王斗争中，高昌的向背举足轻重。其后更牢固地将"北至阿木河，南接酒泉，东至兀敦甲石，西临西番"的畏兀儿地区，控制在大元王廷之下，对抗西北蒙古诸王势力，并进一步加强了对此地区的行政管辖。（罗贤佑:《试论元朝蒙古皇室的联姻关系》）如至元十二年（1275 年）设阿力麻里行中书省，十八年设北庭都护府于哈剌火州，二十年又设别失八里、和（火）州、兀丹等处宣慰司。元廷通过这些机构来统管南北疆的事务。同时还加强内地一些行政措施如：提刑按察司等司法机构和置驿站，立屯戍，定赋税，行交钞，提拳司等，进一步加强对天山南北地区的管辖。此项影响，直到明代中叶明廷上层人物中仍有着"非元裔，不足以慑服诸蕃"（《裔乘》卷 8）之语。就高昌而言，自巴而术·阿而忒的斤（1209 年）至玉古伦赤的斤的高昌国，可说是"半独立时期"，自马木剌至火赤哈儿（1275 年）在位期间被称为"直接入元管辖时期"矣。

在制度文化上，当时北方诸族中高昌畏兀儿文明较高，与武力强盛的蒙古颇有互补互助的功能。高昌归顺联姻，为畏兀儿文

---

① 翁独健主编：《中国民族关系史纲要》，552～553 页，第三编元代部分（罗贤佑撰），北京，中国社会科学出版社，1990。

化输入蒙古及其统治的地区开辟了广阔的道路。首先是文字、典章制度的采用。其次是各种人才的擢用，这些不但在蒙古统一开国之初起了很大的作用，就是对元朝一代也占着极重要的地位，正如李符桐精研"回纥文明与元朝之建国"（《政治大学边政研究学报》，1962，1 期）畏兀儿人对于元朝建国之贡献（李符桐：《李符桐论著全集》第二册）回纥与元朝建国之关系等后总结谓："（蒙古）所以能建地跨欧亚之大帝国者，系以蒙古草原文化为胚胎，而助其发荣滋长者则为回纥文明，而后始克有此辉煌之成就也。"（李符桐：《回纥与元朝建国之关系》）

总之，高昌畏兀儿人在蒙元帝国社会地位较诸其他民族都优越、崇高而荣贵，仅次于蒙古人，而且不少人成为官宦世家，高门名族，据《新元史》记载，后来单在元朝中央做官的就有 29 大家族。（樊保良：《历史上蒙维关系之良好开端——兼论成吉思汗与巴尔术·阿而忒的斤》）《道园学古录》载："高昌之人，内侍近禁外布行例，语言文字之用尤荣于他族，而其人亦多贵且贤，若王之家又方以文学承之，盖高昌之所鲜有者也。"

四、结　语

一般族群关系同化型理论中，高登（Miton M. Gordon）将大量的生物性婚姻同化，归为族群同化阶段论七阶段中较后阶段，它不仅表示族群文化与结构的变化，而且亦表示出体质的变迁。[1]尤其已使族群在观念上的偏见与歧视大为减少，属正面良性平等关系的发展现象，所以族群间的婚姻关系为族群关系的重点，值得重视和研讨。

蒙古游牧社会中传承其氏族外婚制，由于其生活环境孕育出

---

[1] Martin, N. Marger. Race and Ethic Relations: American and Global Perspectives, Belment. Calif. Ormia. Wadsworth Publishing Company, 122~124, 117~120, 1994.

掠夺婚俗，并盛行族外婚。唯本文非一般性大量民众的族群联姻研究，而系上层政治性婚姻，笔者经过上述分析可对蒙元与西夏、金、高昌的联姻，归纳入下述蒙元两种不同的族群婚姻要点与意义中。其一，与西夏、金王室的联姻，即属征服性的"纳婚示胜"，西夏、金纳女求和，且属单向性族外婚，使西夏、金成为臣民。其二，即属结盟性的"世婚联盟"。包括：与蒙古内氏族部落弘吉剌（Qonggirat）、亦乞列思（Ikires）、斡亦剌（Oirat）三部联姻，系政治军事联盟性的双向性氏族外婚。与蒙古外族高昌畏兀儿亦都护、汪古（Önggüd）王室、西藏萨迦款氏、云南大理段氏联姻，即系施恩惠求向心，蒙元赐婚，且属单向族外婚。与东藩高丽王室联姻，即系宗藩关系的一环，由高丽请婚，且属单向原则的族外婚，将分别纳为自己人、内属及藩属（罗贤佑：《试论元朝蒙古皇室的联姻关系》）。兹简述如下：

附表 12 - 2

蒙元联姻主要内容与意义

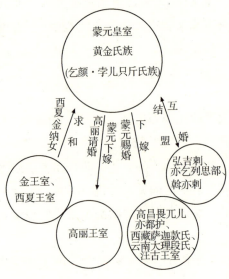

1. 征服性纳婚示胜

对西夏、金王室采单向性"纳婚",成为臣民。

2. 结盟性世婚联盟

(1)对蒙古内氏族部落采双向性"互婚"联姻,结为政治军事联盟,成为自己人。

①弘吉剌部;

②亦乞列思部;

③斡亦剌部。

(2)对蒙古外族采单向性"赐婚",结援成为内属。

①汪古王室;

②高昌畏兀儿亦都护;

③西藏萨迦款氏;

④云南大理段氏。

(3)对高丽王室采单向原则,接受"请婚",结援成藩属。

蒙元帝国就通过这种联姻关系,配合其强大的军事力量,来调整发展其内部及周围的民族关系,以建立其跨欧亚的雄伟帝国焉。

第十三章 清代满蒙联姻

　　满蒙联姻论其制度与成效均超过历代和亲，之所以能如此，皆因满蒙两族有近似的文化婚俗，且考虑当时的形势，满洲有『联蒙抗明』的需要。

清康熙恪靖公主与蒙古土谢图汗部扎萨克郡王敦多布多尔济塑像

第十三章　清代满蒙联姻

一、满洲的兴起与婚俗

（一）满洲的兴起

"满洲"之名，前史未见，其原为女真部族。兴起于 12 世纪，初仅为东北亚一部落，世居中国东北部东北端，即松花江与黑龙江诸流域一带。至其首领完颜阿骨打兴起后灭契丹，并与宋对峙，后入关建立大金王朝。金被蒙古灭亡后，女真族分为海西、建州、野人三部。而建州至明代又分为建州卫、建州左卫与建州右卫，而建州左卫乃为清之所出。左卫之设，始于肇祖孟特穆（孟哥帖木儿），长子充善、次子褚宴；第三子脱罗（锡宝齐仑古），其子福满，即兴祖；第四子觉昌安（叫场），即景祖，其子塔克世（他失），即显祖，其长子即太祖努尔哈赤。时女真分为满洲、长白山、扈伦、东海四部。努尔哈赤姓爱新觉罗，征服满洲五部及长白山之鸭绿江部后，疆土始大，势力遂强。后又破扈伦部之叶赫联军。明万历四十四年（1616 年）遂独立，即皇帝位，国号曰后金（后改称满洲）。明熹宗天启六年（1626 年）努尔哈赤战死，其八子皇太极嗣位，改征朝鲜及察哈尔蒙古，明崇

祯九年（1636 年），更国号"金"为"大清"。清世祖顺治元年
（1644 年），满族入主中原，建立"大清帝国"，建都北京，顺治
十八年（1661 年）统一中国，统治中国达 267 年之久。（《边疆
文化论集》）

　　太祖努尔哈赤与其子太宗皇太极在关外建立了 28 年的政权，
其后皇太极改女真为满洲，近代满族即是在清太祖努尔哈赤统一
女真各部的基础上形成的。

（二）满洲的婚俗

　　金代之女真民族原为生活在"白山黑水"间之渔猎民族，其
社会基础为家族穆昆（mukun），氏族（姓氏哈拉，hala）。初氏
族（姓氏）下有家族（穆昆），后演变为氏族下穆昆[①]，随着氏
族社会的发展，哈拉、穆昆不断演变，姓氏也或以地为氏或以部
为氏，有其特点[②]，属部族社会，氏族长称"谋克"（满语"穆
坤塔"），权力极大。至元末明初经过分化与重组，女真社会已非
纯血缘的氏族部族结构，亦非旧有之家长制，而是近于元代封建
官僚制与部族酋长制之混合形态。[③] 明初重组后，女真部族结构
由最基本的家族，先组成许多家族的部落，再由大小不同的部落
进而组成部族。至明成祖靖难政变成功后之羁縻政策下，给女真
民族制定一套以部族集团为中心的"卫所制度"，因此种土官制
度而导致女真民族社会成为"部族其表，官僚其实"的社会结
构，以后又随着政军的改变而有所变迁。[④]

　　女真时代通行本族氏族外婚制，盛行一夫多妻制，并有掠夺

---

① 《沈阳满族志》，48 页，沈阳，辽宁民族出版社，1991。
② 庄吉发：《"中华民国"史·民族志（初稿）》，77 页，台北，台北国史馆，1995。
③ 李学智：《女真（满洲）民族社会组织的研究（一）——元末明初女真重组后之
　社会结构》，台北，《政治大学边政研究所学报》，1982（13）。
④ 李学智：《女真（满洲）民族社会组织的研究（二）——析论明代初期女真民族
　社会组织形态之演变与经过》，台北，《政治大学边政研究所学报》，1982（14）。

婚俗，下层女真人也可通过北亚游牧民族的收继婚（夫兄弟婚）以"转房"方式取得多妻。阿骨打建国后，由异姓氏族通婚的新俗所代替。（《金史》卷2《太祖完颜阿骨打》）上层贵族男婚女嫁开始由族长或家长包办，讲究等级，贵族间形成异姓世婚的习俗。此种婚姻不再是个人的感情和意愿，而是家世和利益。与此相关地产生了指腹为婚的习俗，是贵族间一种带有预支的政治或经济交易。另外女真有劳役婚制，在求婚礼仪中有些女尊男卑的意味，成婚后新郎必须在新娘家服三年劳役，表示对女方丧失一个成年劳力的补偿。在寻找对象求爱的习俗中规定，每年正月十六日为"纵伦日"，有情人可先与室女私约，至期而窃期去者，女愿留则听便。

金朝入主中原后，女真人逐渐与他族通婚，原来贵族间世婚、后不娶庶族等约束逐渐改变，如渤海人的大氏、李氏、张氏，契丹人的耶律氏，汉人的刘氏、李氏、王氏都多纳为后妃。金世宗明令女真人与契丹人杂居，男婚女聘，渐以成俗。（《金史》卷88《唐括安礼》）章宗下令女真人迁居中原者与当地居民"递相婚姻"，已有开放。明代女真的婚俗因地域而各具特色，不可一概而论，唯酋长们娶妻纳妾，过着多妻生活，并互相联姻，当时的聘礼已十分厚重。夫兄弟婚俗仍然存在。至努尔哈赤创建八旗组织，使清初的满族婚姻也纳入八旗轨道。旗下所生子女听上选配，或听亲王，并不敢自主。清太宗皇太极曾规定：八旗官员的婚姻由所管贝勒决定，一般平民的婚姻由牛录章京"佐领"决定。当时连王公贵戚子女的婚姻也不能自主，而由太后指配给满洲、蒙古、汉军的八旗贵族联姻，称为"指婚"，满语称"拴婚"。至满旗入关后，此种由八旗首领决定婚姻的做法仅存形式，受汉族封建文化影响，倾向以民族融合为特色的婚俗。

清代的满族婚姻系一夫一妻制，为崇尚一夫多妻习俗，然严禁同姓通婚和夫兄弟婚的"转房婚"俗。满族旧俗婚姻不论行辈，但后来也大多讲究起来。年龄在十六七岁即可订婚，结婚多在二十几岁。清代满族的婚俗大致依次顺序进行：（1）通媒：男方依门第相当托媒向女家说媒，媒人赴女家每次携带一瓶酒为礼，计三次了解诚意，俗称"成不成，三瓶酒"。（2）小定：女方答应议婚，男方主妇至女方家问名，相看年貌，姑娘来装烟一袋，俗称"装烟礼"。如满意则赠送如意、钗钏等以为定礼，名为"小定"。男方主妇将首饰亲戴姑娘称为"插戴礼"。（3）拜女家：选择吉日未婚婿与族人前往女家问名，表达求婚，聚族答谢欢迎，算正式订婚俗称"大定"。大定礼毕，未婚夫人拜女家神位，再拜谢女家父母、舅舅等诸亲，其后女家进茶，主宾易位，再设酒宴祝贺。（4）下茶：男方依议定的聘礼择吉日赴女家下聘。聘礼多依地位、贫富而异。上层贵族多以鞍马、甲胄为主；一般百姓多以猪、羊、酒、饯、帛、首饰等物为礼。聘礼置于铺有红毡的高桌上，抬送女家陈列于祖先案前，两亲翁并跪斟酒互递蘸祭，俗称"换盅"。女家设宴款待，男家赠银，以供跳神志喜之用。（5）开剪：男方选好结婚日期，提前通知女家，称为"送日子"。男家将新娘的彩布、衣服送至女家陈列于祖先案前，两亲翁并跪，奠酒焚，互相贺喜。（6）送嫁妆：婚期前一日或九日，女家将陪嫁妆奁放置在铺红毡的高桌上，抬送到男家，陈列于门前，俗称"过柜箱"。（7）迎娶：婚礼一般三天，第一天男方由全福的长辈布置好洞房，彻夜奏乐笙歌以驱鬼怪，俗称"响房"，农村也类似称"响棚"。东北满族新娘则在头一天离家，临走前叩拜祖先及佛托妈妈。新娘登彩车时，脱去娘家鞋，改穿踩堂鞋，由送亲婆陪送，到离新郎家不远的某家住宿，俗称"打下处"。第二天晨曦初露，新娘登彩车，其兄护送。与此同时新郎拜毕祖坟，由姑爷陪同，率领迎亲车出发，一路上鼓乐齐鸣，两车于中途相遇，其兄将新娘抱至迎亲车上，俗称"插车"。车行至夫家门口停，新娘在车中等候，称为"劝性"。新郎持弓矢向轿下三射，以为"驱煞神"，新娘踏马兀（方凳），头覆红巾，前后心各悬铜镜，至天地桌前，一对新人面北而拜，俗称"拜北斗"。再经"抱宝瓶""坐福"（坐帐篷、坐帐）等礼仪。（8）开脸：新娘住进帐篷或洞房后，由伴娘用红线绞掉脸上的汗毛，俗称"开脸"。（9）祝吉：天交正午，于院内设神桌供猪哈力巴肉（猪肘）一方、酒三盅，由萨满致祭。新人在神桌前跪拜、爻吉，萨满念合婚歌，俗称"哈力巴经"。（10）合卺：祝吉后，新人回洞房，互换酒杯饮酒为"合卺礼"。接着吃子孙饽饽和长寿面，然后男女争坐被上以为吉兆，并表现欢乐。第三天清晨，两新人五鼓起身，拜天地、神祖、公婆、姑舅及族中各尊长、卑幼，俗称"分大小"，新娘开始确立了在家庭中的地位角色。（11）回门、住对月：婚后第三天，新娘由嫂嫂带领叩拜祖坟，并将点燃的烟敬上，然后逆河水行走而归。婚后七日新郎陪新娘回娘家，俗称"回门"。婚后一个月，新娘回母家住一个月，俗称"住对月"①。

总之，满洲民族婚俗源自女真婚俗，其特色在夫兄弟婚（转房、收继婚）、劳役婚等，后经各部族战乱，至满洲初兴婚俗显现杂乱。至清人入关渐染婚俗而成《满洲四礼集》所载制度。因此满洲婚俗已非女真婚俗，也不能以《满洲四礼集》一书所列规制，而满洲初兴起之史例也仅视为非常制之俗。② 满族社会妇女注重守寡，丈夫亡故后，一般不易改嫁。

---

① 王宏刚，富育光：《满族风俗志》，157～173 页，北京，中央民族学院出版社，1991。
② 李学智：《满洲民族初兴期之婚姻习俗》，台北，《政治大学边政研究所学报》，1985（16）。

二、满蒙联姻实况

（一）早期满蒙关系

满族兴起源于我国东北地区，该地区的汉、蒙、女真等族很早就杂居共处，联姻互市，相互往来。在长期相处中，于女真、蒙古人中流行这样一句成语："八十万尼堪，四十万蒙古，三万女真"（满文老档：《太祖朝卷》13、14）。"尼堪"系满语音译，意为"明国""明人""汉人""蛮子"。从上述成语可以了解明代满族兴起前，汉、蒙、女真的人口、势力及地位等。另在明朝与蒙古、女真酋长之间的力量上，明略占优势，蒙古贝勒力争辽东霸权，女真则依从在二强之间。也即在明帝和蒙古汗、贝勒竭力争夺辽东霸权中，女真族终归因人口稀少、部落分散而成为二强的附庸。

明万历十一年（1583 年）清太祖努尔哈赤起兵于赫图阿拉。万历四十四年（1616 年）称英明汗，定国号为后金，年号天命，使东北地区情势成为明、后金与蒙古三方争夺，而蒙古各部落分裂涣散，势力逐渐下降，为明、金二强相争的从属地位。明廷采"以西虏（蒙古）制东夷（满族）"（联蒙抗金）政策。而北有蒙古，西接明国，处于二强之中的后金努尔哈赤及其继承人皇太极，则确定了力挫二强及联合蒙古抗击明朝策略，以称霸辽东。

努尔哈赤为执行上述目的，采取以武力为后盾，招抚为主，征剿为辅，大力争取蒙古各部的方针，对主动来归、睦邻友好的蒙古贝勒、台吉额外优待，经战败降顺或求和修好的蒙古人，也给予优厚待遇；而对领兵来攻的坚决为敌者，则迎头痛击。盖蒙古兵骁勇剽悍，可增补满洲八旗兵丁，使其为后金效力，以进攻大明，占据辽东，再图大军主攻明朝。且使蒙古从助明转为助金，解除后金的后顾之忧，摆脱西、北夹攻的危险，削弱明朝的力量，壮大后金的声势。

在争取蒙古各部中，努尔哈赤首先与邻近的科尔沁蒙古部联系拉拢，再及内喀尔喀五部，然后对付察哈尔蒙古部。[①] 而争取手段是许以官职、联姻婚娶等和平友好方式，此外亦以实力为后盾武力相向，即"以武力为后盾，招抚为主"的"恩威并施"的方针。天命十一年（1626 年）八月，努尔哈赤去世，四贝勒皇太极继位，继续执行其父汗"联蒙抗明"的国策，初期以武力为后盾，剿抚兼用，以战求抚，实现其统一东北的目标，并在八旗劲旅连败明军，降服察哈尔部的军事威胁的影响下，漠南蒙古各部贝勒、台吉、大臣、属民纷纷归顺定居金国，编入满洲八旗，隶领牛禄[②]身任官职。清军入关前夕，满洲八旗内有蒙古佐领[③] 35 个和分佐领 25 个。皇太极又按满洲八旗编制，把蒙古原有两个旗，增编为"八旗蒙古"，崇德末年蒙古八旗有 117 个佐领和 55 个分佐领（《大清会典事例》卷 1111），并派官前往蒙古故地将其人丁编立牛禄，若干牛禄编为一旗。到清太宗崇德七年（1642 年）漠南蒙古已编二十七旗（《清太宗实录》卷 31、32、59），一般称之为"外藩蒙古"。为重视蒙古特立"蒙古衙门"，专门管理外藩蒙古事务。通过政治、军事等方面的约束和调配，漠南蒙古贝勒悉为金国天聪汗（大清宽温仁圣皇帝皇太极）的臣僚，使漠南全部统一于清国之下。此时"四十万蒙古"背离"八十万明国"，转而拥戴"三万女真"和天聪汗皇太极。

清太宗皇太极于崇德八年（1643 年）八月初九日病故，皇九

---

① 庄吉发：《清太祖太宗时期满蒙联姻的过程及意义》，载《清史论集（二）》，台北，文史哲出版社，1997。

② 五十户设一牛禄。"牛禄"意为大箭，指打猎时之小集团，系血缘与地缘两种组织结合而成。

③ 佐领（Somoinjanggi），满洲语称为"牛禄额真"，指率领约三百人牛禄的领导。

子福临继位，改明年为顺治元年（1644年），清军入关以后，仍执行"争取、优待和依靠蒙古贵族"的基本国策，极力加强满蒙贵族联盟。蒙古各部，尤其漠南蒙古科尔沁等多数部落贵族支持此项政策，派遣兵马跟随清帝配合八旗军队南征北伐，终于入主中原。

至满蒙联姻，满洲努尔哈赤、皇太极父子时，即"视婚媾为攘夺之斗"，首先通过与蒙古科尔沁部的"世缔国姻"与"互为嫁娶"，以血缘关系为纽带，笼络封建王公，双方结成巩固的联盟，借以驾驭骁勇善战的蒙古军事力量。以所谓"南不封王，北不断亲"[①] 为国策，采"以亲女羁縻所欲翦除之人，笼络所欲招徕之敌"（孟森：《上朝外纪上篇》），以筑起一座人为的巩固长城[②]，使终清之世，蒙古成为满洲的坚定盟友，可见其意义重在和好同盟。

（二）满蒙联姻实例

附表13-1

清代满蒙联姻实例表

纪年	公主名	公主出身	和亲对象	在蕃地位	出典
清太祖，明万历四十年（1612年）	博尔济吉特氏	科尔沁部台吉明安女	清太祖努尔哈赤	庶妃	《清史稿》
清太祖，明万历四十二年（1614年）四月		扎鲁特部贝勒钟嫩女	太祖次子代善	妻	《清太祖高皇帝实录》

① 见《御制》固龙雍穆长公主墓志铭；刘学铫：《历代胡族王朝之民族政策》，284~285页，台北，知书房出版社，2005。

② 金元山，戴鸿义：《试论努尔哈赤、皇太极与科尔沁部的联姻关系》，《沈阳师范学院学报（社科版）》，1986（1）。

续附表 13 - 1 (1)

纪 年	公主名	公主出身	和亲对象	在蕃地位	出 典
清太祖，明万历四十二年（1614年）四月		扎鲁特部内齐汗之妹	太祖五子莽古尔泰贝勒	妻	《清太祖高皇帝实录》
清太祖，明万历四十二年（1614年）四月		科尔沁部莽古思贝勒女	太祖四子皇太极贝勒	后（孝端文皇后）	《清太祖高皇帝实录》
清太祖，明万历四十二年（1614年）十二月		扎鲁特部额尔济格女	太祖十子德格类	妻	《清太祖高皇帝实录》
清太祖，明万历四十三年（1615年）正月	博尔济吉特氏	科尔沁部贝勒孔果尔女		庶妃（后封为寿康太妃）	《清太祖高皇帝实录》
清太祖天命二年，明万历四十五年（1617年）二月		努尔哈赤弟达尔汉巴图鲁贝勒舒尔哈赤四女	台吉恩格德尔	妻	《清史稿》
清太祖天命六年（1621年）八月		喀尔喀斋赛贝勒（赛三）女	后金大贝勒代善		《清史稿》
清太祖天命七年（1622年）		汗女	卓里克图之子兀勒泽伊图、楚尔札尔、噶尔马、顺汉木博奔		《清史稿》
清太祖天命七年（1622年）		大贝勒代善女	莽果尔父子、岱青之子拜音贷、绰尔齐、密塞、伊林泰、额布		《清史稿》
清太祖天命七年（1622年）	博尔济吉特氏	科尔沁孔果尔贝勒女	太祖十二子阿济格	妻	《清史稿》
清太祖天命九年（1624年）		科尔沁桑阿尔塞女	太祖十四子多尔衮	妻	《清史稿》

续附表 13 – 1（2）

纪　年	公主名	公主出身	和亲对象	在蕃地位	出　典
清太祖天命十年（1625年）	博尔济吉特氏	科尔沁寨桑贝勒女	太祖四子皇太极	庄妃（孝庄文皇后）	《清史稿》
清太祖天命十年（1625年）十一月	聪古图公主	努尔哈赤八女	喀尔喀部古尔布什台吉		《清史稿》
清太祖天命十年（1625年）		济白里杜济获女	喀尔喀部莽果尔台吉		《清史稿》
清太祖天命十一年（1626年）	图伦二女	舒尔哈赤女	科尔沁奥巴台吉		《清史稿》
清太宗天聪二年（1628年）		代善长子岳托长女	科尔沁寨桑贝勒子满朱习礼		《清太宗实录》
清太宗天聪二年（1628年）		札萨图杜布塔齐女	代善四子瓦克达	妻	《清太宗实录》
清太宗天聪二年（1628年）		岳托三女	巴林部色棱		《清太宗实录》
清太宗天聪三年（1629年）		图美卫征女	努尔哈赤次子代善		《清太宗实录》
清太宗天聪三年（1629年）		代善五女	科尔沁多尔济台吉		《清太宗实录》
清太宗天聪三年（1629年）	哈达公主	太宗女	敖汉部长索诺木杜棱		《清太宗实录》
清太宗天聪四年（1630年）		济尔哈朗四女郡主	阿噜科尔沁穆彰贝子		《清太宗实录》
清太宗天聪五年（1631年）正月		努尔哈赤七子阿巴泰四女	布尔噶都代达尔汗		《清太宗实录》
清太宗天聪五年（1631年）正月		努尔哈赤五子莽古尔泰女	科尔沁喇斯喀布		《清太宗实录》
清太宗天聪七年（1633年）		科尔沁大妃女	努尔哈赤十五子多铎	妻	《清太宗实录》

续附表 13 - 1 (3)

纪年	公主名	公主出身	和亲对象	在蕃地位	出　典
清太宗天聪七年（1633 年）		扎鲁特翁那台吉女（翁诺依女）	努尔哈赤十子德格类	妻	《清太宗实录》
清太宗天聪七年（1633 年）		太宗皇太极长女固伦公主	敖汉部班北（索诺木杜棱弟义子）		《清太宗实录》
清太宗天聪八年（1634 年）		科尔沁琐诺木女	多铎		《清太宗实录》
清太宗天聪八年（1634 年）		贝勒阿巴泰七女	科尔沁绰尔济		《清太宗实录》
清太宗天聪八年（1634 年）	博尔济吉特氏	科尔沁吴克善女	清太宗皇太极	宸妃	《清太宗实录》
清太宗天聪九年（1635 年）	马喀塔	皇太极次女固伦公主	察哈尔和头亲王林丹汗子额哲	妻	《清太宗实录》
清太宗崇德元年（1636 年）		科尔沁伊尔都齐女	皇太极长子豪格	妻	《清太宗实录》
清太宗崇德二年（1637 年）		杜尔伯特阿都齐女	岳托	妻	《清太宗实录》
清太宗崇德三年（1638 年）		岳托六女	科尔沁达或达尔汉卓里克图巴敦	妻	《清太宗实录》
清太宗崇德四年（1639 年）	苏尼特	腾机思女	清固山贝子博洛	福晋	《清太宗实录》
清太宗崇德四年（1639 年）正月		皇太极三女	科尔沁祈他特（奇塔特）		《清太宗实录》
清太宗崇德五年（1640 年）	阿霸核	衍庆宫淑妃博尔济吉特氏抚养女	多尔衮	妻	《清太宗实录》
清太宗崇德五年（1640 年）		多罗郡王阿达礼妹	苏尼特部酋长腾机思郡王		《清太宗实录》
清太宗崇德六年（1641 年）	固龙雍穆长公主	皇太极四女	科尔沁卓里克图亲王吴克善之子弼尔塔噶尔		《清太宗实录》
清太宗崇德八年（1643 年）		科尔沁桑阿尔塞女	祜塞	妻	《清太宗实录》

续附表 13 - 1 （4）

纪年	公主名	公主出身	和亲对象	在蕃地位	出 典
清世祖顺治二年（1645 年）二月	淑哲公主	皇太极七女	（原属）扎鲁特部鄂齐尔桑之子喇玛恩		《清世祖实录》
清世祖顺治二年（1645 年）四月	固伦永安长公主	皇太极八女	科尔沁土谢图亲王巴雅斯卓朗		《清世祖实录》
清世祖顺治四年（1647 年）	固伦公主	皇太极十一女	阿坝垓部噶尔玛索诺		《清世祖实录》
清世祖顺治五年（1648 年）二月	固伦长公主	皇太极五女	巴林部郡王色布腾		《清世祖实录》
清世祖顺治五年（1648 年）九月		皇太极九女	哈尚（所属部别不详）		《清世祖实录》
清世祖顺治八年（1651 年）八月		皇太极十二女	班迪（所属部别不详）		《清世祖实录》
清圣祖康熙二年（1663 年）		安亲王岳乐女	察哈尔阿布泰	妻	《清圣祖实录》
清圣祖康熙九年（1670 年）九月	和硕端敏公主	顺治帝抚从史简亲王济度二女	科尔沁部达尔汉亲王班第		《清圣祖实录》
清圣祖康熙二十九年（1690年）三月	初封和硕纯禧公主，后进封固伦纯禧公主	圣祖抚弟恭亲王常宁长女	班第，博尔济吉特氏，科尔沁台吉		《清圣祖实录》
清圣祖康熙三十年（1691年）六月	初封和硕荣宪公主，后进封固伦荣宪公主	圣祖三女	乌尔滚，博尔济吉特氏，巴林郡王		《清圣祖实录》《清史稿》
清圣祖康熙三十一年（1692年）十月	和硕端静公主	圣祖五女	噶勒藏，乌梁海氏，袭喀喇沁杜棱郡王		《清圣祖实录》
清圣祖康熙三十六年（1697年）十一月	初封和硕公主，又封和硕恪靖公主，后进固伦恪靖公主	圣祖六女	敦多布多尔济，博尔济吉特氏，袭喀喀郡王，后进亲王		《清圣祖实录》

续附表 13－1（5）

纪　年	公主名	公主出身	和亲对象	在蕃地位	出　典
清圣祖康熙四十五年（1706年）五月	初封和硕纯悫公主，后追进封固集体伦纯悫公主	圣祖十女	策凌，博尔济吉特氏，漠北蒙古赛音诺颜部亲王		《清圣祖实录》
清圣祖康熙四十五年（1706年）十月	和硕温恪公主	圣祖十三女	仓津，初名班第，博尔济吉特氏，袭翁牛特杜棱郡王		《清圣祖实录》
清圣祖康熙四十七年（1708年）十二月	和硕敦恪公主	圣祖十五女	多尔济，博尔济吉特氏，科尔沁台吉		《清圣祖实录》
清圣祖康熙四十七年（1708年）十二月	和硕淑慎公主	世宗抚兄理亲王允礽六女	观音保，博尔济吉特氏，科尔沁部人		《清世宗实录》
清世宗雍正七年（1729年）十二月	和硕和惠公主	世宗抚弟怡亲王允祥四女	多尔济塞布腾，博尔济吉特氏，喀尔喀亲王丹津多尔济子		《清世宗实录》
清世宗雍正八年（1730年）十二月	和硕端柔公主	世宗抚弟庄亲王允禄长女	齐默特多尔济，博尔济吉特氏，科尔沁郡王罗布臧喇什子		《清世宗实录》
清高宗乾隆十二年（1747年）三月	固伦和敬公主	高宗三女	色布腾巴尔珠尔，博尔济吉特氏，科尔沁辅国公（后封亲王）		《清高宗实录》
清高宗乾隆十五年（1750年）十二月	和硕和婉公主	高宗抚北和亲王弘昼女	德勒克，博尔济吉特氏，巴林辅国公		《清高宗实录》
清高宗乾隆三十五年（1770年）七月	固伦和静公主	高宗七女	拉旺多尔济，博尔济吉特氏，额驸超勇亲王策凌孙		《清高宗实录》

续附表 13 - 1 (6)

纪年	公主名	公主出身	和亲对象	在蕃地位	出 典
清仁宗嘉庆六年（1801 年）十一月	和硕庄敬公主	仁宗三女	科尔沁部索特纳木多尔济		《清仁宗实录》
清仁宗嘉庆六年（1801 年）十一月	固伦庄敬公主	仁宗四女	土默特部玛尼巴达喇		《清仁宗实录》
清宣宗道光二十一年（1841年）十月	固伦泰安公主	宣宗四女	奈曼部台吉德穆楚克纪布		《清宣宗实录》

三、满蒙联姻分析

（一）满蒙联姻性质与特色

清代满蒙联姻的两百余年历史中，以血缘关系为纽带，笼络蒙古王公与之结成政治联盟的基本原则不变，然为达成此项原则，其具体个案目的、内容、手段都可能变化，今可归纳如下特色①：

1. 以"姻好"巩固"盟好"，促进联盟

满蒙联姻在清一代都建立在双方王公的政治联盟上，即通过"姻好"的政治性联姻，将蒙古纳入政治斗争可借助的联盟力量。

2. 大规模，多层次，持续性的互通婚姻

中国历代各朝的和亲，多数以中原王朝的皇室女公主下嫁边族政权的领袖，且单向的，人数、案例持续性有限。而清代下嫁外藩的公主、格格给蒙古王公亲王、郡王、台吉、塔布囊等，清廷皇帝、宗室大臣娶蒙古王公女子者也普遍。通婚经常累世或交叉进行。在满蒙两百年左右的联姻活动中人数极多（见附表 13 -

---

① 华立：《清代的满蒙联姻》，《民族研究》，1983（2）；马大正：《中国边疆通史丛书——中国边疆经略史》，475～491 页，郑州，中州古籍出版社，2000。

1），地域分部也广，包括漠南、漠西、漠北三大部分，十六部几十个旗，且从清朝皇室与蒙古王公，从上层到中下层，都普遍建立起了血缘亲属关系。使蒙古王公向心清王朝，形成荣辱与共、休戚相关的亲密感，并认同支持清政权。

3. 婚姻对象不论行辈、复杂

满蒙联姻在婚姻对象上有姑姑、侄女同嫁一人者，有姊妹同嫁一人者，更有两人互为翁婿者，不避讳亲族行辈关系，从汉文化立场看非常复杂混乱，其实除受满蒙传统习俗影响外，也受当时政治上的目的与需要的影响。①

4. 通婚手段与其他手段并用，互为补充

满蒙联姻要发挥效果，除通婚手段外，涉及问题颇广，应有配套措施才能完整充实。尤其在政治、经济上的关系，围绕通婚中心形成了一套维护巩固两族上层特殊亲戚关系的规定，并使其制度化，诸如：俸禄俸级制，入京朝觐、回京省亲的限制，赐恤致祭、生子予衔制及备指额驸等。

（二）满蒙联姻变迁与影响

1. 联姻变迁

满蒙联姻200余年中，虽其原则不变，但其个案目的、做法因其时代与需要各有差异。固有其变化与发展，一般将其分为四个阶段：

（1）发生阶段：努尔哈赤时代（包括建元天命以前）建元天命前之明万历四十年（1612年）春正月，努尔哈赤"闻蒙古国科尔沁贝勒明安之女甚贤，遣使往聊，明安许焉。送女至，上具车服以迎，筵宴如礼"（《清太祖高皇帝实录》卷4）。由此，开

---

① 金元山，戴鸿义：《试论努尔哈赤、皇太极与科尔沁部的联姻关系》，《沈阳师范学院学报》，1986（1）。

始了有清一代的两族联姻。

（2）发展阶段：皇太极至福临初，即从天命十一年至顺治年间满蒙联姻政策进入承前启后的发展阶段，在联姻人数上迅速增加，并在做法上采三种类型：①大力巩固和发展与科尔沁部的通婚友好关系。②为笼络归附的广大漠南蒙古各部及时建立通婚关系。③以联姻方式怀柔以前的对手，并在联姻政策上采取一套维护两族上层特殊亲戚关系的制度化规定。

（3）完善阶段：康熙至乾隆时代，康熙后对蒙古王公子弟中的部分人采"教养内廷"的办法，待其成年后又纳为额驸，使其文化同化并认同清朝。

（4）因循保守阶段：嘉庆以后至清末，此时期满蒙联姻只见沿袭成例保持规定。

2．联姻影响

对于清朝而言，满蒙联姻政策是成功的而且对整个中国的影响也深远，今略述重要影响如下：

（1）通过血缘联姻以笼络蒙古巩固联盟，借以驾驭蒙古军事力量，达到统一的目的。

（2）促进蒙古与汉族为主的中原内地之政治、经济、文化诸方面的交流和融合。

（3）增进蒙古各部向心满洲，进而也认同中原内地与中央政权。

（4）有益于今日中华民族多民族共同体的形成与巩固。

四、结　　语

满洲兴起于东北亚少数民族，而能入主中原建立大清王朝，统治 200 余年，并非偶然，而有其高明的策略与作为，尤其在民族政策上，能将历史上一直威胁中原朝廷的北亚游牧民族蒙古收编为国力，并统一为长期统治的力量，其中以满蒙联姻，即清朝的满族统治集团与蒙古王公之间长期持续的通婚活动最引人注目和评价最高，值得研究。

中国古代历史上，历代统治者为谋此目的采用政治性通婚的和亲、联姻例子不少，其中和亲成为政策稍具规模规范，而联姻则较为松散无一定规则，然满蒙联姻论其制度与成效均超过历代和亲。其所以能如此者，是因为在联姻的基础上满蒙两族有其近似的文化婚俗，在当时的情势上汉、满、蒙三强中，满洲有其"联蒙抗明"的需要。

满蒙联姻始于明万历四十年（1612 年）春，努尔哈赤娶科尔沁贝勒明安女。历经努尔哈赤时代的发生阶段，进入皇太极至福临初的发展阶段，首先发展与跟科尔沁部的通婚友好；其次笼络前来归附的漠南蒙古各部，建立通婚；再次用联姻怀柔自己从前的对手等三种方策。康熙至乾隆趋于完善阶段，嘉庆至清末属于因循保守阶段，凸显出：（1）以姻好巩固盟好促进联盟；（2）大规模、多层次、持续性的互通婚姻；婚姻对象不论行辈；通婚手段与其他手段并用，互为补充等特色。从而成功地达到：（1）巩固蒙古联盟，驾驭蒙古军事力量，完成统一与统治中国；（2）促进蒙古与汉族为主的内地中原之政治、经济、文化诸方面的交流和融合；（3）增进蒙古向心满洲，进而认同内地中原与中央政权；（4）有益于今日中华民族多民族共同体的形成与巩固。其成果与影响可谓深远。

图书在版编目(CIP)数据

中国古代和亲研究/林恩显著. -- 哈尔滨:黑龙
江教育出版社,2011.10
ISBN 978 - 7 - 5316 - 5175 - 8

Ⅰ.①中… Ⅱ.①林… Ⅲ.①和亲政策—研究—中国
—古代 Ⅳ.①K280.02

中国版本图书馆 CIP 数据核字(2011)第 213478 号

中国古代和亲研究

Zhongguo Gudai Heqin Yanjiu

林恩显 著

选题策划	丁一平 华 汉
特约编审	吕观仁
责任编辑	梁 爽
封面设计	sddoffice.com
版式设计	王 绘 周 磊
责任校对	张 影
出版发行	黑龙江教育出版社
	(哈尔滨市南岗区花园街 158 号)
印 刷	山东临沂新华印刷物流集团有限公司
开 本	640 毫米 × 960 毫米 1/16
印 张	26.25
字 数	320 千
版 次	2012 年 12 月第 1 版
印 次	2012 年 12 月第 1 次印刷

书 号 ISBN 978 - 7 - 5316 - 5175 - 8 定 价 56.00 元

黑龙江教育出版社网址:www.hljep.com.cn
如需订购图书,请与我社发行中心联系。联系电话:0451 - 82529593 82534665
如有印装质量问题,影响阅读,请与我社联系调换。联系电话:0451 - 82529347
如发现盗版图书,请向我社举报。举报电话:0451 - 82560814